2019年
中国高职高专生就业报告

CHINESE 3-YEAR VOCATIONAL COLLEGE GRADUATES'
EMPLOYMENT ANNUAL REPORT (2019)

麦可思研究院
王伯庆　马　妍／主　编

图书在版编目(CIP)数据

2019年中国高职高专生就业报告/王伯庆,马妍主编.--北京:社会科学文献出版社,2019.6
(就业蓝皮书)
ISBN 978-7-5201-4801-6

Ⅰ.①2… Ⅱ.①王…②马… Ⅲ.①高等职业教育-毕业生-就业-研究报告-中国-2019 Ⅳ.①G717.38

中国版本图书馆CIP数据核字(2019)第095333号

就业蓝皮书
2019年中国高职高专生就业报告

主　　编 / 王伯庆　马　妍

出 版 人 / 谢寿光
责任编辑 / 桂　芳
文稿编辑 / 伍勤灿

出　　版 / 社会科学文献出版社·皮书出版分社 (010) 59367127
　　　　　　地址:北京市北三环中路甲29号院华龙大厦　邮编:100029
　　　　　　网址:www.ssap.com.cn
发　　行 / 市场营销中心 (010) 59367081　59367083
印　　装 / 三河市东方印刷有限公司

规　　格 / 开　本:787mm×1092mm　1/16
　　　　　　印　张:15　字　数:223千字
版　　次 / 2019年6月第1版　2019年6月第1次印刷
书　　号 / ISBN 978-7-5201-4801-6
定　　价 / 118.00元

本书如有印装质量问题,请与读者服务中心 (010-59367028) 联系

▲ 版权所有 翻印必究

权威·前沿·原创

皮书系列为
"十二五""十三五"国家重点图书出版规划项目

就业蓝皮书编辑委员会

本报告研究团队　麦可思研究院
　　　　　　　　　厦门大学——麦可思中国高等教育数据中心
　　　　　　　　　西南财经大学中国教育需求研究中心

主　　编　王伯庆　马　妍

撰　　稿　马　妍　王梦萍　王　丽　王昕伦　刘九坤
　　　　　　孙　亮　林馨怡

数据采集　沈柯伶　邓　艳

校　　对　向思雨

学术顾问　（按姓名拼音字母排序）

陈　宇　国家教育咨询委员会委员

储朝晖　中国教育科学研究院研究员

董　刚　全国高职高专校长联席会主席

胡瑞文　国家教育咨询委员会委员

季　平　中国民办教育协会高等教育专业委员会理事长

姜大源　教育部职业技术教育中心研究所研究员

李亚东　同济大学教授/教学质量管理办公室主任

李志宏　中国职业技术教育学会职教质量保障与评估研究会主任

马树超　中国职业技术教育学会副会长

任君庆　全国高职高专校长联席会秘书长

汤　敏　国务院参事室参事

王辉耀　国务院参事室参事/中国与全球化研究中心主任

杨东平　国家教育咨询委员会委员/21世纪教育研究院院长

叶之红　中国高等教育学会前副秘书长

查建中　教育部新工科建设工作组成员

前　言

《2019年中国高职高专生就业报告》除总报告外，包括"毕业生就业及职业发展报告"、"毕业生培养质量报告"和"专题分析"三部分，报告将用数据解读：高职高专毕业生就业质量如何？毕业三年后、十年后在职场发展如何？高职高专生的社会需求和培养质量如何？如何基于OBE理念分析人才培养？

"毕业生就业及职业发展报告"一是基于麦可思对2018届大学生毕业半年后的跟踪评价，并与往届同期毕业生进行对比；二是基于麦可思对2015届大学生毕业半年后和三年后的两次跟踪评价，对毕业生进行跨期对比；此外，也对2008届大学生毕业十年后进行跟踪评价，是对同一大学毕业生继毕业半年后、毕业三年后的第三次再跟踪评价，通过更长的时间跨度观察毕业生的发展变化。该子报告反映应届高职高专生毕业半年后的就业情况，同时也反映高职高专毕业生在职场的发展情况。例如，2018届高职高专生毕业半年后就业率为92.0%，与2017届（92.1%）基本持平，近十年应届高职高专毕业生就业率稳步上升。高职教育对提升农村家庭学生收入作用日益显现，2015届农民与农民工家庭背景的高职高专生毕业半年后的月收入比同期农民工高不到300元，但毕业三年之后差距显著，高2000元左右。

"毕业生培养质量报告"主要反映高职高专毕业生在校期间的培养情况，该子报告分析毕业生对母校的总体满意度、推荐度、教学满意度、在校素养提升、能力知识满足度等方面评价。从毕业生反馈来看，整体育人成效持续提升。

本年度的专题分析基于OBE理念（Outcomes-Based Education，成果导

向教育），分别以工科、商科专业大类培养数据为依据，从具体标准项出发，对高职院校工程、商科教育中的一部分问题进行分析，为专业建设和人才培养改进提供参考。

本年度报告的特点仍然是以数据和图表来呈现分析结果。读者可以从自己的专业角度对某一数据或图表背后的因果关系进行深度解读。

特别感谢帮助完善本年度报告的高等教育管理者和研究者，在此不一一具名。报告中所有的错误由作者唯一负责。

感谢读者阅读前言与本报告。限于篇幅，报告仅提供部分数据，如需了解更详细的内容，请联系作者（research@mycos.com）。

麦可思研究院

2019年4月

目 录

Ⅰ 总报告

B.1 技术报告 ………………………………………………………………… 001
　　一 数据背景介绍 ……………………………………………………… 001
　　二 研究概况 …………………………………………………………… 004

B.2 主要结论 …………………………………………………………………… 011

Ⅱ 分报告一　毕业生就业及职业发展报告

B.3 第一章　毕业去向分布 …………………………………………………… 035
　　一 总体毕业去向分布 ………………………………………………… 035
　　二 高职高专院校毕业生去向分布 …………………………………… 037

B.4 第二章　就业率与就业流向 ……………………………………………… 040
　　一 就业率 ……………………………………………………………… 040
　　二 就业地分布 ………………………………………………………… 048

001

三　行业分布 …………………………………………………… 052

　　四　职业分布 …………………………………………………… 059

　　五　用人单位分布 ……………………………………………… 067

　　六　专业预警 …………………………………………………… 069

B.5　第三章　收入分析 ……………………………………………… 070

　　一　总体月收入与涨幅 ………………………………………… 070

　　二　主要专业的月收入与涨幅 ………………………………… 075

　　三　主要行业的月收入与涨幅 ………………………………… 083

　　四　主要职业的月收入与涨幅 ………………………………… 087

　　五　各用人单位类型的月收入与涨幅 ………………………… 093

B.6　第四章　就业满意度 …………………………………………… 096

　　一　总体就业满意度 …………………………………………… 096

　　二　主要专业的就业满意度 …………………………………… 098

　　三　主要行业的就业满意度 …………………………………… 102

　　四　主要职业的就业满意度 …………………………………… 104

　　五　各用人单位类型的就业满意度 …………………………… 106

B.7　第五章　职业发展 ……………………………………………… 108

　　一　工作与专业相关度 ………………………………………… 108

　　二　职业期待吻合度 …………………………………………… 116

　　三　职位晋升 …………………………………………………… 119

　　四　离职分析 …………………………………………………… 131

B.8　第六章　自主创业 ……………………………………………… 137

　　一　自主创业比例及分布 ……………………………………… 137

目 录

　　二　自主创业月收入 …………………………………………… 140

　　三　自主创业动机 ……………………………………………… 141

　　四　创新能力 …………………………………………………… 141

　　五　创新创业教育 ……………………………………………… 143

B.9　第七章　专升本 ………………………………………………… 145

　　一　读本科的比例 ……………………………………………… 145

　　二　读本科的原因 ……………………………………………… 146

B.10　第八章　未就业分析 …………………………………………… 147

　　一　失业率 ……………………………………………………… 147

　　二　未就业人群分布与打算 …………………………………… 147

　　三　未就业人群流向 …………………………………………… 149

Ⅲ　分报告二　毕业生培养质量报告

B.11　第一章　总体满意度 ………………………………………… 151

　　一　对母校的总体满意度 ……………………………………… 151

　　二　对母校的推荐度 …………………………………………… 157

　　三　教学满意度 ………………………………………………… 157

　　四　在校素养提升 ……………………………………………… 163

　　五　社团活动评价 ……………………………………………… 166

B.12　第二章　能力和知识评价 …………………………………… 168

　　一　基本工作能力评价 ………………………………………… 168

　　二　核心知识评价 ……………………………………………… 172

003

Ⅳ 分报告三 专题分析

B.13 专题一 工程教育的成果导向分析 ………… 179
B.14 专题二 商科教育的成果导向分析 ………… 188

B.15 附录 名词解释 ………… 196
B.16 主要参考文献 ………… 206

皮书数据库阅读**使用指南**

图表目录

I 总报告

B.1 技术报告 …… 001

表1 2018届各省份本科毕业生样本人数分布与实际人数分布对比 …… 005

表2 2018届各经济区域本科毕业生样本人数分布与实际人数分布对比 …… 005

表3 2018届各省份高职高专毕业生样本人数分布与实际人数分布对比 …… 006

表4 2018届各经济区域高职高专毕业生样本人数分布与实际人数分布对比 …… 006

表5 2018届各学科门类本科毕业生样本人数分布与实际人数分布对比 …… 007

表6 2018届各专业大类高职高专毕业生样本人数分布与实际人数分布对比 …… 007

表7 2015届各省份本科毕业生三年后样本人数分布与实际人数分布对比 …… 008

表8 2015届各经济区域本科毕业生三年后样本人数分布与实际人数分布对比 …… 008

001

表 9　2015 届各省份高职高专毕业生三年后样本人数分布与
　　　　实际人数分布对比 ………………………………………… 009

表 10　2015 届各经济区域高职高专毕业生三年后样本人数
　　　　分布与实际人数分布对比 …………………………………… 009

表 11　2015 届各学科门类本科毕业生三年后样本人数分布
　　　　与实际人数分布对比 ………………………………………… 010

表 12　2015 届各专业大类高职高专毕业生三年后样本人数
　　　　分布与实际人数分布对比 …………………………………… 010

B.2　主要结论 ……………………………………………………………… 011

Ⅱ　分报告一　毕业生就业及职业发展报告

B.3　第一章　毕业去向分布 …………………………………………… 035

图 1-1-1　2016~2018 届大学毕业生半年后的去向分布变化 …… 036

图 1-1-2　2015 届大学生毕业三年后的去向分布
　　　　　（与 2014 届三年后对比）………………………………… 037

图 1-1-3　2016~2018 届高职高专院校毕业生半年后的
　　　　　去向分布变化 ……………………………………………… 038

图 1-1-4　2015 届高职高专院校毕业生三年后的去向分布
　　　　　（与 2014 届三年后对比）………………………………… 038

图 1-1-5　2015 届高职高专院校毕业生三年后的去向分布
　　　　　（与 2015 届半年后对比）………………………………… 039

B.4　第二章　就业率与就业流向 ……………………………………… 040

图 1-2-1　2016~2018 届大学生毕业半年后的就业率
　　　　　变化趋势 …………………………………………………… 041

图表目录

表1-2-1　2016~2018届各经济区域高职高专毕业生半年后的就业率变化趋势 …………… 041

表1-2-2　2016~2018届高职高专各专业大类毕业半年后的就业率 …………… 042

表1-2-3　2016~2018届高职高专主要专业类毕业半年后的就业率 …………… 043

表1-2-4　2018届高职高专毕业生半年后就业量最大的前50位专业的就业率 …………… 045

表1-2-5　2018届高职高专毕业生半年后就业率排前50位的主要专业 …………… 046

图1-2-2　2018届高职高专毕业生就业地的分布 …………… 049

图1-2-3　2016~2018届高职高专毕业生就业城市类型分布变化 …………… 050

图1-2-4　2016~2018届高职高专毕业生在一线、新一线城市就业的比例变化趋势 …………… 051

图1-2-5　2013~2015届高职高专毕业半年后在一线、新一线城市就业的毕业生三年后离开的比例变化趋势 …………… 051

表1-2-6　2016~2018届高职高专毕业生就业的主要行业类排名 …………… 053

表1-2-7　2018届高职高专毕业生就业量最大的前50位行业 …………… 054

表1-2-8　2014~2018届高职高专毕业生就业比例上升、下降最多的前三位行业类 …………… 056

表1-2-9　2014~2018届高职高专毕业生就业比例上升较多行业类的职业类构成变化趋势 …………… 056

图1-2-6　2015届大学生毕业三年内的行业转换率（与2014届三年内对比） …………… 057

003

表1-2-10　2015届高职高专各专业大类三年内的行业
　　　　　转换率（与2014届三年内对比） …………………… 058

图1-2-7　2015届高职高专毕业生三年内行业转换率
　　　　　最高的前五位行业类 …………………………………… 059

图1-2-8　2015届高职高专毕业生三年内行业转换率
　　　　　最低的前五位行业类 …………………………………… 059

表1-2-11　2016~2018届高职高专毕业生从事的主要
　　　　　职业类排名 ……………………………………………… 060

表1-2-12　2018届高职高专毕业生就业量最大的
　　　　　前50位职业 …………………………………………… 062

表1-2-13　2014~2018届高职高专毕业生就业比例上升、
　　　　　下降最多的前三位职业类 ……………………………… 064

表1-2-14　2014~2018届高职高专毕业生就业比例
　　　　　上升较多职业类的专业构成变化趋势 ………………… 064

图1-2-9　2015届大学生毕业三年内的职业转换率
　　　　　（与2014届三年内对比） …………………………… 065

表1-2-15　2015届高职高专各专业大类三年内的
　　　　　职业转换率（与2014届三年内对比） ……………… 066

图1-2-10　2015届高职高专毕业生三年内职业转换率
　　　　　最高的前五位职业类 …………………………………… 067

图1-2-11　2015届高职高专毕业生三年内职业转换率
　　　　　最低的前五位职业类 …………………………………… 067

图1-2-12　2016~2018届高职高专毕业生就业的用人单位
　　　　　类型分布变化趋势 ……………………………………… 068

图1-2-13　2016~2018届高职高专毕业生就业的用人单位
　　　　　规模分布变化趋势 ……………………………………… 068

表1-2-16　2019年高职高专"红黄绿牌"专业 ………………… 069

图表目录

B.5　第三章　收入分析 ·· 070

图1-3-1　2016~2018届大学生毕业半年后的月收入
变化趋势 ·· 071

图1-3-2　2015届大学生毕业三年后的月收入与涨幅
（与2015届半年后对比） ································ 071

图1-3-3　2015届农村生源大学生毕业三年后的月收入
与涨幅（与2015届半年后对比） ······················· 072

图1-3-4　2015届大学生毕业三年后学历提升人群的比例 ······ 073

图1-3-5　2015届大学生毕业三年后学历提升人群和学历
未提升人群的月收入对比 ································ 073

图1-3-6　2016~2018届高职高专毕业生半年后在一线、
新一线城市就业的月收入变化趋势 ···················· 074

图1-3-7　2015届高职高专毕业生三年后在一线、新一线
城市就业的月收入与涨幅 ································ 074

表1-3-1　2016~2018届高职高专各专业大类毕业
半年后的月收入 ··· 075

表1-3-2　2015届高职高专各专业大类毕业三年后的
月收入与涨幅 ·· 076

表1-3-3　2016~2018届高职高专主要专业类毕业
半年后的月收入 ··· 076

表1-3-4　2015届高职高专主要专业类毕业三年后的
月收入与涨幅 ·· 078

表1-3-5　2018届高职高专毕业生半年后月收入
排前50位的主要专业 ···································· 080

表1-3-6　2018届高职高专毕业生半年后月收入增长
最快的前十位专业类（与2017届对比） ············· 082

表1-3-7　2018届高职高专毕业生半年后月收入增长
最慢的前十位专业类（与2017届对比） ············· 082

005

表 1-3-8　2017 届、2018 届高职高专毕业生半年后
　　　　　 在主要行业类的月收入 ……………………………… 083

表 1-3-9　2015 届高职高专毕业生三年后在主要行业类的
　　　　　 月收入与涨幅 …………………………………………… 084

图 1-3-8　2018 届高职高专毕业生半年后月收入最高的
　　　　　 前十位行业 ……………………………………………… 086

表 1-3-10　2018 届高职高专毕业生半年后月收入增长
　　　　　　最快的前五位行业类（与 2017 届对比）………… 086

表 1-3-11　2018 届高职高专毕业生半年后月收入增长
　　　　　　最慢的前五位行业类（与 2017 届对比）………… 087

表 1-3-12　2017 届、2018 届高职高专毕业生半年后
　　　　　　从事的主要职业类的月收入 …………………………… 087

表 1-3-13　2015 届高职高专毕业生三年后从事的主要
　　　　　　职业类的月收入与涨幅 ………………………………… 089

表 1-3-14　2018 届高职高专毕业生半年后月收入最高的
　　　　　　前 50 位职业 …………………………………………… 090

表 1-3-15　2018 届高职高专毕业生半年后月收入增长
　　　　　　最快的前十位职业类（与 2017 届对比）………… 092

表 1-3-16　2018 届高职高专毕业生半年后月收入增长
　　　　　　最慢的前十位职业类（与 2017 届对比）………… 092

图 1-3-9　2017 届、2018 届高职高专毕业生半年后在
　　　　　 各类型用人单位的月收入 ……………………………… 093

图 1-3-10　2015 届高职高专毕业生三年后在各类型
　　　　　　用人单位的月收入与涨幅 …………………………… 094

图 1-3-11　2017 届、2018 届高职高专毕业生半年后在
　　　　　　各规模用人单位的月收入 …………………………… 094

图 1-3-12　2015 届高职高专毕业生三年后在各规模
　　　　　　用人单位的月收入与涨幅 …………………………… 095

B.6 第四章　就业满意度 ………………………………………… 096

图1-4-1　2016~2018届大学生毕业半年后的就业
满意度变化趋势 ……………………………………… 097

图1-4-2　2015届大学生毕业三年后的就业满意度
（与2014届三年后对比）………………………………… 097

图1-4-3　2017届、2018届高职高专毕业生对就业
现状不满意的原因（多选）…………………………… 098

图1-4-4　2016~2018届高职高专毕业生半年后在一线、
新一线城市的就业满意度 …………………………… 098

表1-4-1　2016~2018届高职高专各专业大类毕业
半年后的就业满意度 ………………………………… 099

表1-4-2　2015届高职高专各专业大类毕业三年后的
就业满意度 …………………………………………… 100

表1-4-3　2018届高职高专毕业生半年后就业满意度
排前30位的主要专业 ………………………………… 100

表1-4-4　2015届高职高专主要专业类毕业三年后的
就业满意度 …………………………………………… 101

图1-4-5　2018届高职高专毕业生半年后就业满意度
最高的前五位行业类 ………………………………… 102

图1-4-6　2018届高职高专毕业生半年后就业满意度
最低的前五位行业类 ………………………………… 103

图1-4-7　2015届高职高专毕业生三年后就业满意度
最高的前五位行业类 ………………………………… 103

图1-4-8　2015届高职高专毕业生三年后就业满意度
最低的前五位行业类 ………………………………… 104

图1-4-9　2018届高职高专毕业生半年后就业满意度
最高的前五位职业类 ………………………………… 105

007

图 1-4-10　2018 届高职高专毕业生半年后就业满意度
最低的前五位职业类 ………………………………… 105

图 1-4-11　2015 届高职高专毕业生三年后就业满意度
最高的前五位职业类 ………………………………… 106

图 1-4-12　2015 届高职高专毕业生三年后就业满意度
最低的前五位职业类 ………………………………… 106

图 1-4-13　2018 届高职高专毕业生半年后在各类型
用人单位的就业满意度 ……………………………… 107

图 1-4-14　2015 届高职高专毕业生三年后在各类型
用人单位的就业满意度 ……………………………… 107

B.7　第五章　职业发展 …………………………………………… 108

图 1-5-1　2016~2018 届大学毕业生的工作与专业相关度
变化趋势 ……………………………………………… 109

图 1-5-2　2015 届大学生毕业三年后的工作与专业相关度
（与 2015 届半年后对比） …………………………… 109

图 1-5-3　2015 届大学生毕业三年后的工作与专业相关度
（与 2014 届三年后对比） …………………………… 110

图 1-5-4　2016~2018 届理工农医类毕业生的工作与专业
相关度变化趋势 ……………………………………… 110

图 1-5-5　2017 届、2018 届高职高专毕业生选择与专业
无关工作的主要原因 ………………………………… 111

表 1-5-1　2016~2018 届高职高专各专业大类毕业生的工作
与专业相关度 ………………………………………… 111

表 1-5-2　2015 届高职高专各专业大类毕业生三年内的工作
与专业相关度变化（与 2014 届三年后对比） …… 112

图表目录

表1-5-3　2018届高职高专毕业生工作与专业相关度
排前30位的主要专业 ………………………… 113

表1-5-4　2018届高职高专毕业生工作与专业相关度
要求最高的前20位职业 ……………………… 114

表1-5-5　2018届高职高专毕业生工作与专业相关度
要求最低的前20位职业 ……………………… 115

图1-5-6　2016~2018届大学毕业生工作与职业期待
吻合度变化趋势 ……………………………… 116

图1-5-7　2017届、2018届高职高专毕业生目前的工作与
职业期待不吻合的原因分布 ………………… 117

表1-5-6　2016~2018届高职高专各专业大类毕业半年后的
职业期待吻合度 ……………………………… 117

表1-5-7　2018届高职高专毕业生从事的主要职业类的
职业期待吻合度 ……………………………… 118

图1-5-8　2015届大学生毕业三年内平均获得职位晋升的
比例（与2014届三年内对比） ……………… 120

图1-5-9　2015届大学生毕业三年内平均获得职位晋升的
次数（与2014届三年内对比） ……………… 121

图1-5-10　2015届高职高专毕业生三年内平均获得职位
晋升的频度（与2014届三年内对比） ……… 121

表1-5-8　2015届高职高专各专业大类毕业生三年内
平均获得职位晋升的比例 …………………… 122

表1-5-9　2015届高职高专各专业大类毕业生三年内
平均获得职位晋升的次数 …………………… 123

表1-5-10　2015届高职高专主要行业类毕业生三年内
平均获得职位晋升的比例 …………………… 124

表1-5-11　2015届高职高专主要行业类毕业生三年内
平均获得职位晋升的次数 …………………… 125

表1-5-12 2015届高职高专主要职业类毕业生三年内平均获得职位晋升的比例 …… 126

表1-5-13 2015届高职高专主要职业类毕业生三年内平均获得职位晋升的次数 …… 127

图1-5-11 2015届高职高专毕业生三年后职位晋升的类型（多选）（与2014届三年后对比） …… 129

图1-5-12 2008届大学毕业生十年后岗位类型分布 …… 130

图1-5-13 2008届大学毕业生十年后职务分布 …… 130

图1-5-14 2015届高职高专毕业生三年后认为对职位晋升有帮助的大学活动（多选）（与2014届三年后对比） …… 131

图1-5-15 2008届高职高专毕业生十年后认为对职位晋升有帮助的因素（多选） …… 131

图1-5-16 2016~2018届大学生毕业半年内的离职率变化趋势 …… 132

图1-5-17 2015届大学生毕业三年内的平均雇主数（与2014届三年内对比） …… 133

图1-5-18 2015届高职高专毕业生三年内工作过的雇主数频度（与2014届三年内对比） …… 133

表1-5-14 2016~2018届高职高专各专业大类毕业半年内的离职率 …… 134

表1-5-15 2015届高职高专主要专业类毕业三年内的平均雇主数 …… 135

图1-5-19 2017届、2018届高职高专毕业生的离职类型分布 …… 136

图1-5-20 2017届、2018届高职高专毕业生主动离职的原因（多选） …… 136

B.8　第六章　自主创业 …… 137

图1-6-1　2016~2018届大学毕业生半年后自主创业的比例变化趋势 …… 137

图1-6-2　2015届大学毕业生三年后自主创业的比例（与2015届半年后对比）…… 138

图1-6-3　2015届高职高专毕业半年后自主创业者三年后的去向分布（与2014届三年后对比）…… 139

图1-6-4　2018届高职高专毕业生半年后自主创业最集中的前五位行业类 …… 139

图1-6-5　2015届高职高专毕业生三年后自主创业最集中的前五位行业类 …… 140

图1-6-6　2018届高职高专毕业生半年后自主创业的月收入 …… 140

图1-6-7　2015届高职高专毕业生半年后自主创业的月收入（与2015届三年后对比）…… 141

图1-6-8　2017届、2018届高职高专毕业生自主创业的动机分布 …… 142

图1-6-9　2018届大学毕业生的创新能力指标 …… 142

图1-6-10　2017届、2018届高职高专毕业生接受母校提供的创新创业教育的比例（多选）…… 143

图1-6-11　2017届、2018届高职高专毕业生认为母校提供的创新创业教育有效的比例 …… 144

B.9　第七章　专升本 …… 145

表1-7-1　2016~2018届高职高专各专业大类读本科的比例 …… 145

图1-7-1　2017届、2018届高职高专毕业生选择读本科的原因分布 …… 146

B.10 第八章　未就业分析 ·········· 147

图1-8-1　2016~2018届大学生毕业半年后的失业率变化趋势 ·········· 148

图1-8-2　2018届大学毕业生的未就业人群分布 ·········· 148

图1-8-3　2018届大学毕业生的"待定族"打算分布 ·········· 149

图1-8-4　2015届高职高专毕业半年后未就业人群三年后的去向分布 ·········· 149

图1-8-5　2015届高职高专毕业半年后未就业人群三年后就业的用人单位类型分布 ·········· 150

分报告二　毕业生培养质量报告

B.11 第一章　总体满意度 ·········· 151

图2-1-1　2016~2018届大学毕业生对母校的总体满意度变化趋势 ·········· 152

图2-1-2　2016~2018届大学毕业生对母校的学生工作满意度变化趋势 ·········· 153

图2-1-3　2017届、2018届高职高专毕业生认为母校的学生工作需要改进的地方（多选） ·········· 153

图2-1-4　2016~2018届大学毕业生对母校的生活服务满意度变化趋势 ·········· 154

图2-1-5　2017届、2018届高职高专毕业生认为母校的生活服务需要改进的地方（多选） ·········· 155

图2-1-6　2016~2018届大学毕业生对就业指导服务的满意度变化趋势 ·········· 156

图2-1-7　2018届高职高专毕业生参与过求职服务的比例及有效性评价（多选） ·········· 156

图表目录

图2-1-8　2016~2018届大学毕业生对母校的推荐度
变化趋势 …………………………………………… 157

图2-1-9　2016~2018届大学毕业生对母校的教学满意度
变化趋势 …………………………………………… 158

图2-1-10　2017届、2018届高职高专毕业生认为母校的
教学需要改进的地方（多选）…………………… 159

图2-1-11　2018届工作与专业相关的大学毕业生的
核心课程重要度评价 …………………………… 160

图2-1-12　2018届工作与专业相关的大学毕业生的
核心课程满足度评价 …………………………… 160

图2-1-13　2018届高职高专各专业大类工作与专业相关
毕业生的核心课程重要度和满足度评价 ………… 161

图2-1-14　2018届大学毕业生与任课教师课下交流程度 …… 162

图2-1-15　2018届高职高专各专业大类毕业生与任课
教师课下交流程度 ……………………………… 162

表2-1-1　不同类型专业素养提升选项 ………………………… 163

图2-1-16　2017届、2018届高职高专工程类专业毕业生
大学期间的素养提升（多选）…………………… 164

图2-1-17　2017届、2018届高职高专艺术类专业毕业生
大学期间的素养提升（多选）…………………… 165

图2-1-18　2017届、2018届高职高专医学类专业毕业生
大学期间的素养提升（多选）…………………… 165

图2-1-19　2017届、2018届高职高专其他类专业毕业生
大学期间的素养提升（多选）…………………… 166

图2-1-20　2018届高职高专毕业生参加社团活动的比例
及满意度（多选）………………………………… 167

013

B.12 第二章 能力和知识评价 ·· 168
　图2-2-1　五大类基本工作能力 ·· 168
　表2-2-1　基本工作能力定义及序号 ······································ 169
　图2-2-2　2016~2018届大学毕业生毕业时掌握的
　　　　　　基本工作能力水平 ·· 171
　图2-2-3　2016~2018届大学毕业生工作岗位要求
　　　　　　达到的基本工作能力水平 ···································· 171
　图2-2-4　2016~2018届大学毕业生的基本工作能力满足度 ······ 172
　图2-2-5　2018届高职高专毕业生各项基本工作能力的
　　　　　　重要度和满足度 ·· 173
　表2-2-2　核心知识定义及序号 ·· 174
　图2-2-6　2016~2018届大学毕业生毕业时掌握的
　　　　　　核心知识水平 ·· 176
　图2-2-7　2016~2018届大学毕业生工作岗位要求的
　　　　　　核心知识水平 ·· 177
　图2-2-8　2016~2018届大学毕业生的核心知识满足度 ·········· 177
　图2-2-9　2018届高职高专毕业生各项核心知识的
　　　　　　重要度和满足度 ·· 178

Ⅳ 分报告三 专题分析

B.13 专题一 工程教育的成果导向分析 ···································· 179
　图3-1-1　高职高专院校工科各专业类学生对专业的
　　　　　　认同度 ·· 181
　图3-1-2　不同高职高专院校工科专业在校生师生互动
　　　　　　交流频率 ·· 181

图表目录

图3-1-3　不同高职高专院校工科专业毕业生中期工作与专业相关度 …………… 182

图3-1-4　高职高专院校工科各专业类毕业生核心知识满足度 …………… 183

图3-1-5　高职高专院校工科各专业类毕业生基本工作能力满足度 …………… 184

图3-1-6　不同高职高专院校工科专业毕业生素养提升 …… 185

图3-1-7　高职高专工作与专业相关的工科专业毕业生的核心课程重要度及满足度 …………… 186

图3-1-8　高职高专院校工科专业教师各类型基本教学能力胜任比例 …………… 187

图3-1-9　高职高专院校工科专业在校生对校园环境各方面的满意度 …………… 187

B.14　专题二　商科教育的成果导向分析 …………… 188

图3-2-1　高职高专院校商科各专业类学生对专业的认同度 …………… 189

图3-2-2　高职高专院校商科专业毕业生师生互动交流频率 …………… 190

图3-2-3　高职高专院校商科专业毕业生毕业中期工作与专业相关度变化趋势 …………… 191

图3-2-4　高职高专院校商科专业重要度较高的10项能力及满足度 …………… 191

图3-2-5　高职高专院校商科各专业类毕业生的基本工作能力满足度 …………… 192

图3-2-6　高职高专院校商科各专业类毕业生的核心知识满足度 …………… 192

015

图 3-2-7 高职高专院校工作与专业相关的商科专业
毕业生的核心课程重要度及满足度 …………… 193

图 3-2-8 高职高专院校商科专业毕业生教学各方面
改进需求（多选） …………………………… 194

图 3-2-9 高职高专院校商科专业教师各项基本教学
能力的胜任比例 ……………………………… 195

B.15 附录　名词解释 ……………………………………………… 196

B.16 主要参考文献 ………………………………………………… 206

总　报　告

B.1 技术报告

一 数据背景介绍

（一）调查规模及覆盖面

2019年度麦可思-全国大学毕业生跟踪评价分为以下三类。

1. 2018届大学生毕业半年后培养质量的跟踪评价，于2019年3月初完成，全国高职高专生样本约15.1万份。覆盖了1031个专业，其中高职高专专业为653个；覆盖了全国30个省、自治区和直辖市；覆盖了大学毕业生能够从事的603个职业，其中高职高专毕业生从事的职业541个；覆盖了大学毕业生就业的327个行业。

2. 麦可思曾对2015届大学毕业生进行过毕业半年后培养质量的跟踪评价（2016年初完成，全国高职高专生样本约12.7万份）[①]，2018年底对此全国样本进行了三年后的再次跟踪评价，全国高职高专生样本约3.6万份。覆盖了909个专业，其中高职高专专业为530个；覆盖了全国30个省、自治区和直辖市；覆盖了大学毕业生能够从事的620个职业，其中高职高专毕

---

① 麦可思研究院编著《2016年中国高职高专生就业报告》，社会科学文献出版社，2016。

业生能够从事的职业 580 个；覆盖了大学毕业生就业的 325 个行业。

3. 麦可思曾对 2008 届大学毕业生进行过毕业半年后、三年后的跟踪评价，2018 年底对此全国样本进行了十年后的第三次跟踪评价，旨在通过更长的时间跨度观察毕业生的发展变化，全国大学毕业生样本约 5000 份。覆盖了全国 31 个省、自治区和直辖市；覆盖了大学毕业生从事的 400 个职业、278 个行业。

（二）调查对象

毕业半年后（2018 届）、三年后（2015 届）和十年后（2008 届）的普通高校大学毕业生：包括"双一流"院校、非"双一流"本科院校、高职高专院校、本科院校的高职高专部的毕业生，不包括成人高等教育、军事院校和港澳台院校的毕业生。

（三）调查方式

分别向毕业半年后的 2018 届大学毕业生、毕业三年后的 2015 届大学毕业生和毕业十年后的 2008 届大学毕业生以电子邮件方式发放答题邀请函、问卷客户端链接，三类调查的问卷不同。答卷人回答问卷，答题时间为 10~30 分钟。

（四）调查对象分类

2018 届大学毕业生半年后培养质量跟踪评价分为八类群体：

1. 受雇就业，分为受雇全职工作（包括与专业有关和与专业无关）、受雇半职工作两类；

2. 自主创业；

3. 毕业后入伍；

4. 毕业后立刻在国内或国外读研（针对本科毕业生）；

5. 毕业后读本科（针对高职高专毕业生）；

6. 没有就业和求职，在家准备考研或留学；

7. 没有就业，继续求职；

8. 没有就业，暂不求职并且也不准备求学。

总报告·技术报告

2015 届大学毕业生三年后职业发展跟踪评价分为六类群体：

1. 受雇就业，分为与专业有关工作和与专业无关工作两类；

2. 自主创业；

3. 正在读研（包括"正在读硕士"和"正在读博士"）；

4. 正在读本科（针对高职高专毕业生）；

5. 没有就业，继续求职；

6. 没有就业，暂不求职并且也不准备求学。

2008 届大学毕业生十年后跟踪评价分为四类群体：

1. 在职工作；

2. 自主创业；

3. 没有就业；

4. 其他。

（五）调查问题分类

2018 届大学毕业生半年后培养质量跟踪评价的问题分为以下七类：

1. 就业状况；

2. 基本工作能力、核心知识、核心课程；

3. 自主创业；

4. 读研（针对本科毕业生）；

5. 专升本（针对高职高专毕业生）；

6. 校友评价；

7. 社团活动参与情况和素养提升。

2015 届大学毕业生三年后职业发展跟踪评价的问题分为以下七类：

1. 就业状况；

2. 自主创业；

3. 工作稳定性；

4. 职位晋升；

5. 职业能力、职业素养；

6. 培养反馈；

7. 校友评价。

2008届大学毕业生十年后跟踪评价的问题分为以下四类：

1. 就业状况；

2. 职位发展；

3. 职业能力、职业素养；

4. 培养反馈。

二 研究概况

（一）研究目的

1. 了解大学毕业生的就业状态及就业质量，发现满足社会需求方面存在的问题；

2. 了解大学毕业生的自主创业、升学以及未就业的状况；

3. 了解大学毕业生的行业职业变迁、晋升、薪资增长情况；

4. 了解大学毕业生对母校的满意程度以及反馈；

5. 了解大学毕业生的能力、知识以及素养的提升情况。

（二）研究样本

本调查需提醒读者注意以下几点：

1. 答题通过电子问卷客户端实现，未被邀请的答题将视为无效。

2. 本研究对已答题和未答题的样本进行了检验，没有发现存在自我选择性样本偏差问题（Self-selection Bias）[①]。

3. 对于样本中与实际比例的明显差异可能带来的统计误差，本研究采用权数加以修正（即对回收的全国总样本，基于学历、地区、院校类型、

[①] 自我选择性样本偏差问题：是指调查中存在某类群体选择答题的概率和其他群体有明显不同。例如，可能存在就业的毕业生更容易选择参与答题，而没有就业的学生可能不愿意参加答题等。

总报告·技术报告

专业的实际分布比例进行再抽样）。再抽样后的样本分布与实际分布见表1至表12，大学毕业生的实际分布比例来自中华人民共和国国家统计局网站。

表1 2018届各省份本科毕业生样本人数分布与实际人数分布对比*

单位：%

省份	2018届本科样本人数比例	2018届本科毕业生实际人数比例	省份	2018届本科样本人数比例	2018届本科毕业生实际人数比例
安徽	3.2	4.0	辽宁	3.1	4.7
北京	3.4	3.3	内蒙古	<1.0	1.5
福建	3.2	3.1	宁夏	<1.0	0.5
甘肃	1.9	1.9	青海	<1.0	0.2
广东	6.8	6.8	山东	6.2	6.1
广西	2.5	2.5	山西	3.0	2.9
贵州	1.7	1.7	陕西	4.5	4.4
海南	<1.0	0.7	上海	4.2	2.3
河北	4.4	4.3	四川	4.8	4.8
河南	7.2	6.2	天津	2.2	2.1
黑龙江	4.0	3.3	西藏	<1.0	0.1
湖北	3.4	5.3	新疆	1.1	1.0
湖南	5.2	4.3	云南	2.5	2.5
吉林	3.8	3.0	浙江	2.8	3.9
江苏	5.2	6.5	重庆	2.7	2.8
江西	4.7	3.3			

* 表中样本人数比例小于1.0%的数值均用"<1.0"表示，下同。
数据来源：麦可思–中国2018届大学毕业生培养质量跟踪评价；中华人民共和国国家统计局。

表2 2018届各经济区域本科毕业生样本人数分布与实际人数分布对比

单位：%

各经济区域	2018届本科样本人数比例	2018届本科毕业生实际人数比例
泛长江三角洲区域经济体	20.2	20.1
泛渤海湾区域经济体	20.1	20.2
中原区域经济体	15.8	15.8
泛珠江三角洲区域经济体	13.1	13.1
西南区域经济体	11.7	11.8
东北区域经济体	10.9	10.9
陕甘宁青区域经济体	7.1	7.0
西部生态经济区	1.1	1.1

数据来源：麦可思–中国2018届大学毕业生培养质量跟踪评价；中华人民共和国国家统计局。

表3 2018届各省份高职高专毕业生样本人数分布与实际人数分布对比

单位：%

省份	2018届高职高专样本人数比例	2018届高职高专毕业生实际人数比例	省份	2018届高职高专样本人数比例	2018届高职高专毕业生实际人数比例
安　徽	5.9	4.9	辽　宁	2.8	2.8
北　京	<1.0	0.8	内蒙古	1.5	1.7
福　建	2.5	2.4	宁　夏	<1.0	0.4
甘　肃	2.6	1.5	青　海	<1.0	0.3
广　东	8.3	8.1	山　东	8.7	8.7
广　西	3.7	3.7	山　西	2.8	2.8
贵　州	2.6	2.6	陕　西	2.7	3.7
海　南	<1.0	0.7	上　海	1.4	1.4
河　北	4.8	4.6	四　川	6.0	6.0
河　南	7.9	7.8	天　津	1.6	1.6
黑龙江	2.2	2.2	西　藏	<1.0	0.1
湖　北	5.0	5.1	新　疆	1.5	1.3
湖　南	4.8	4.8	云　南	2.3	2.3
吉　林	1.5	1.5	浙　江	4.0	3.3
江　苏	6.6	5.5	重　庆	2.7	2.7
江　西	1.9	4.7			

数据来源：麦可思-中国2018届大学毕业生培养质量跟踪评价；中华人民共和国国家统计局。

表4 2018届各经济区域高职高专毕业生样本人数分布与实际人数分布对比

单位：%

各经济区域	2018届高职高专样本人数比例	2018届高职高专毕业生实际人数比例
泛长江三角洲区域经济体	19.8	19.8
泛渤海湾区域经济体	19.8	20.2
中原区域经济体	17.7	17.8
泛珠江三角洲区域经济体	15.1	14.9
西南区域经济体	13.6	13.6
东北区域经济体	6.5	6.4
陕甘宁青区域经济体	6.0	5.8
西部生态经济区	1.5	1.5

数据来源：麦可思-中国2018届大学毕业生培养质量跟踪评价；中华人民共和国国家统计局。

表5　2018届各学科门类本科毕业生样本人数分布与实际人数分布对比

单位：%

本科学科门类	2018届本科样本人数比例	2018届本科毕业生实际人数比例	本科学科门类	2018届本科样本人数比例	2018届本科毕业生实际人数比例
工　学	33.4	33.9	经济学	5.1	5.8
管理学	19.0	18.2	教育学	3.8	3.7
艺术学	9.8	9.7	法　学	3.3	3.6
文　学	9.5	9.3	农　学	1.1	1.8
理　学	7.3	7.1	历史学	<1.0	0.5
医　学	6.8	6.3	哲　学	<1.0	0.1

数据来源：麦可思-中国2018届大学毕业生培养质量跟踪评价；中华人民共和国国家统计局。

表6　2018届各专业大类高职高专毕业生样本人数分布与实际人数分布对比

单位：%

高职高专专业大类	2018届高职高专样本人数比例	2018届高职高专毕业生实际人数比例
财经大类	22.0	21.7
制造大类	13.3	13.2
医药卫生大类	11.2	11.1
电子信息大类	10.6	10.5
土建大类	9.9	9.8
文化教育大类	6.4	9.3
交通运输大类	5.8	5.8
艺术设计传媒大类	3.7	4.8
旅游大类	3.1	3.3
生化与药品大类	2.9	2.0
农林牧渔大类	2.8	1.7
轻纺食品大类	2.1	1.5
材料与能源大类	1.7	1.2
资源开发与测绘大类	1.3	1.0
公共事业大类	1.1	1.0
法律大类	<1.0	1.0
环保、气象与安全大类	<1.0	0.4
水利大类	<1.0	0.4
公安大类	<1.0	0.3

数据来源：麦可思-中国2018届大学毕业生培养质量跟踪评价；中华人民共和国国家统计局。

表7　2015届各省份本科毕业生三年后样本人数分布与实际人数分布对比

单位：%

省份	2015届本科毕业三年后样本人数比例	2015届本科毕业生实际人数比例	省份	2015届本科毕业三年后样本人数比例	2015届本科毕业生实际人数比例
安　徽	4.1	3.9	辽　宁	1.5	4.5
北　京	4.0	3.4	内蒙古	<1.0	1.5
福　建	3.0	3.0	宁　夏	<1.0	0.4
甘　肃	2.0	1.9	青　海	<1.0	0.2
广　东	6.7	6.4	山　东	7.4	6.3
广　西	2.3	2.2	山　西	1.1	2.5
贵　州	<1.0	1.6	陕　西	4.9	4.7
海　南	<1.0	0.7	上　海	2.6	2.4
河　北	4.9	4.3	四　川	5.4	4.9
河　南	7.6	5.7	天　津	2.5	2.2
黑龙江	3.5	3.6	西　藏	<1.0	0.1
湖　北	7.5	5.9	新　疆	<1.0	1.0
湖　南	1.0	4.3	云　南	2.9	2.5
吉　林	4.6	3.1	浙　江	3.7	4.0
江　苏	6.9	6.7	重　庆	3.2	2.9
江　西	3.3	3.2			

数据来源：麦可思－中国2015届大学毕业生三年后职业发展跟踪评价；中华人民共和国国家统计局。

表8　2015届各经济区域本科毕业生三年后样本人数分布与实际人数分布对比

单位：%

各经济区域	2015届本科毕业三年后样本人数比例	2015届本科毕业生实际人数比例
泛渤海湾区域经济体	20.8	20.2
泛长江三角洲区域经济体	20.6	20.2
中原区域经济体	16.1	15.9
泛珠江三角洲区域经济体	12.8	12.3
西南区域经济体	12.3	11.9
东北区域经济体	9.6	11.2
陕甘宁青区域经济体	7.6	7.2
西部生态经济区	<1.0	1.1

数据来源：麦可思－中国2015届大学毕业生三年后职业发展跟踪评价；中华人民共和国国家统计局。

总报告·技术报告

表9　2015届各省份高职高专毕业生三年后样本人数分布与实际人数分布对比

单位：%

省份	2015届高职高专毕业三年后样本人数比例	2015届高职高专毕业生实际人数比例	省份	2015届高职高专毕业三年后样本人数比例	2015届高职高专毕业生实际人数比例
安　徽	4.8	4.5	辽　宁	3.6	3.1
北　京	1.1	1.1	内蒙古	1.4	1.6
福　建	2.7	2.8	宁　夏	<1.0	0.4
甘　肃	3.0	1.9	青　海	<1.0	0.2
广　东	9.0	8.3	山　东	8.2	7.5
广　西	3.3	3.5	山　西	2.3	3.1
贵　州	<1.0	1.9	陕　西	1.9	4.0
海　南	<1.0	0.7	上　海	1.5	1.5
河　北	5.6	5.3	四　川	6.9	5.8
河　南	7.8	7.3	天　津	1.9	1.8
黑龙江	1.5	2.2	西　藏	<1.0	0.1
湖　北	5.9	5.9	新　疆	1.3	1.3
湖　南	4.8	4.6	云　南	2.1	1.8
吉　林	1.1	1.5	浙　江	3.8	3.8
江　苏	6.2	6.2	重　庆	2.9	2.6
江　西	3.2	3.7			

数据来源：麦可思-中国2015届大学毕业生三年后职业发展跟踪评价；中华人民共和国国家统计局。

表10　2015届各经济区域高职高专毕业生三年后样本人数分布与实际人数分布对比

单位：%

各经济区域	2015届高职高专毕业三年后样本人数比例	2015届高职高专毕业生实际人数比例
泛渤海湾区域经济体	20.5	20.4
泛长江三角洲区域经济体	19.5	19.7
中原区域经济体	18.5	17.8
泛珠江三角洲区域经济体	15.7	15.3
西南区域经济体	12.6	12.1
东北区域经济体	6.2	6.8
陕甘宁青区域经济体	5.7	6.5
西部生态经济区	1.3	1.4

数据来源：麦可思-中国2015届大学毕业生三年后职业发展跟踪评价；中华人民共和国国家统计局。

就业蓝皮书·高职高专

表11 2015届各学科门类本科毕业生三年后样本人数分布与实际人数分布对比

单位：%

本科学科门类	2015届本科毕业三年后样本人数比例	2015届本科毕业生实际人数比例	本科学科门类	2015届本科毕业三年后样本人数比例	2015届本科毕业生实际人数比例
工　学	33.0	31.8	经济学	4.5	6.0
管理学	18.9	18.0	法　学	4.3	3.6
文　学	10.0	10.1	教育学	3.0	3.7
理　学	9.8	9.6	农　学	1.7	1.7
艺术学	7.4	8.8	历史学	<1.0	0.5
医　学	6.5	6.1	哲　学	<1.0	0.1

数据来源：麦可思-中国2015届大学毕业生三年后职业发展跟踪评价；中华人民共和国国家统计局。

表12 2015届各专业大类高职高专毕业生三年后样本人数分布与实际人数分布对比

单位：%

高职高专专业大类	2015届高职高专毕业三年后样本人数比例	2015届高职高专毕业生实际人数比例
财经大类	20.9	22.0
制造大类	13.6	12.9
土建大类	12.2	11.6
电子信息大类	10.0	9.5
医药卫生大类	7.8	9.5
文化教育大类	7.0	9.5
交通运输大类	5.2	4.9
艺术设计传媒大类	3.6	4.6
旅游大类	3.2	3.5
生化与药品大类	3.1	2.2
资源开发与测绘大类	2.7	1.6
材料与能源大类	2.3	1.3
轻纺食品大类	2.1	1.6
农林牧渔大类	1.9	1.8
公共事业大类	1.9	1.0
水利大类	1.2	0.4
环保、气象与安全大类	<1.0	0.5
法律大类	<1.0	1.2
公安大类	<1.0	0.4

数据来源：麦可思-中国2015届大学毕业生三年后职业发展跟踪评价；中华人民共和国国家统计局。

B.2
主要结论

[解读1]近十年高职高专毕业生就业率稳步上升，近两届连续高于本科

2018届①高职高专毕业生半年后的就业率为92.0%，与2017届（92.1%）基本持平，近十年应届高职高专毕业生就业率稳步上升，且近两届连续高于本科（2017届、2018届分别91.6%、91.0%）。

从去向分布来看，高职高专毕业生以就业为主，但就业人群占比有所下降。2018届高职高专毕业生"受雇全职工作"的比例为79.9%，较2017届（80.8%）略有下降；"自主创业"的比例为3.6%，较2017届（3.8%）略有下降；"受雇半职工作"的比例（2.1%）与2017届（2.0%）基本持平。

与此同时，升学对高职高专毕业生的分流作用持续扩大，毕业后读本科成为越来越多毕业生的选择。数据显示，2018届高职高专毕业生"毕业后读本科"的比例（6.3%）较2017届（5.4%）上升了0.9个百分点，近七年应届高职高专毕业生读本比例持续上升。可见应届高职高专生追求学历提升的意愿不断增强，而升学对毕业生的分流也促进了就业率的稳定。

从专业大类层面来看，2018届生化与药品大类的就业率（93.7%）最高，其后依次是材料与能源大类（93.3%）、公共事业大类（93.3%）、土建大类（93.2%）等。升学方面，2018届读本比例较高的是文化教育大类（8.6%）、财经大类（8.3%）以及医药卫生大类（7.5%），职业院校管理

---

① 解读中提到的往届数据，均出自相应年份的"就业蓝皮书"，其中2014~2017届毕业半年后全国高职高专生样本量分别约为13.8万、12.7万、14.2万、15.0万；2013届、2014届毕业三年后全国高职高专生样本量分别约为2.5万、4.3万。

者可针对这类专业进一步完善专本衔接工作,从而更好地满足部分毕业生学历提升的需要。

高职高专毕业生中未就业人群的占比趋于稳定。2018届高职高专毕业生"无工作,继续寻找工作"、"待定族"(不求学不求职)的比例为7.5%,与2017届(7.5%)持平。民营企业是未就业人群后续就业落实的主体。数据显示,2015届高职高专毕业半年后未就业人群当中,八成以上(82.9%)在毕业三年后处于就业状态,其中近七成(66%)就业于民营企业。民营企业对毕业生的吸纳较大程度促进了就业的稳定。

[解读2] 民营企业是高职高专毕业生服务地方经济的重要载体

高职高专院校的生源构成以本地(学校所在省份)为主,2018届高职高专毕业生中,本地生源占比接近九成(89%),明显高于本科(65%)。高职高专毕业生留在本地就业是主流,从高职高专毕业生的就业地选择来看,2018届本地生源本地就业的占七成以上(72.0%),与前两届(2016届、2017届分别为70.1%、71.5%)相比稳中有升。从不同区域来看,2018届东部地区高职高专院校毕业生中,本地生源本地就业的占比为80%,较前两届(2016届、2017届分别为78%、79%)稳中有升;中西部地区高职高专院校毕业生中,本地生源本地就业的占比为68%,与前两届(2016届、2017届分别为67%、68%)基本持平。

民营企业是吸纳高职高专毕业生留在本地就业的重要载体。2018届高职高专毕业生在民营企业就业的比例为68%,与2016届、2017届(分别为68%、67%)基本持平;在东部地区就业的高职高专毕业生服务于民营企业的比例(2018届70%)高于在中西部就业的高职高专毕业生(2018届64%)。当然值得注意的是,随着中西部地区新一线城市[①]的不断发展,当

---

① 《第一财经周刊》于2013年首次提出"新一线城市"概念,依据商业资源集聚度、城市枢纽性、城市人活跃度、生活方式多样性和未来可塑性五大指标,每年评出15座新一线城市。2018年评出的15座新一线城市依次是:成都、杭州、重庆、武汉、苏州、西安、天津、南京、郑州、长沙、沈阳、青岛、宁波、东莞和无锡。

地民营经济将进一步活跃,从而吸引更多毕业生留在当地就业;中西部地区高职高专毕业生对地方经济的服务贡献仍有较大的提升空间。

数据显示,在新一线城市就业的高职高专毕业生中,服务于民营企业的比例(2018届72%)高于其他类型城市(2018届66%);与此同时高职高专毕业生在新一线城市就业的比例整体呈现上升趋势,从2016届的20%上升到了2018届的22%。在新一线城市中,重庆、成都、武汉、郑州、西安五市均为地处中西部的国家中心城市①,在引领中西部发展、激发当地民营经济活力的同时,也将进一步吸纳高职高专毕业生留在当地就业和发展。

[解读3] 高职教育对提升农村家庭学生收入作用日益显现,学历提升对毕业生职业发展的影响随时间推移不断显现

高职教育对提升农村家庭学生收入作用日益显现。数据显示,2015届高职高专农村生源毕业生在毕业半年后的月收入为3325元,略高于同期农民工月均收入(3072元)②;而到了毕业三年后收入上的优势明显扩大,2015届高职高专农村生源毕业生三年后(即2018年时)月收入为5816元,与毕业半年后相比涨幅为75%,明显高于同期农民工(2018年月均收入3721元③,与2015年相比涨幅为21%)。

近年来应届高职高专毕业生选择毕业后读本科的比例持续上升,在毕业三年后,学历提升对毕业生的就业已具有初步影响。数据显示,2015届高职高专选择读本科的毕业生在毕业三年后有八成以上(80.8%)进入职场,其就业满意度为68%,工作与专业相关度为65%,与学历未提升人群(就业满意度65%,工作与专业相关度52%)相比均呈现优势。

另外,通过更长时间跨度的观察可以发现,学历是对毕业生晋升帮助程

---

① 2010年2月,住房和城乡建设部发布的《全国城镇体系规划(2010—2020年)》明确提出五大国家中心城市(北京、天津、上海、广州、重庆)的规划和定位;2016年5月至2018年2月,国家发展和改革委员会及住房和城乡建设部先后发函支持成都、武汉、郑州、西安建设国家中心城市。
② 国家统计局:《中华人民共和国2015年国民经济和社会发展统计公报》,2016-02-29。
③ 国家统计局:《中华人民共和国2018年国民经济和社会发展统计公报》,2019-02-28。

度较大的因素之一，学历提升对毕业生在职称方面的晋升影响尤为明显。数据显示，2008届高职高专毕业生在毕业十年后认为对晋升有帮助的因素中，个人学历列第三位（47%），与关系网络并列；从实际晋升情况来看，学历提升人群获得中高级职称的比例为49%，高于学历未提升人群（37%）。学历提升对毕业生职业发展的影响将随着时间推移而不断显现。

［解读4］现代服务业对毕业生的吸纳程度持续提升，其中医疗、教育、信息类行业需求较大，相关专业培养需有针对性地完善

现代服务业是高等职业教育主要的服务面向领域，对高职高专毕业生的吸纳程度较大。数据显示，近五年应届高职高专毕业生在现代服务业就业的比例持续上升，从2014届的55.0%上升到了2018届的61.3%。在现代服务业的各类行业中，高职高专毕业生在医疗和社会护理服务业的就业量最大，近五年就业比例均稳定在7.5%左右；与此同时就业于教育业（2014届3.9%，2018届7.3%）以及信息传输、软件和信息技术服务业（2014届4.2%，2018届5.4%）的比例上升较为明显，近五年分别上升了3.4、1.2个百分点。

在医疗和社会护理服务业就业的高职高专毕业生中，医院（包括综合医院、专科医院等）是其就业的主体，但占比呈现下降趋势，从2014届的57%下降到了2018届的50%；与此同时，其他各类康复、养老、医疗、护理服务机构的占比逐渐上升，从2014届的26%上升到了2018届的29%。这反映出随着民众生活水平的提升以及健康观念的转变，医养结合、社区和家庭护理等模式将逐渐被越来越多的人接受，相应的用人需求在未来仍有较大的提升空间；从具体的专业特点来看，在该行业领域就业的高职高专毕业生中，护理类专业的占比最大（历年均占一半左右），这类专业毕业生在医院的占比（2018届62%）较高，而在各类健康护理服务机构的占比（2018届22%）仍偏低。对此，未来护理类专业的培养可适当关注各类院外护理服务机构的需求。

在教育业就业的高职高专毕业生中，从事幼儿与学前教育职业的占比呈

现明显上升趋势，从 2014 届的 23.7% 上升到了 2018 届的 32.6%，可见"二胎"政策的落实较大程度带动了幼儿与学前教育相关职业需求的增长；与此同时，从事中小学教育职业的占比持续稳定且较高（31% 左右，主要为小学教师）。从具体专业特点来看，从事幼儿与学前教育职业的毕业生主要来自学前教育专业，该专业近五年就业率（2014～2018 届分别为 94.3%、95.1%、95.6%、96.0%、95.4%）均保持较高水平，毕业生整体就业情况较好；从事中小学教育职业的毕业生主要来自初等教育、语文教育、英语教育、数学教育、美术教育等专业，其就业存在较大差异，其中语文教育、初等教育、英语教育专业的就业率（2018 届分别为 86.4%、87.6%、89.7%）均低于文化教育大类专业平均水平（2018 届 92.2%）、高职高专平均水平（2018 届 92.0%）较多，其培养和毕业落实仍需完善。从应届毕业生对培养的反馈来看，2018 届小学教育相关专业毕业生中，有 36% 认为课堂参与不够，有 26% 认为课程内容不实用或陈旧，均高于学前教育专业（分别为 31%、20%）；从毕业生三年后对培养的反馈来看，小学教育相关专业毕业生对本专业课程设置的合理度评价（2015 届 88%）与学前教育专业（2015 届 90%）相比较低，2015 届有近六成（56%）毕业生认为专业核心课程占比需要提高（学前教育专业为 51%）；另外从毕业三年后的能力需求与达成情况来看，"有效的口头沟通"是小学教育相关专业毕业生普遍认为工作要求水平较高的能力（2015 届 87%），而毕业生对该项能力的达成度（2015 届 78%）与学前教育专业（2015 届 80%）相比仍偏低。面向小学教育领域的相关专业可有针对性地完善培养环节，从而更好地促进毕业生的就业与发展。

信息传输、软件和信息技术服务业的发展在大量吸纳毕业生就业的同时，也通过助力传统制造业转型升级，为毕业生的就业与发展创造了新机遇："机器换人"对劳动力的解放使得传统制造业整体用人需求下降，而制造业信息化、智能化程度的提升促使相关岗位需求逆势增长。以高职高专毕业生就业量下降最多的前 3 位行业为例：电子电气设备制造业（含计算机、通信、家电等）就业比例从 2014 届的 5.8% 下降至 2018 届的 4.8%，机械设备制造业从 2014 届的 4.5% 下降至 2018 届的 2.9%，交通运输设备制造业从2014届的4.4%下降至2018届的2.5%；从这些行业中的职业构成来看，"计算机与数据处理"、"互联网开发及应用"类职业的占比逐渐上升（合计从2014届的4.5%上升到了2018届的6.8%）。当然需要注意的是，在信息传输、软件和信息技术服务业以及其他领域相关岗位就业的高职高专毕业生主要来自计算机类专业，这类专业的培养环节仍有较大的提升空间。数据显示，计算机类专业毕业生的基本工作能力、核心知识满足度（2018届均为82%）均低于工科专业平均水平（2018届均为83%）；专业核心课程对相关领域的支撑力度仍不足，从事专业相关工作的毕业生对课程重要度（2018届78%）、满足度（2018届67%）评价均明显低于工科专业平均水平（2018届分别为87%、75%），同时毕业生认为课程内容不实用或陈旧的比例（2018届41%，工科专业平均33%）较为突出，专业课程的设置与培养仍需进一步完善。面对新一代信息技术迅猛发展所带来的全新机遇，相关院校和专业可有针对性地补齐培养过程"短板"，从而更好地促进毕业生的就业与发展。

[解读5] 高职高专生毕业三年内自主创业比例呈上升趋势，创新创业教育的开展可重点面向新兴领域

高职高专生毕业三年内自主创业比例呈上升趋势。2015届高职高专生毕业三年内自主创业比例为8.4%，比2011届（7.7%）高出0.7个百分点，比自身毕业半年后自主创业比例（3.9%）增长了约1.2倍。高职高专毕业生"毕业即创业"群体的生存挑战持续增加，2015届毕业半年后自主创业的高职高专毕业生中，有44.7%在三年后仍在继续创业（即存活率为44.7%），比2011届（48.9%）下降了4.2个百分点。

从创新创业教育来看，创业实践和竞赛活动的参与度有所提高。2018届高职高专毕业生在参与创业实践活动和创业竞赛活动方面均提高了2个百分点。参与过创新创业教育的高职高专毕业生中，认为创业竞赛活动和创业实践活动对自己帮助最大。"做中学、学中做"的教育模式让学生有更多的获得感。

从毕业生自主创业所在行业分布来看，零售业的占比最大；2018届毕

业半年后在这类行业创业的比例为12.3%，2015届毕业三年后在这类行业创业的比例为14.8%。随着互联网与零售业的融合以及大数据、人工智能等技术手段的应用，实体零售创新转型不断深入，职业院校在创新创业教育的开展上，可重点加强面向"新零售"等新兴领域的实践活动。

[解读6] 高职高专工程、商科教育需提升人才培养与产业发展要求间的匹配度

工程、商科均是与社会经济发展结合较为紧密的学科，均应当立足于市场实际需求，以成果为导向培养人才。毕业生中期工作与专业相关度在一定程度上能够反映本专业培养的毕业生满足社会经济发展需要的情况。数据显示，2016~2018年，不同高职高专院校工科专业毕业生中期工作与专业相关度均基本稳定，其中优质高职高专院校持续高于其他高职高专院校2~3个百分点。总体来说，毕业生中期在专业相关领域就业的比例不高；从全国来看，反映出工科专业人才培养与产业发展要求之间存在不够匹配的情况。

高职高专院校商科专业毕业生毕业三年后的工作与专业相关度持续下降，从2016年的54%下降至2018年的51%，且连续三年低于非商科专业平均水平，一定程度上反映了商科教育与市场需求之间的不匹配。相关院校和专业可通过加强教师与学生的互动交流、提高实习实践有效性等途径，帮助学生更好地了解所学专业，从而更好地达成学习成果和培养目标。相关专业可根据市场需求，及时修订本专业的培养目标和毕业要求，并持续进行人才培养的改进。

分报告一　毕业生就业及职业发展报告

第一章　毕业去向分布

一　总体毕业去向分布

1. 2018届大学生毕业半年后"受雇全职工作"的比例为76.1%，低于

2017届、2016届（分别为77.1%、77.3%）；"自主创业"的比例（2.7%）略低于2017届、2016届（分别为2.9%、3.0%）；"升学"的比例（11.5%）略高于2017届、2016届（分别为10.8%、10.3%）；"无工作，继续寻找工作"的比例（3.4%）与2017届（3.4%）持平，略低于2016届（4.0%）。

2. 2015届大学生毕业三年后有85.5%的受雇工作，6.2%的人自主创业，4.4%的人升学，1.7%的人"无工作，继续寻找工作"，还有2.2%的人无工作，且既没有求职也没有求学。

二 高职高专院校毕业生去向分布

1. 2018届高职高专毕业生半年后"受雇全职工作"的比例（79.9%）与2017届（80.8%）、2016届（80.7%）相比略有下降；"自主创业"的比例（3.6%）与2017届、2016届（分别为3.8%、3.9%）基本持平；"毕业后读本科"的比例（6.3%）与2017届、2016届（分别为5.4%、4.9%）相比有所提升，连续三届呈上升趋势。

2. 2015届高职高专毕业生三年后有85.2%受雇工作，8.4%自主创业，0.7%正在读研，0.3%正在读本科。

第二章 就业率与就业流向

一 就业率

1. 从近三届的趋势可以看出，大学毕业生半年后就业率呈现稳定态势。2018届大学生毕业半年后的就业率（91.5%）与2017届、2016届（分别为91.9%、91.6%）基本持平。其中，本科院校2018届毕业生半年后的就业率为91.0%，比2017届、2016届（分别为91.6%、91.8%）略低；高职高专院校2018届毕业生半年后的就业率为92.0%，与2017届（92.1%）基本持平，比2016届（91.5%）略高。

2. 2018届泛长江三角洲区域经济体高职高专院校毕业生半年后的就业率最高（94.5%），西部生态经济区最低（85.4%）。

3. 2018届高职高专毕业生半年后就业率最高的专业大类是生化与药品

大类（93.7%），其次是公共事业大类、材料与能源大类（均为93.3%）；最低的是资源开发与测绘大类（89.0%）。从三届的就业率变化趋势可以看出，高职高专专业大类中的生化与药品大类、土建大类、交通运输大类、医药卫生大类、资源开发与测绘大类毕业生毕业半年后就业率持续上升。

4. 2018届高职高专毕业生半年后就业率排前三位的专业是高压输配电线路施工运行与维护（97.1%）、电气化铁道技术（95.9%）、电力系统自动化技术（95.5%）。

二 就业地分布

1. 2018届高职高专毕业半年后就业区域主要集中在泛长江三角洲区域（包括上海、江苏、浙江、江西、安徽），占23.0%；泛珠江三角洲区域（包括广东、广西、福建、海南），占20.3%；泛渤海湾区域（包括北京、天津、山东、河北、内蒙古、山西），占20.0%。

2. 2018届高职高专毕业生就业于"直辖市"的比例为11%，就业于"副省级城市"的比例为28%，就业于"地级及以下城市"的比例为61%。

3. 高职高专院校毕业生在一线城市就业的比例呈下降趋势，在新一线城市就业的比例趋于稳定。其中，2018届高职高专院校毕业生在一线城市就业的比例为15%，与2017届（16%）基本持平，比2016届（17%）低2个百分点；2018届高职高专院校毕业生在新一线城市就业的比例为22%，与2017届（22%）持平，比2016届（20%）高2个百分点。

4. 高职高专毕业半年后在新一线城市就业的毕业生三年后离开的比例低于毕业半年后在一线城市就业的毕业生，且自身呈现下降趋势。其中，2015届毕业半年后在一线城市就业的高职高专毕业生三年后离开的比例为33%，与2014届（33%）、2013届（32%）基本持平；2015届毕业半年后在新一线城市就业的高职高专毕业生三年后离开的比例为27%，低于2014届（29%）、2013届（30%）。

三 行业分布

1. 2018届高职高专毕业生半年后就业最多的行业类是"建筑业"（11.9%），其次是"医疗和社会护理服务业"（7.7%）。与2016届相比，

2018届高职高专毕业生就业比例增加最多的行业类为"教育业"（增加了1.6个百分点）；就业比例降低最多的行业类是"金融业"，降低了2.3个百分点。

2. 从三届的就业趋势可以看出，在就业比例排名前十位的行业类中，高职高专毕业生在"教育业"、"零售业"、"各类专业设计与咨询服务业"、"其他服务业（除行政服务）"行业类就业的比例逐届增加。

3. 2014~2018届高职高专毕业生就业比例上升最多的前三位行业类分别为"教育业"、"信息传输、软件和信息技术服务业"、"各类专业设计与咨询服务业"，近五届就业比例依次上升了3.4、1.2、1.2个百分点；就业比例下降最多的前三位行业类分别为"交通运输设备制造业"、"机械设备制造业"、"电子电气设备制造业（含计算机、通信、家电等）"，近五届就业比例依次下降了1.9、1.6、1.0个百分点。

4. 有43%的2015届大学生在毕业三年内转换了行业（本科为35%，高职高专为50%），与2014届三年内该指标（43%）持平。

5. 在2015届高职高专各专业大类中，艺术设计传媒大类、旅游大类毕业生三年内的行业转换率最高（均为61%），医药卫生大类毕业生三年内的行业转换率最低（27%）。

6. 2015届高职高专毕业生三年内行业转换率最高的行业类是"批发业"（79%），最低的行业类是"电力、热力、燃气及水生产和供应业"（31%）。

四 职业分布

1. 2018届高职高专毕业生半年后从事最多的职业类是"销售"，就业比例为8.9%，其后是"财务/审计/税务/统计"（8.1%）、"建筑工程"（7.9%）、"行政/后勤"（7.6%）。与2016届相比，2018届高职高专毕业生就业比例增加最多的职业类为"互联网开发及应用"（增加了0.9个百分点）；就业比例降低最多的职业类为"销售"、"财务/审计/税务/统计"，均降低了1.9个百分点。

2. 从三届的就业趋势中可以看出，在就业比例排名前十位的职业类中，高职高专毕业生从事"互联网开发及应用"、"餐饮/娱乐"职业类的比例逐届增加，从事"财务/审计/税务/统计"、"电气/电子（不包括计算机）"职业类的比例逐届降低。

3. 2014~2018届高职高专毕业生就业比例上升最多的前三位职业类分别为"媒体/出版"、"幼儿与学前教育"、"互联网开发及应用"，近五届就业比例依次上升了1.6、1.3、1.2个百分点；就业比例下降最多的前三位职业类分别为"财务/审计/税务/统计"、"销售"、"机械/仪器仪表"，近五届就业比例依次下降了2.7、2.1、1.8个百分点。

4. 有40%的2015届大学生毕业三年内转换了职业（本科为31%，高职高专为49%），与2014届三年内该指标（40%）持平。

5. 在2015届高职高专各专业大类中，旅游大类毕业生三年内的职业转换率最高（63%），医药卫生大类毕业生三年内的职业转换率最低（28%）。

6. 2015届高职高专毕业生三年内职业转换率最高的职业类是"销售"（75%），最低的职业类是"中小学教育"（29%）。

五 用人单位分布

1. 2018届高职高专毕业生就业最多的用人单位类型是民营企业/个体（68%）。

2. 2018届高职高专毕业生最主要就业于300人及以下规模的用人单位（61%）。

六 专业预警

1. 2019年高职高专就业红牌专业包括：语文教育、英语教育、法律事务、汉语、初等教育；黄牌专业包括：财务管理、会计电算化、烹饪工艺与营养、商务管理。以上专业部分与2018年的红黄牌专业相同，属于失业量较大，就业率、薪资和就业满意度综合较低的高失业风险型专业，这些专业具有持续性。

2. 2019年高职高专就业绿牌专业包括：电气化铁道技术、社会体育、软件技术、电力系统自动化技术、发电厂及电力系统、道路桥梁工程技术。

以上专业部分与 2018 年的绿牌专业相同，属于失业量较小，就业率、薪资和就业满意度综合较高的需求增长型专业。

第三章 收入分析

一 总体月收入与涨幅

1. 大学毕业生半年后月收入呈现上升趋势。2018 届大学毕业生的月收入（4624 元）比 2017 届（4317 元）增长了 307 元，比 2016 届（3988 元）增长了 636 元。其中，本科院校 2018 届毕业生的月收入（5135 元）比 2017 届（4774 元）增长了 361 元，比 2016 届（4376 元）增长了 759 元；高职高专院校 2018 届毕业生的月收入（4112 元）比 2017 届（3860 元）增长了 252 元，比 2016 届（3599 元）增长了 513 元。

2. 2015 届大学生毕业三年后平均月收入为 6723 元（本科为 7441 元，高职高专为 6005 元），毕业半年后的月收入为 3726 元（本科为 4042 元，高职高专为 3409 元），三年来月收入增长了 2997 元，涨幅为 80%。其中，本科增长了 3399 元，涨幅为 84%；高职高专增长了 2596 元，涨幅为 76%。

3. 2015 届农村生源大学生毕业三年后平均月收入为 6502 元（本科为 7188 元，高职高专为 5816 元），毕业半年后平均月收入为 3588 元（本科为 3851 元，高职高专为 3325 元），三年来月收入增长了 2914 元，涨幅为 81%。其中，本科增长了 3337 元，涨幅为 87%；高职高专增长了 2491 元，涨幅为 75%。

4. 2015 届本科生毕业三年后学历提升为硕士的比例为 16.5%，高职高专生毕业三年后学历提升为本科的比例为 32.9%。本科毕业三年后学历为硕士人群的月收入为 7550 元，学历仍然为本科人群的月收入为 7419 元；高职高专毕业三年后学历为本科人群的月收入为 5898 元，学历仍然为高职高专人群的月收入为 6057 元。提升学历人群可能因毕业时间短还尚未体现学历提升带来的更大的教育回报。

5. 2018 届高职高专院校毕业生在一线城市的月收入（5121 元）比 2017 届（4820 元）增长了 301 元，比 2016 届（4436 元）增长了 685 元；

2018届高职高专院校毕业生在新一线城市的月收入（4221元）比2017届（3959元）增长了262元，比2016届（3705元）增长了516元。

6. 2015届高职高专院校毕业生三年后在一线城市就业的平均月收入为8093元，比2015届半年后月收入（4122元）增长了3971元，涨幅为96%；2015届高职高专院校毕业生三年后在新一线城市就业的平均月收入为6319元，比2015届半年后月收入（3523元）增长了2796元，涨幅为79%。

二　主要专业的月收入与涨幅

1. 在2018届高职高专专业大类中，毕业生毕业半年后月收入最高的是交通运输大类（4691元），最低的是文化教育大类（3621元）。

2. 2015届高职高专专业大类中三年后月收入最高的是电子信息大类，为6901元，高出该专业大类半年后月收入（3673元）3228元，涨幅88%；三年后月收入最低的是文化教育大类（5160元），高出该专业大类半年后月收入（3227元）1933元，涨幅60%。

三　主要行业的月收入与涨幅

1. 2018届高职高专毕业生半年后月收入最高的行业类为"运输业"（4988元），其次是"信息传输、软件和信息技术服务业"（4805元）。

2. 2015届高职高专毕业生三年后在"信息传输、软件和信息技术服务业"就业的月收入最高，为7610元，高出半年后在该行业类就业的毕业生月收入（3830元）3780元，涨幅比例为99%。

四　主要职业的月收入与涨幅

1. 2018届高职高专毕业生半年后月收入最高的职业类是"经营管理"（5126元），其次是"航空机械/电子"（4999元）。

2. 2015届高职高专毕业生三年后从事"经营管理"职业类的月收入最高，为8064元，高出半年后从事该职业类的高职高专毕业生月收入（4148元）3916元，涨幅比例为94%。

五　各用人单位类型的月收入与涨幅

1. 2018届高职高专毕业生半年后在"国有企业"单位就业的月收入最

高（4468元）；与2017届相比，2018届高职高专毕业生在各类型用人单位就业的月收入均有所上升。

2. 2015届高职高专毕业生三年后在"中外合资/外资/独资"单位就业的月收入（6275元）最高；另外在"民营企业/个体"就业的三年后月收入涨幅最大，为85%。

3. 2018届高职高专毕业生在"3000人以上"规模的大型用人单位就业的月收入最高（4821元）；与2017届相比，2018届高职高专毕业生在各规模用人单位就业的月收入均有所上升。

4. 2015届高职高专毕业生三年后在"3000人以上"规模的大型用人单位就业的月收入最高（6670元）。另外在"50人及以下"规模用人单位就业的毕业生三年后月收入涨幅最大，为86%。

第四章　就业满意度

一　总体就业满意度

1. 2018届大学毕业生的就业满意度为67%，与2017届（67%）持平。其中，本科院校、高职高专院校2018届毕业生的就业满意度分别为68%、65%，均与2017届（分别为68%、65%）持平，均比2016届（分别为66%、63%）高2个百分点。

2. 2015届大学生毕业三年后的就业满意度为68%，比2014届（66%）高2个百分点；其中，本科毕业生的就业满意度为69%，高职高专毕业生的就业满意度为66%。

3. 2018届高职高专毕业生对就业现状不满意的主要原因是"收入低"（67%）、"发展空间不够"（53%）。

4. 高职高专院校毕业生在一线城市、新一线城市的就业满意度变化趋势一致。2018届高职高专院校毕业生在一线城市、新一线城市的就业满意度分别为66%、65%，均与2017届（分别为66%、65%）持平，均比2016届（分别为64%、63%）高2个百分点。

总报告·主要结论

二 主要专业的就业满意度

1. 在2018届高职高专专业大类中,毕业生毕业半年后就业满意度最高的是交通运输大类、农林牧渔大类(均为68%),就业满意度最低的是资源开发与测绘大类、公共事业大类(均为63%)。

2. 在2015届高职高专专业大类中,毕业生毕业三年后就业满意度最高的专业大类是文化教育大类(73%),就业满意度最低的专业大类是资源开发与测绘大类(59%)。

三 主要行业的就业满意度

1. 在2018届高职高专毕业生毕业半年后就业满意度最高的是运输业(74%),就业满意度最低的是初级金属制造业(56%)。

2. 在2015届高职高专毕业生毕业三年后就业满意度最高的是教育业(72%),就业满意度最低的是采矿业(51%)。

四 主要职业的就业满意度

1. 在2018届高职高专毕业生毕业半年后就业满意度最高的是交通运输/邮电(78%),就业满意度最低的是矿山/石油(56%)。

2. 在2015届高职高专毕业生毕业三年后就业满意度最高的是经营管理、中小学教育、幼儿与学前教育(均为75%),就业满意度最低的是矿山/石油(50%)。

五 各用人单位类型的就业满意度

1. 2018届高职高专毕业生半年后在"政府机构/科研或其他事业单位"的就业满意度最高(71%),在"民营企业/个体"的就业满意度最低(63%)。

2. 2015届高职高专毕业生三年后就业满意度最高的用人单位类型是"政府机构/科研或其他事业单位"(72%),就业满意度最低的用人单位类型是"民营企业/个体"(64%)。

第五章 职业发展

一 工作与专业相关度

1. 2018届大学毕业生的工作与专业相关度为66%,与2017届、2016

届（均为66%）持平。其中，本科和高职高专院校2018届毕业生的工作与专业相关度分别为71%、62%，均与2017届（分别为71%、62%）、2016届（分别为70%、62%）基本持平。

2. 2015届大学生毕业三年后的工作与专业相关度为61%，比2015届半年后（66%）低5个百分点，与2014届三年后（61%）持平。其中，本科三年后的工作与专业相关度为65%，比半年后（69%）低4个百分点；高职高专三年后的工作与专业相关度为56%，比半年后（62%）低6个百分点。

3. 2016~2018届理工农医类毕业生的工作与专业相关度稳中有升，分别为67%、68%、69%。其中，2018届本科院校理工农医类毕业生的工作与专业相关度73%，与2017届（72%）基本持平，比2016届（71%）高2个百分点；2018届高职高专院校理工农医类毕业生的工作与专业相关度64%，与2017届、2016届（均为64%）均持平。

4. 2018届高职高专毕业生选择与专业无关工作的主要原因是"专业工作不符合自己的职业期待"（32%），其次是"迫于现实先就业再择业"（26%）。

5. 在2018届高职高专专业大类中，专业相关度最高的是医药卫生大类（90%），其次是土建大类（71%）、文化教育大类（70%）；最低的是旅游大类、轻纺食品大类（均为51%）。

6. 在2015届高职高专专业大类中，三年后工作与专业相关度最高的是医药卫生大类（88%），最低的是旅游大类（34%）。

二 职业期待吻合度

1. 2018届大学毕业生工作与职业期待的吻合度为49%，与2017届、2016届（分别为49%、48%）基本持平。其中，本科和高职高专院校2018届毕业生工作与职业期待的吻合度分别为52%、46%，均与2017届（分别为52%、46%）、2016届（分别为51%、45%）基本持平。

2. 2018届认为工作与职业期待不吻合的高职高专毕业生中，有29%的人认为是"不符合自己的职业发展规划"，其次是"不符合自己的兴趣爱好"（23%）。

3. 在 2018 届高职高专专业大类中，毕业生毕业半年后职业期待吻合度最高的是文化教育大类、医药卫生大类（均为 54%），职业期待吻合度最低的是资源开发与测绘大类（38%）。

三 职位晋升

1. 2015 届大学生毕业三年内有 59% 的人获得职位晋升，与 2014 届（58%）基本持平。其中，本科、高职高专这一比例分别为 57%、62%，均与 2014 届（分别为 56%、61%）基本持平。

2. 2015 届大学生毕业三年内平均获得职位晋升 1.0 次，与 2014 届（1.0 次）持平。其中，本科为 0.9 次，高职高专毕业生为 1.0 次，均与 2014 届（分别为 0.9 次、1.0 次）持平。

3. 2015 届高职高专旅游大类毕业生三年内获得职位晋升的比例最高（70%），医药卫生大类获得职位晋升的比例最低（39%）。

4. 2015 届高职高专在"住宿和饮食业"就业的毕业生三年内获得职位晋升的比例最高（77%），在"政府及公共管理"、"医疗和社会护理服务业"就业的毕业生三年内获得职位晋升的比例最低（均为 40%）。

5. 2015 届高职高专从事"经营管理"职业类的毕业生三年内获得职位晋升的比例最高（86%），从事"医疗保健/紧急救助"职业类的毕业生三年内获得职位晋升的比例最低（36%）。

6. 2015 届高职高专毕业生职位晋升的类型主要是薪资的增加（74%）、工作职责的增加（70%）。

7. 2008 届大学毕业生十年后有 50% 从事管理岗，有 36% 从事技术岗；从职务来看，有 10% 处于高管层，有 50% 处于中管层。大学毕业生毕业十年后已普遍成为职场"中坚"力量。

8. 2015 届高职高专毕业生认为对职位晋升有帮助的大学活动主要是课上所学的知识和技能（35%）、扩大社会人脉联系（35%）、假期实习/课外兼职（34%）等。

9. 2008 届高职高专毕业生认为对职位晋升有帮助的因素主要是工作表现、工作经验（均为 75%）。

四 离职分析

1. 2018届大学毕业生毕业半年内的离职率为33%，与2017届、2016届（分别为33%、34%）基本持平。其中，本科和高职高专院校2018届毕业生毕业半年内的离职率分别为23%、42%，均与2017届（分别为23%、42%）、2016届（分别为24%、43%）基本持平。

2. 2015届大学毕业生毕业三年内平均为2.2个雇主工作过，与2014届三年内（2.2个）持平。其中本科毕业生的平均雇主数为2.0个，低于高职高专毕业生的平均雇主数（2.4个）。

3. 在2018届高职高专专业大类中，医药卫生大类半年内的离职率最低（21%），艺术设计传媒大类半年内的离职率最高（53%）。

4. 2015届高职高专建筑设计类、艺术设计类毕业生三年内的平均雇主数最多（均为2.8个），护理类毕业生三年内的平均雇主数最少（1.8个）。

5. 2018届高职高专毕业生半年内离职的人群有99%发生过主动离职，主动离职的主要原因是"薪资福利偏低"（48%）、"个人发展空间不够"（44%）。

第六章 自主创业

一 自主创业比例及分布

1. 2018届大学毕业生半年后自主创业的比例为2.7%，略低于2017届、2016届（分别为2.9%、3.0%）。2018届高职高专毕业生半年后自主创业的比例（3.6%）高于本科毕业生（1.8%）。

2. 有更多的毕业生在毕业三年内选择了自主创业。2015届大学生三年后有6.2%的人自主创业（本科为3.9%，高职高专为8.4%）。

3. 自主创业毕业生三年后存活率略有下降。2015届高职高专毕业半年后自主创业毕业生中，有44.7%的人坚持自主创业（即存活率为44.7%），比2014届（45.8%）低1.1个百分点；有50.8%的人受雇工作，比2014届（49.2%）高1.6个百分点。

4. 2018届高职高专毕业生半年后自主创业主要集中在零售业（12.3%）；

2015届高职高专毕业生三年后自主创业主要集中在零售业（14.8%）。

二　自主创业月收入

1. 2018届高职高专毕业生半年后自主创业人群的月收入为5010元，比2018届高职高专毕业生半年后平均月收入（4112元）高898元。

2. 2015届高职高专毕业生半年后自主创业人群的月收入为4601元，三年后为9726元，涨幅为111%，明显高于2015届高职高专毕业生平均水平（半年后为3409元、三年后为6005元、涨幅为76%）。

三　自主创业动机

创业理想是2018届高职高专毕业生自主创业最重要的动力（38%），选择自主创业的毕业生中，绝大多数（83%）属于"机会型创业"①，只有7%属于"生存型创业"。

四　创新能力

2018届大学毕业生毕业时掌握的创新能力水平为56%（本科为57%，高职高专为54%），毕业生创新能力的满足度为84%（本科、高职高专均为84%）。

五　创新创业教育

2018届高职高专毕业生接受母校提供的创新创业教育主要是创业教学课程、创业辅导活动（分别为44%、41%），其有效性分别为67%、72%。

第七章　专升本

一　读本科的比例

2018届高职高专毕业生毕业后有6.3%选择了读本科，读本科比例最高的专业大类是文化教育大类（8.6%），最低的专业大类是资源开发与测绘大类（3.2%）。

---

① **机会型创业**指的是为了抓住和充分利用市场机会而进行的创业；**生存型创业**指的是创业者因找不到合适的工作而进行的创业。该理论由全球创业观察（Global Entrepreneurship Monitor）2001年报告首次提出。其中，机会型创业包括：理想就是成为创业者、有好的创业项目、受他人邀请加入创业、未来收入好；生存型创业包括：未找到合适的工作。

二 读本科的原因

2018届高职高专毕业生选择读本科的主要的原因是"想去更好的大学"（33%）、"职业发展需要"（25%）和"就业前景好"（24%）。

第八章 未就业分析

一 失业率

大学毕业生半年后失业率基本稳定。2018届大学生毕业半年后的失业率为8.5%，与2017届（8.1%）、2016届（8.4%）基本持平。其中，本科院校2018届毕业生的失业率（9.0%）比2017届、2016届（分别为8.4%、8.2%）略有上升；高职高专院校2018届毕业生的失业率（8.0%）与2017届（7.9%）基本持平，比2016届（8.5%）有所下降。

二 未就业人群分布与打算

在2018届大学毕业生的未就业人群中，大多数毕业生还在继续找工作。本科院校处于未就业状态的毕业生（9.0%）中有21%为"待定族"（不求学不求职），高职高专院校处于未就业状态的毕业生（8.0%）中有44%为"待定族"。在本科院校毕业半年后的"待定族"中，有48%的毕业生在准备公务员考试，有7%的毕业生准备创业。在高职高专院校毕业半年后的"待定族"中，有16%的毕业生准备创业，有15%的毕业生在准备公务员考试。

三 未就业人群流向

2015届高职高专毕业半年后未就业人群三年后最主要的是"受雇工作"（73.6%），另外有9.3%的人"自主创业"。毕业半年后未就业人群三年后就业的用人单位类型主要集中在"民营企业/个体"（66%）。

分报告二 毕业生培养质量报告

第一章 总体满意度

一 对母校的总体满意度

1. 2018届大学毕业生对母校的总体满意度为92%，与2017届（92%）

持平，比 2016 届（90%）高 2 个百分点。其中，本科院校 2018 届毕业生对母校的总体满意度为 93%，与 2017 届（93%）持平，比 2016 届（91%）高 2 个百分点；高职高专院校 2018 届毕业生对母校的总体满意度为 90%，与 2017 届、2016 届（分别为 90%、89%）基本持平。

2. 2018 届大学毕业生对母校的学生工作满意度为 87%，与 2017 届（86%）基本持平，比 2016 届（84%）高 3 个百分点。其中，本科、高职高专院校 2018 届毕业生对母校的学生工作满意度均为 87%，与 2017 届（均为 86%）基本持平，比 2016 届（均为 84%）高 3 个百分点。

3. 2018 届高职高专毕业生认为母校的学生工作需要改进的地方是"与辅导员或班主任接触时间太少"（43%），其后是"学生社团活动组织不够好"（36%）、"解决学生问题不及时"（29%）。

4. 2018 届大学毕业生对母校的生活服务满意度为 88%，与 2017 届（87%）基本持平，比 2016 届（85%）高 3 个百分点。其中，本科院校 2018 届毕业生对母校的生活服务满意度为 89%，与 2017 届（88%）基本持平，比 2016 届（86%）高 3 个百分点；高职高专院校 2018 届毕业生对母校的生活服务满意度为 88%，比 2017 届（86%）高 2 个百分点，比 2016 届（84%）高 4 个百分点。

5. 2018 届高职高专毕业生认为母校的生活服务需要改进的地方主要是"食堂饭菜质量及服务不够好"（35%）、"宿舍服务不够好"（35%）、"学校洗浴服务不够好"（32%）、"学校医院或医务室服务不够好"（28%）。

6. 2018 届大学毕业生对母校就业指导服务的满意度为 83%，比 2017 届（80%）高 3 个百分点，比 2016 届（77%）高 6 个百分点。其中，本科院校 2018 届毕业生对母校就业指导服务的满意度为 81%，比 2017 届（79%）高 2 个百分点，比 2016 届（76%）高 5 个百分点；高职高专院校 2018 届毕业生对母校就业指导服务的满意度为 85%，比 2017 届（82%）高 3 个百分点，比 2016 届（79%）高 6 个百分点。

7. 2018 届高职高专毕业生接受"大学组织的招聘会"求职服务的比例

(57%)最大,其有效性为79%。2018届高职高专毕业生中,有14%的人表示"没有接受任何求职辅导服务"。

二 对母校的推荐度

大学毕业生对母校的推荐度基本稳定。2018届大学毕业生对母校的推荐度为66%,与2017届、2016届(均为66%)持平。其中,本科院校2018届毕业生对母校的推荐度为68%,与2017届、2016届(分别为69%、68%)基本持平;高职高专院校2018届毕业生对母校的推荐度为64%,与2017届、2016届(均为64%)持平。

三 教学满意度

1. 2018届大学毕业生对母校的教学满意度为90%,与2017届(89%)基本持平,比2016届(88%)高2个百分点。其中,本科院校2018届毕业生对母校的教学满意度为89%,与2017届(88%)基本持平,比2016届(87%)高2个百分点;高职高专院校2018届毕业生对母校的教学满意度为90%,与2017届(90%)、2016届(89%)基本持平。

2. 2018届高职高专毕业生认为母校的教学最需要改进的地方为"实习和实践环节不够"(57%),其次为"无法调动学生学习兴趣"(45%)。

3. 2018届从事专业相关工作的毕业生对核心课程的重要度评价为88%,其中,本科院校为86%,高职高专院校为89%。

4. 2018届从事专业相关工作的毕业生对核心课程的满足度评价为78%,其中,本科院校为78%,高职高专院校为79%。

5. 在2018届高职高专各专业大类中,医药卫生大类的核心课程重要度评价(95%)最高,其满足度为84%。

6. 2018届有54%的毕业生与任课教师"每周至少一次"或"每月至少一次"课下交流。其中,本科毕业生中有25%与任课教师"每周至少一次"课下交流,低于高职高专毕业生(37%)。

7. 2018届高职高专各专业大类中,与任课教师"每周至少一次"或"每月至少一次"课下交流程度最高的是农林牧渔大类、艺术设计传媒大类(均为69%),最低的是医药卫生大类(53%)。

总报告·主要结论

四 在校素养提升

1. 2018 届高职高专工程类专业毕业生认为在校期间大学对自己素养提升较高的方面为"人生的乐观态度"（66%）、"团队合作"（65%）、"积极努力、追求上进"（65%）；此外，还有 4% 的高职高专工程类专业毕业生认为大学对素养的提升没有任何帮助。

2. 2018 届高职高专艺术类专业毕业生认为在校期间大学对自己素养提升较高的方面为"艺术修养"（64%）、"人生的乐观态度"（63%）、"积极努力、追求上进"（61%）；此外，还有 4% 的高职高专艺术类专业毕业生认为大学对素养的提升没有任何帮助。

3. 2018 届高职高专医学类专业毕业生认为在校期间大学对自己素养提升较高的方面为"积极努力、追求上进"（68%）、"职业道德"（66%）、"人生的乐观态度"（64%）、"健康卫生"（63%）；此外，还有 3% 的高职高专医学类专业毕业生认为大学对素养的提升没有任何帮助。

4. 2018 届高职高专其他类专业毕业生认为在校期间大学对自己素养提升较高的方面为"积极努力、追求上进"、"人生的乐观态度"（均为 67%）；此外，还有 3% 的高职高专其他类专业毕业生认为大学对素养的提升没有任何帮助。

五 社团活动评价

2018 届高职高专毕业生在校期间参与度最高的社团活动为"公益类"（26%），其次为"体育户外类"（20%）；有 26% 的高职高专毕业生没有参加任何社团活动。在对参加的各类社团活动进行评价时，2018 届高职高专毕业生满意度最高的活动为"公益类"（92%）。

第二章 能力和知识评价

一 基本工作能力评价

2018 届高职高专毕业生在理解交流能力中最重要的是有效的口头沟通能力（重要度为 65%），其满足度为 89%；科学思维能力中最重要的是科学分析能力（重要度为 61%），其满足度为 83%；管理能力中最重要的是

033

谈判技能、说服他人能力（重要度均为66%），其满足度分别为83%、79%；应用分析能力中最重要的是疑难排解能力（重要度为65%），其满足度为82%；动手能力中最重要的是电脑编程能力（重要度为73%），其满足度为63%。

二 核心知识评价

2018届高职高专毕业生最重要的核心知识是营销与沟通知识（重要度为59%），其满足度为80%。

分报告一
毕业生就业及职业发展报告

B.3
第一章
毕业去向分布

一 总体毕业去向分布

大学毕业生：本科院校、高职高专院校的毕业生。

毕业半年后：2018届毕业生毕业第二年（即2019年）的1月左右。麦可思在此时展开跟踪评价，收集数据。此时毕业生的就业状况趋于稳定，有工作经历的毕业生也能够评估工作对自己知识、能力的要求水平。

毕业去向分布：麦可思将中国本科毕业生的毕业状况分为十类：受雇全职工作；受雇半职工作；自主创业；毕业后入伍；正在国内读研；正在港澳台地区及国外读研；无工作，准备国内读研；无工作，准备到港澳台地区及国外读研；无工作，继续寻找工作；无工作，其他。同理将中国高职高专毕业生的毕业状况分为七类：受雇全职工作；受雇半职工作；自主创业；毕业后入伍；毕业后读本科；无工作，继续寻找工作；无工作，其他。其中，受雇全职工作指平均每周工作32小时或以上。受雇半职工作指平均每周工作20小时到31小时。

已就业人群：包括"受雇全职工作"、"受雇半职工作"、"自主创业"、"毕业后入伍"四类人群。

图1-1-1是2016~2018届大学毕业生半年后的去向分布变化。可以看出，2018届大学生毕业半年后"受雇全职工作"的比例为76.1%，低于2017届、2016届（分别为77.1%、77.3%）；"自主创业"的比例（2.7%）略低于2017届、2016届（分别为2.9%、3.0%）；"升学"的比例（11.5%）略高于2017届、2016届（分别为10.8%、10.3%）；"无工作，继续寻找工作"的比例（3.4%）与2017届（3.4%）持平，略低于2016届（4.0%）。

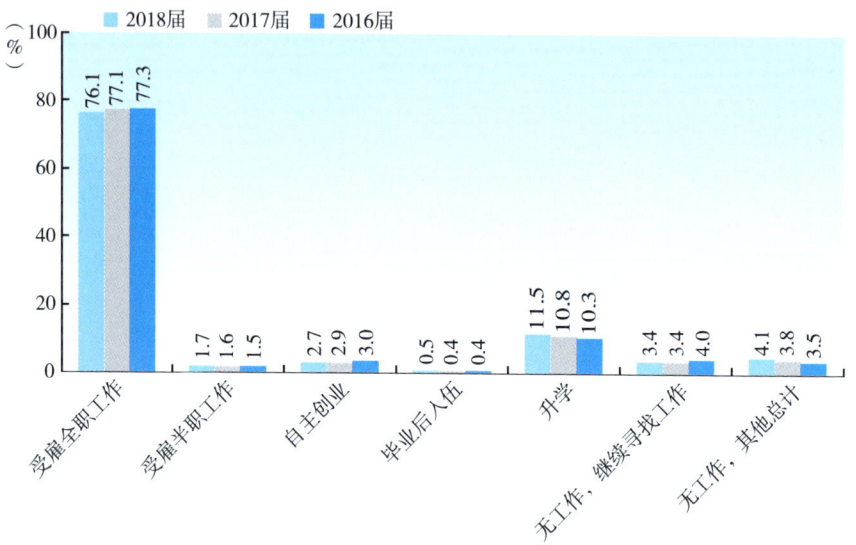

图1-1-1 2016~2018届大学毕业生半年后的去向分布变化*

*升学包含"正在国内外读研"（针对本科毕业生）和"正在读本科"（针对高职高专毕业生），下同。

数据来源：麦可思-中国2016~2018届大学毕业生培养质量跟踪评价。

毕业三年后：麦可思于2018年对2015届大学毕业生进行了三年后跟踪评价（曾于2016年初对这批大学毕业生进行过半年后跟踪评价），本报告涉及的三年内的变化分析即使用两次对同一批大学生的跟踪评价数据。

图1-1-2是2015届大学生毕业三年后的去向分布。可以看出，2015届大学生毕业三年后有85.5%受雇工作，6.2%的人自主创业，4.4%的人升学，1.7%的人"无工作，继续寻找工作"，还有2.2%的人无工作，且既没有求职也没有求学。

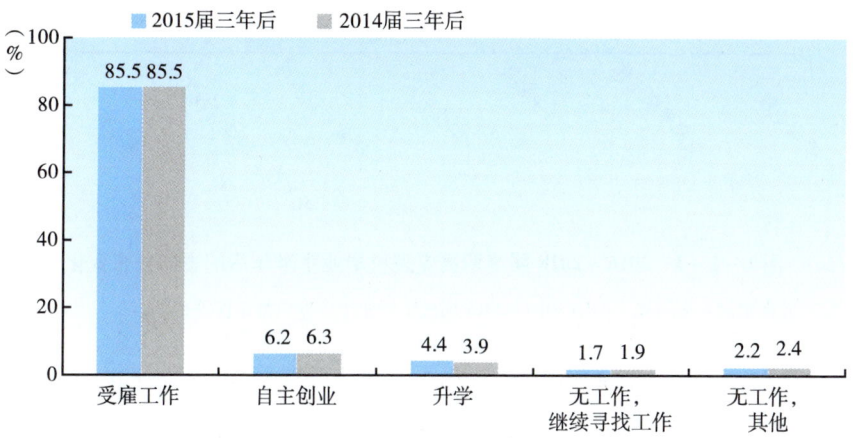

图1-1-2　2015届大学生毕业三年后的去向分布（与2014届三年后对比）

数据来源：麦可思-中国2014届、2015届大学毕业生三年后职业发展跟踪评价。

二　高职高专院校毕业生去向分布

图1-1-3是2016~2018届高职高专院校毕业生半年后的去向分布变化。可以看出，2018届高职高专毕业生半年后"受雇全职工作"的比例（79.9%）与2017届（80.8%）、2016届（80.7%）相比略有下降；"自主创业"的比例（3.6%）与2017届、2016届（分别为3.8%、3.9%）基本持平；"毕业后读本科"的比例（6.3%）与2017届、2016届（分别为5.4%、4.9%）相比有所提升，连续三届呈上升趋势。

图1-1-4、图1-1-5是2015届高职高专院校毕业生三年后的去向分

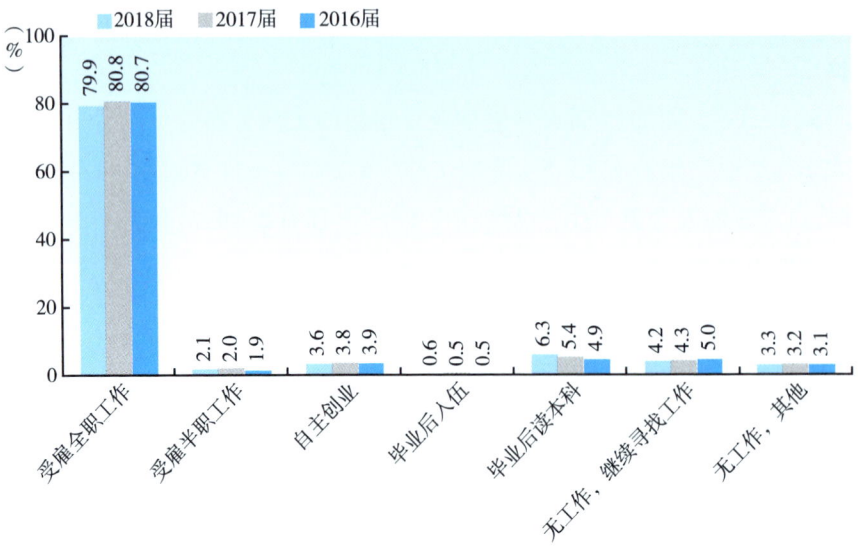

图 1-1-3　2016~2018 届高职高专院校毕业生半年后的去向分布变化

数据来源：麦可思-中国 2016~2018 届大学毕业生培养质量跟踪评价。

布。可以看出，2015 届高职高专毕业生三年后有 85.2% 受雇工作，8.4% 自主创业，0.7% 正在读研，0.3% 正在读本科。

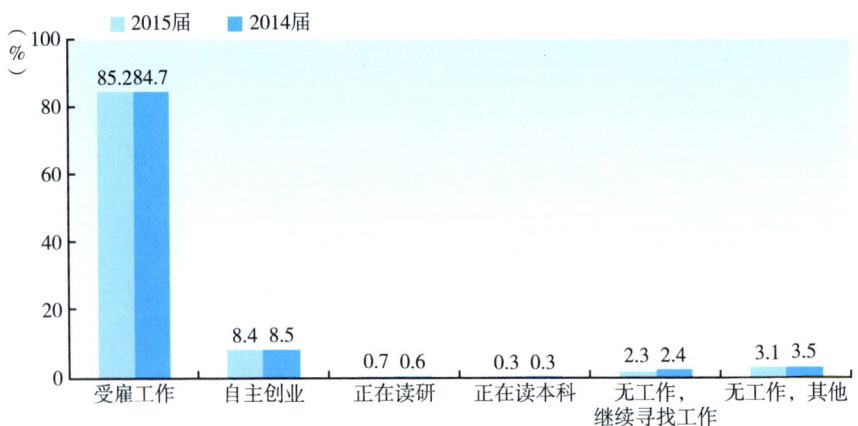

图 1-1-4　2015 届高职高专院校毕业生三年后的去向分布（与 2014 届三年后对比）

数据来源：麦可思-中国 2014 届、2015 届大学毕业生三年后职业发展跟踪评价。

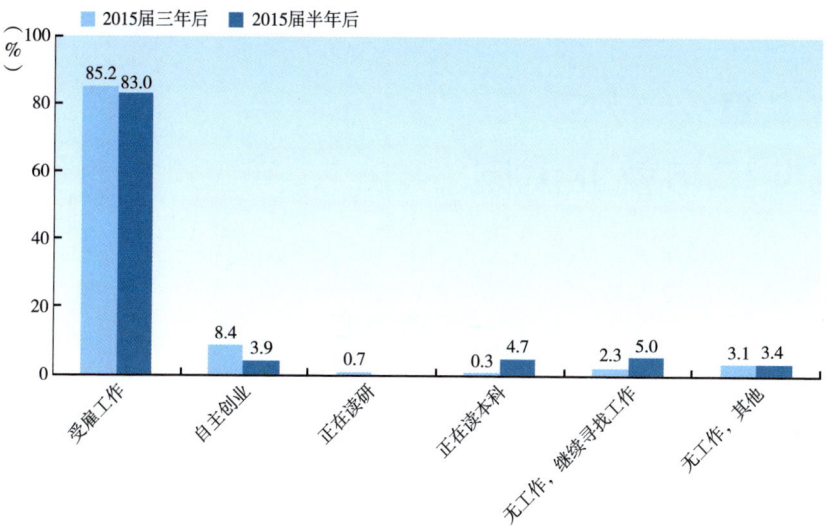

**图1-1-5 2015届高职高专院校毕业生三年后的去向分布
（与2015届半年后对比）**

数据来源：麦可思-中国2015届大学毕业生三年后职业发展跟踪评价，2015届大学生毕业半年后社会需求与培养质量跟踪评价。

B.4
第二章
就业率与就业流向

一 就业率

就业率：本科毕业生的就业率＝已就业本科毕业生数/需就业的本科毕业生总数；需要注意的是，按劳动经济学的就业率定义，已就业人数不包括国内外读研人数，需就业的总毕业生数也不包括国内外读研的人数；政府教育机构统计的就业率通常包括国内外读研人数，也就是本报告中的非失业率。

高职高专毕业生的就业率＝已就业高职高专毕业生数/需就业的高职高专毕业生总数；其中，已就业人数不包括读本科人数，需就业的总毕业生数也不包括读本科人数。

（一）总体就业率

图1-2-1是2016~2018届大学生毕业半年后的就业率变化趋势。从近三届的趋势可以看出，大学毕业生半年后就业率呈现稳定态势。2018届大学生毕业半年后的就业率（91.5%）与2017届、2016届（分别为91.9%、91.6%）基本持平。其中，本科院校2018届毕业生半年后的就业率为91.0%，比2017届、2016届（分别为91.6%、91.8%）略低；高职高专院校2018届毕业生半年后的就业率为92.0%，与2017届（92.1%）基本持平，比2016届（91.5%）略高。

（二）各经济区域的就业率

表1-2-1是2016~2018届各经济区域高职高专毕业生半年后的就业

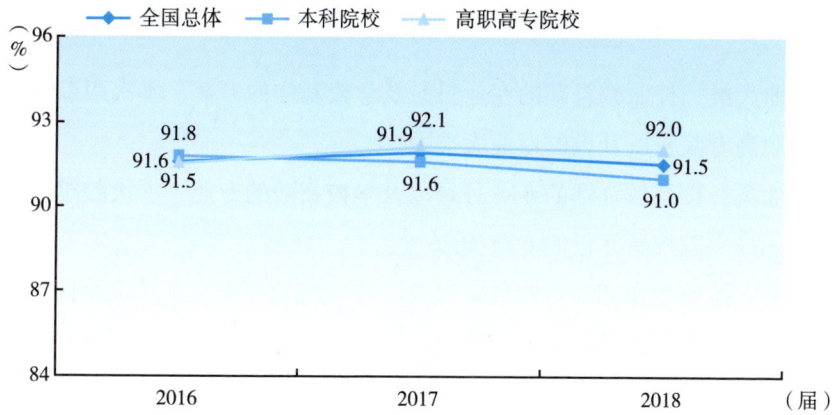

图 1-2-1 2016~2018 届大学生毕业半年后的就业率变化趋势

数据来源：麦可思-中国 2016~2018 届大学毕业生培养质量跟踪评价。

率变化趋势。可以看出，2018 届泛长江三角洲区域经济体高职高专院校毕业生半年后的就业率最高（94.5%），西部生态经济区最低（85.4%）。

表 1-2-1 2016~2018 届各经济区域高职高专毕业生半年后的就业率变化趋势

单位：%

经济区域	高职高专院校毕业生毕业半年后的就业率		
	2018 届	2017 届	2016 届
泛长江三角洲区域经济体	94.5	94.4	93.9
泛珠江三角洲区域经济体	94.1	94.5	93.6
中原区域经济体	92.8	92.7	92.3
泛渤海湾区域经济体	91.7	91.8	91.0
西南区域经济体	89.9	90.1	89.6
东北区域经济体	88.1	88.1	87.8
陕甘宁青区域经济体	86.8	87.1	86.7
西部生态经济区	85.4	85.4	85.1
全国高职高专	92.0	92.1	91.5

数据来源：麦可思-中国 2016~2018 届大学毕业生培养质量跟踪评价。

（三）主要专业的就业率

专业大类：按照教育部的专业目录及学校新增的专业，本次跟踪评价覆盖了高职高专院校所开设的专业大类18个。

专业类：按照教育部的专业目录以及学校新增的专业，本次跟踪评价覆盖了高职高专院校所开设的专业类76个。

专业：按照教育部的专业目录以及学校新增的专业，本次跟踪评价覆盖了高职高专院校所开设的专业653个。

表1-2-2是2016~2018届高职高专各专业大类毕业半年后的就业率。可以看出，2018届高职高专毕业生半年后就业率最高的专业大类是生化与药品大类（93.7%），其次是公共事业大类、材料与能源大类（均为93.3%）；最低的是资源开发与测绘大类（89.0%）。从三届的就业率变化趋势可以看出，高职高专专业大类中的生化与药品大类、土建大类、交通运输大类、医药卫生大类、资源开发与测绘大类毕业生毕业半年后就业率持续上升。

表1-2-2　2016~2018届高职高专各专业大类毕业半年后的就业率[*]

单位：%

高职高专专业大类名称	2018届	2017届	2016届
生化与药品大类	93.7	93.5	93.4
公共事业大类	93.3	93.4	92.9
材料与能源大类	93.3	93.3	92.7
土建大类	93.2	92.9	92.1
制造大类	93.0	93.0	92.3
交通运输大类	93.0	92.7	92.3
环保、气象与安全大类	92.7	92.8	92.5
轻纺食品大类	92.3	92.3	92.0
文化教育大类	92.2	92.3	91.3
财经大类	92.0	92.3	91.8
水利大类	92.0	92.0	91.8
电子信息大类	91.8	92.1	91.3

分报告一·第二章 就业率与就业流向

续表

高职高专专业大类名称	2018届	2017届	2016届
艺术设计传媒大类	91.3	91.3	90.6
医药卫生大类	90.9	90.6	89.7
农林牧渔大类	90.4	90.6	90.1
旅游大类	90.1	90.1	90.0
资源开发与测绘大类	89.0	88.7	87.5
全国高职高专	**92.0**	**92.1**	**91.5**

* 个别专业大类因为样本较少，没有包括在内。
数据来源：麦可思–中国2016~2018届大学毕业生培养质量跟踪评价。

表1-2-3是2016~2018届高职高专主要专业类毕业半年后的就业率。可以看出，2018届高职高专毕业生半年后就业率最高的专业类是食品药品管理类（94.5%），最低的是表演艺术类（88.7%）。

表1-2-3 2016~2018届高职高专主要专业类毕业半年后的就业率*

单位：%

高职高专专业类名称	2018届	2017届	2016届
食品药品管理类	94.5	93.9	93.9
市政工程类	94.0	94.2	93.6
公共事业类	94.0	93.9	93.6
电力技术类	93.9	94.2	93.7
医学技术类	93.7	93.1	92.9
化工技术类	93.7	92.9	93.3
城市轨道运输类	93.5	93.4	93.5
通信类	93.4	93.6	93.7
林业技术类	93.4	93.5	93.0
公共管理类	93.4	93.4	93.5
自动化类	93.3	92.9	92.0
制药技术类	93.2	93.6	93.4
纺织服装类	93.2	93.3	93.2
机电设备类	93.2	92.8	91.9
港口运输类	93.1	93.9	93.5
语言文化类	93.1	93.5	93.2

043

续表

高职高专专业类名称	2018 届	2017 届	2016 届
工程管理类	93.1	93.2	92.4
市场营销类	93.0	93.1	93.1
经济贸易类	92.9	92.9	93.0
艺术设计类	92.9	92.7	91.8
土建施工类	92.9	92.1	92.1
机械设计制造类	92.8	92.4	91.7
环保类	92.8	92.0	91.7
生物技术类	92.6	93.0	92.1
建筑设备类	92.6	92.0	91.7
电子信息类	92.5	92.2	91.4
房地产类	92.4	92.7	92.6
公路运输类	92.4	92.0	91.3
建筑设计类	92.3	93.1	92.4
汽车类	92.0	92.8	92.3
教育类	92.0	91.3	90.2
材料类	91.7	91.0	90.5
财务会计类	91.6	92.3	91.5
工商管理类	91.6	91.7	92.1
药学类	91.4	92.1	92.8
计算机类	91.4	91.9	90.9
水上运输类	91.4	90.7	90.5
食品类	91.2	90.7	91.0
能源类	90.9	91.4	90.6
测绘类	90.9	90.8	89.9
旅游管理类	90.9	90.4	90.0
农业技术类	90.8	91.2	90.6
护理类	90.4	90.2	90.5
财政金融类	90.0	90.2	90.8
畜牧兽医类	89.6	89.7	89.3
广播影视类	89.4	89.9	89.6
表演艺术类	88.7	88.7	88.6
全国高职高专	**92.0**	**92.1**	**91.5**

* 个别专业类因为样本较少，没有包括在内。

数据来源：麦可思－中国 2016~2018 届大学毕业生培养质量跟踪评价。

分报告一·第二章　就业率与就业流向

表1-2-4　2018届高职高专毕业生半年后就业量最大的前50位专业的就业率

单位：%

高职高专就业量最大的前50位专业名称	2018届	2017届	2016届
学前教育	95.4	96.0	95.6
医学检验技术	94.7	94.4	94.2
城市轨道交通运营管理	94.0	94.1	93.9
道路桥梁工程技术	93.9	92.5	91.6
汽车技术服务与营销	93.9	93.8	93.4
商务英语	93.9	95.3	95.1
电气自动化技术	93.5	92.6	91.6
建筑装饰工程技术	93.5	93.7	93.3
机械设计与制造	93.5	92.7	92.1
工程造价	93.4	93.3	92.6
市场营销	93.4	93.6	93.8
通信技术	93.4	93.2	94.0
机电一体化技术	93.3	92.7	92.3
室内设计技术	93.3	92.6	92.2
助产	93.1	93.1	93.7
建筑工程技术	93.0	92.0	92.2
电子商务	93.0	92.2	92.4
应用化工技术	92.8	93.6	94.0
药学	92.7	93.1	93.0
模具设计与制造	92.7	92.1	91.9
广告设计与制作	92.4	91.6	91.2
建筑工程管理	92.3	92.4	91.2
艺术设计	92.3	91.7	91.0
会计	92.2	92.5	92.4
软件技术	92.2	92.2	92.0
物联网技术	92.2	92.9	91.6
汽车运用技术	92.2	92.5	92.4
环境艺术设计	92.2	93.2	92.6
汽车检测与维修技术	92.1	92.0	91.6
数控技术	92.1	91.8	91.7
应用电子技术	92.1	91.6	91.6
电子信息工程技术	92.1	92.0	91.6
园林技术	91.9	92.0	91.8

045

续表

高职高专就业量最大的前50位专业名称	2018届	2017届	2016届
酒店管理	91.8	90.8	90.5
物流管理	91.7	92.1	91.6
汽车电子技术	91.7	91.7	92.0
临床医学	91.6	92.0	92.4
工商企业管理	91.5	92.6	92.9
会计电算化	91.3	92.6	91.1
计算机应用技术	91.3	90.3	90.1
财务管理	91.3	90.9	91.1
机械制造与自动化	91.2	91.5	91.1
医学影像技术	91.1	91.1	91.2
计算机网络技术	91.0	91.3	90.9
旅游管理	91.0	91.2	90.8
会计与审计	90.7	91.3	91.2
护理	90.4	90.2	90.3
动漫设计与制作	90.3	90.7	89.8
食品营养与检测	90.3	89.6	89.6
畜牧兽医	87.9	88.3	88.2
全国高职高专	**92.0**	**92.1**	**91.5**

数据来源：麦可思－中国2016~2018届大学毕业生培养质量跟踪评价。

表1-2-5是2018届高职高专毕业生半年后就业率排前50位的主要专业。可以看出，2018届高职高专毕业生半年后就业率排前三位的专业是高压输配电线路施工运行与维护（97.1%）、电气化铁道技术（95.9%）、电力系统自动化技术（95.5%）。

表1-2-5　2018届高职高专毕业生半年后就业率排前50位的主要专业*

单位：%

高职高专就业率排前50位的专业名称	就业率
高压输配电线路施工运行与维护	97.1
电气化铁道技术	95.9
电力系统自动化技术	95.5
学前教育	95.4

分报告一·第二章 就业率与就业流向

续表

高职高专就业率排前50位的专业名称	就业率
电力系统继电保护与自动化	95.3
给排水工程技术	95.0
社会体育	94.9
水利水电建筑工程	94.7
医学检验技术	94.7
铁道工程技术	94.6
工业分析与检验	94.6
产品造型设计	94.5
计算机辅助设计与制造	94.4
工业设计	94.3
发电厂及电力系统	94.2
康复治疗技术	94.2
旅游英语	94.2
城市轨道交通控制	94.1
移动通信技术	94.1
城市轨道交通运营管理	94.0
道路桥梁工程技术	93.9
汽车技术服务与营销	93.9
医疗美容技术	93.9
商务英语	93.9
国际商务	93.8
楼宇智能化工程技术	93.7
社区管理与服务	93.7
应用英语	93.7
美术教育	93.6
视觉传达	93.6
药品经营与管理	93.5
建筑装饰工程技术	93.5
机械设计与制造	93.5
电气自动化技术	93.5
服装设计	93.5
会展策划与管理	93.5
文秘	93.5
工程造价	93.4
通信技术	93.4

047

续表

高职高专就业率排前 50 位的专业名称	就业率
市场营销	93.4
交通安全与智能控制	93.3
城市轨道交通工程技术	93.3
报关与国际货运	93.3
室内设计技术	93.3
市政工程技术	93.3
机电一体化技术	93.3
国际经济与贸易	93.3
社会工作	93.3
商务日语	93.3
装潢艺术设计	93.3
全国高职高专	**92.0**

* 毕业生规模过小的专业不包括在此排序中。

数据来源：麦可思 - 中国 2018 届大学毕业生培养质量跟踪评价。

二 就业地分布

就业地：指大学毕业生的就业所在地区。

经济区域：本研究把中国内地 31 个省、自治区和直辖市分为八个经济体系区域。

a. 东北区域经济体：包括黑龙江、吉林、辽宁；

b. 泛渤海湾区域经济体：包括北京、天津、山东、河北、内蒙古、山西；

c. 陕甘宁青区域经济体：包括陕西、甘肃、宁夏、青海；

d. 中原区域经济体：包括河南、湖北、湖南；

e. 泛长江三角洲区域经济体：包括上海、江苏、浙江、江西、安徽；

f. 泛珠江三角洲区域经济体：包括广东、广西、福建、海南；

g. 西南区域经济体：包括重庆、四川、贵州、云南；

h. 西部生态经济区：包括西藏、新疆。

图1-2-2是2018届高职高专毕业生就业地的分布。可以看出，2018届高职高专毕业半年后就业区域主要集中在泛长江三角洲区域（包括上海、江苏、浙江、江西、安徽），占23.0%；泛珠江三角洲区域（包括广东、广西、福建、海南），占20.3%；泛渤海湾区域（包括北京、天津、山东、河北、内蒙古、山西），占20.0%。

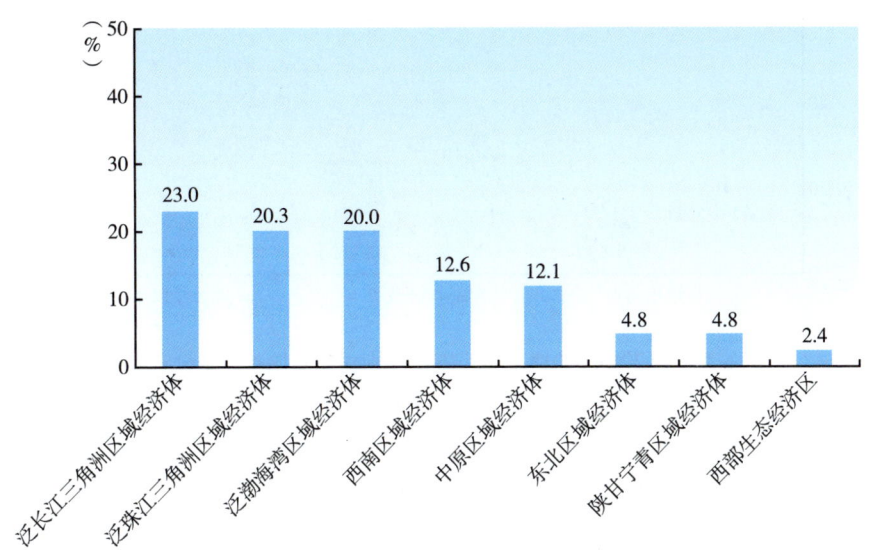

图1-2-2　2018届高职高专毕业生就业地的分布

数据来源：麦可思-中国2018届大学毕业生培养质量跟踪评价。

城市类型： 本研究按行政级别把中国内地城市分为以下三种类型。

a. 直辖市：包括北京、上海、天津、重庆。

b. 副省级城市：包括哈尔滨、长春、沈阳、大连、济南、青岛、南京、杭州、宁波、厦门、广州、深圳、武汉、成都、西安15个城市。部分省会城市不属于副省级城市。

c. 地级城市及以下：如绵阳、保定、苏州等，也包括省会城市如福州、银川等以及地级市下属的县、乡等。

图1-2-3是2016~2018届高职高专毕业生就业城市类型分布变化。

可以看出，2018届高职高专毕业生就业于"直辖市"的比例为11%，就业于"副省级城市"的比例为28%，就业于"地级及以下城市"的比例为61%。

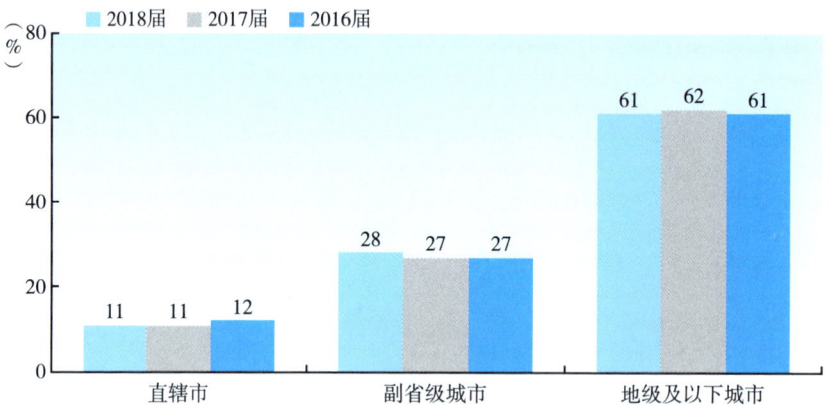

图1-2-3　2016~2018届高职高专毕业生就业城市类型分布变化

数据来源：麦可思-中国2016~2018届大学毕业生培养质量跟踪评价。

一线城市：北京、上海、广州、深圳。

新一线城市：《第一财经周刊》于2013年首次提出"新一线城市"概念，依据商业资源集聚度、城市枢纽性、城市人活跃度、生活方式多样性和未来可塑性五大指标，每年评出15座新一线城市。2018年评出的15座新一线城市依次是：成都、杭州、重庆、武汉、苏州、西安、天津、南京、郑州、长沙、沈阳、青岛、宁波、东莞和无锡。

图1-2-4是2016~2018届高职高专毕业生在一线、新一线城市就业的比例变化趋势。可以看出，高职高专院校毕业生在一线城市就业的比例呈下降趋势，在新一线城市就业的比例趋于稳定。其中，2018届高职高专院校毕业生在一线城市就业的比例为15%，与2017届（16%）基本持平，比2016届（17%）低2个百分点；2018届高职高专院校毕业生在新一线城市就业的比例为22%，与2017届（22%）持平，比2016届（20%）高2个百分点。

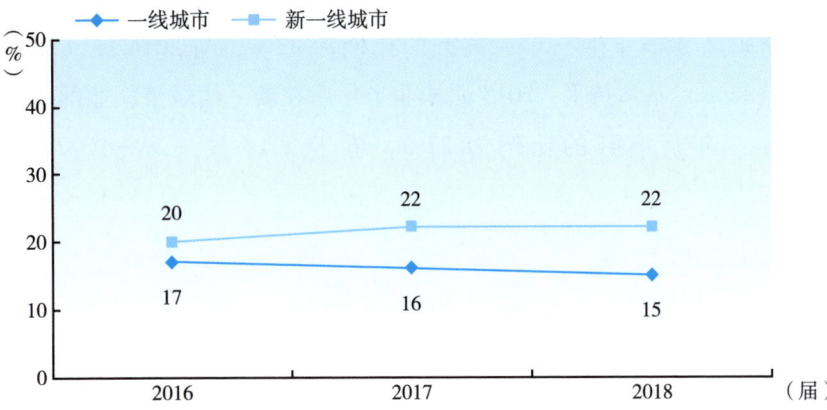

图 1-2-4　2016~2018 届高职高专毕业生在一线、新一线城市就业的比例变化趋势

数据来源：麦可思-中国 2016~2018 届大学毕业生培养质量跟踪评价。

图 1-2-5 是 2013~2015 届高职高专毕业半年后在一线、新一线城市就业的毕业生三年后离开的比例变化趋势。可以看出，高职高专毕业半年后在新一线城市就业的毕业生三年后离开的比例低于毕业半年后在一线城市就

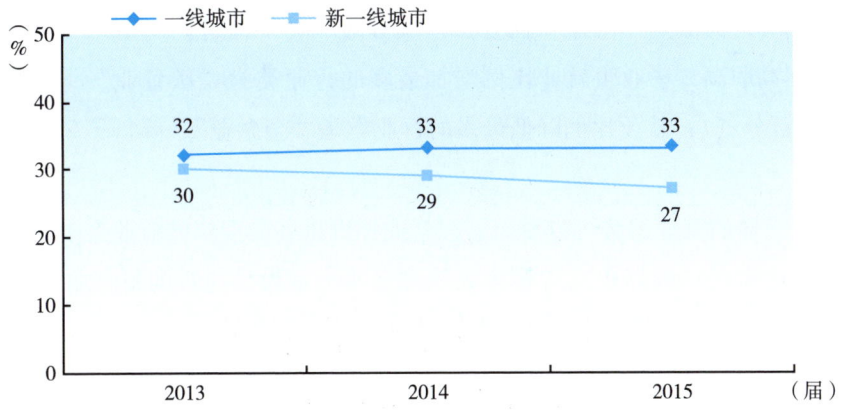

图 1-2-5　2013~2015 届高职高专毕业半年后在一线、新一线城市就业的毕业生三年后离开的比例变化趋势

数据来源：麦可思-中国 2013~2015 届大学毕业生三年后职业发展跟踪评价，2013~2015 届大学毕业生半年后培养质量跟踪评价。

业的毕业生，且自身呈现下降趋势。其中，2015届毕业半年后在一线城市就业的高职高专毕业生三年后离开的比例为33%，与2014届（33%）、2013届（32%）基本持平；2015届毕业半年后在新一线城市就业的高职高专毕业生三年后离开的比例为27%，低于2014届（29%）、2013届（30%）。

三 行业分布

行业：根据麦可思中国行业分类体系，本次跟踪评价覆盖了高职高专毕业生就业的327个行业。

本节各图表中的**就业比例** = 在某类行业中就业的毕业生人数/全国同届次毕业生就业总数。

（一）就业的主要行业及其变化趋势

表1-2-6是2016~2018届高职高专毕业生就业的主要行业类排名。可以看出，2018届高职高专毕业生半年后就业最多的行业类是"建筑业"（11.9%），其次是"医疗和社会护理服务业"（7.7%）。与2016届相比，2018届高职高专毕业生就业比例增加最多的行业类为"教育业"（增加了1.6个百分点）；就业比例降低最多的行业类是"金融业"，降低了2.3个百分点。

从三届的就业趋势可以看出，在就业比例排名前十位的行业类中，高职高专毕业生在"教育业"、"零售业"、"各类专业设计与咨询服务业"、"其他服务业（除行政服务）"行业类就业的比例逐届增加。

表1-2-8是2014~2018届高职高专毕业生就业比例上升、下降最多的前三位行业类。可以看出，2014~2018届高职高专毕业生就业比例上升最多的前三位行业类分别为"教育业"、"信息传输、软件和信息技术服务业"、"各类专业设计与咨询服务业"，近五届就业比例依次上升了3.4、1.2、1.2个百分点；就业比例下降最多的前三位行业类分别为"交

分报告一·第二章 就业率与就业流向

通运输设备制造业"、"机械设备制造业"、"电子电气设备制造业（含计算机、通信、家电等）"，近五届就业比例依次下降了1.9、1.6、1.0个百分点。

表1-2-6 2016~2018届高职高专毕业生就业的主要行业类排名*

单位：%

高职高专毕业生就业的行业类名称	就业比例			
	2018届	2017届	2016届	2018-2016届**
建筑业	11.9	12.5	12.4	-0.5
医疗和社会护理服务业	7.7	7.7	7.5	0.2
教育业	7.3	6.5	5.7	1.6
零售业	6.6	6.2	6.1	0.5
信息传输、软件和信息技术服务业	5.4	5.1	5.3	0.1
金融业	5.2	6.6	7.5	-2.3
各类专业设计与咨询服务业	4.9	4.7	4.5	0.4
电子电气设备制造业（含计算机、通信、家电等）	4.8	4.9	4.8	0.0
其他服务业（除行政服务）	4.6	4.4	4.3	0.3
住宿和餐饮业	3.5	3.2	3.3	0.2
政府及公共管理	3.3	3.1	3.0	0.3
房地产开发及租赁业	3.1	3.1	3.2	-0.1
运输业	3.0	3.1	3.1	-0.1
机械设备制造业	2.9	3.1	3.0	-0.1
文化、体育和娱乐业	2.8	2.9	2.8	0.0
交通运输设备制造业	2.5	2.7	2.7	-0.2
行政、商业和环境保护辅助业	2.5	2.3	2.3	0.2
化学品、化工、塑胶制造业	2.5	2.4	2.7	-0.2
医药及设备制造业	1.9	1.7	1.8	0.1
农、林、牧、渔业	1.9	1.8	1.5	0.4
食品、烟草、加工业	1.7	1.6	1.7	0.0
批发业	1.7	1.7	1.7	0.0
邮递、物流及仓储业	1.6	1.6	1.9	-0.3
纺织、服装、皮革制造业	1.5	1.4	1.5	0.0

053

续表

高职高专毕业生就业的行业类名称	就业比例			
	2018 届	2017 届	2016 届	2018－2016 届**
电力、热力、燃气及水生产和供应业	1.3	1.7	1.9	－0.6
家具制造业	0.9	1.1	1.1	－0.2
初级金属制造业	0.8	0.7	0.7	0.1
其他制造业	0.6	0.5	0.5	0.1
玻璃黏土、石灰水泥制品业	0.6	0.5	0.4	0.2
采矿业	0.5	0.4	0.4	0.1
木品和纸品业	0.4	0.4	0.5	－0.1
其他租赁业	0.2	0.2	0.2	0.0
群众团体、社会团体和宗教组织	0.1	0.2	0.2	－0.1

* 表中显示数字均保留一位小数，因为四舍五入进位，加起来可能不等于100%。
** "2018－2016 届"表示以2018届的就业比例减去2016届的就业比例。下同。
数据来源：麦可思－中国2016～2018届大学毕业生培养质量跟踪评价。

表1－2－7　2018届高职高专毕业生就业量最大的前50位行业

单位：%

高职高专毕业生就业量最大的前50位行业名称	就业比例
综合医院	2.8
其他个人服务业	2.8
住宅建筑施工业	2.6
中小学教育机构	2.4
高速公路、街道及桥梁建筑业	2.3
幼儿园与学前教育机构	2.2
建筑装修业	2.1
互联网运营与网络搜索引擎业	2.0
建筑基础、结构、楼房外观承建业	1.8
其他金融投资业	1.7
综合性餐饮业	1.6
物流仓储业	1.3
非住宅建筑施工业	1.3
保险代理、经销、其他保险相关业	1.3

分报告一·第二章 就业率与就业流向

续表

高职高专毕业生就业量最大的前50位行业名称	就业比例
会计、审计与税务服务业	1.2
软件开发业	1.1
半导体和其他电子元件制造业	1.1
医疗设备及用品制造业	1.1
其他娱乐和休闲产业	1.1
汽车制造业	1.1
百货零售业	1.0
教育辅助服务业	1.0
专科医院	1.0
房地产开发业	1.0
地产代理和经纪人办事处	1.0
发电、输电业	1.0
电气设备制造业	0.9
其他医疗健康服务业	0.9
其他零售业	0.9
广告及相关服务业	0.9
公共卫生服务机构(含疾控中心等)	0.9
其他学院和培训机构	0.9
汽车保养与维修业	0.9
其他信息服务业	0.9
药品和医药制造业	0.8
旅客住宿业	0.8
其他化工产品制造业	0.8
建筑、工程及相关咨询服务业	0.8
保险机构	0.7
房地产租赁业	0.7
服装零售业	0.7
其他食品制造业	0.7
铁路运输业	0.6
通信设备制造业	0.6
计算机系统设计服务业	0.6
其他公共管理服务组织	0.6
其他电气设备及元器件生产业	0.6

055

续表

高职高专毕业生就业量最大的前50位行业名称	就业比例
汽车经销业	0.6
其他服务业	0.6
其他制造业	0.6

数据来源：麦可思－中国2018届大学毕业生培养质量跟踪评价。

表1-2-8 2014~2018届高职高专毕业生就业比例上升、下降最多的前三位行业类

单位：%

变化趋势	行业类名称	就业比例					
		2018届	2017届	2016届	2015届	2014届	2018-2014届
上升	教育业	7.3	6.5	5.7	5.6	3.9	3.4
	信息传输、软件和信息技术服务业	5.4	5.1	5.3	5.4	4.2	1.2
	各类专业设计与咨询服务业	4.9	4.7	4.5	4.4	3.7	1.2
下降	电子电气设备制造业（含计算机、通信、家电等）	4.8	4.9	4.8	5.2	5.8	-1.0
	机械设备制造业	2.9	3.1	3.0	3.4	4.5	-1.6
	交通运输设备制造业	2.5	2.7	2.7	3.1	4.4	-1.9

数据来源：麦可思－中国2014~2018届大学毕业生培养质量跟踪评价。

表1-2-9 2014~2018届高职高专毕业生就业比例上升较多行业类的职业类构成变化趋势

单位：%

行业类名称	占比较高的职业类	2018届	2017届	2016届	2015届	2014届	2018-2014届
教育业	中小学教育	33.6	33.1	31.2	29.1	30.2	3.4
	幼儿与学前教育	32.6	33.6	27.8	30.1	23.7	8.9
	教育/职业培训	11.7	11.6	15.6	21.3	21.0	-9.3
信息传输、软件和信息技术服务业	互联网开发及应用	28.7	29.1	26.7	29.3	28.1	0.6
	计算机与数据处理	20.8	21.5	21.6	18.8	20.7	0.1
	销售	13.5	12.9	16.0	17.0	18.5	-5.0
	媒体/出版	9.7	8.9	6.9	3.9	3.9	5.8

续表

行业类名称	占比较高的职业类	2018届	2017届	2016届	2015届	2014届	2018–2014届
各类专业设计与咨询服务业	财务/审计/税务/统计	29.3	27.5	28.8	26.2	24.5	4.8
	媒体/出版	13.7	13.5	10.4	9.0	8.9	4.8
	美术/设计/创意	8.1	10.5	12.8	14.7	12.6	−4.5

数据来源：麦可思–中国2014~2018届大学毕业生培养质量跟踪评价。

（二）各行业的就业稳定性

行业转换率：行业转换是指毕业生在毕业半年后就业于某行业（小类），而毕业三年后进入不同的行业就业。行业转换率是指有多大比例的毕业生在毕业三年内转换了行业。其计算方法为：分母是毕业半年后有工作的毕业生数，分子是毕业三年后所在行业与半年后所在行业不同的毕业生数。

图1-2-6是2015届大学生毕业三年内的行业转换率。可以看出，有43%的2015届大学生在毕业三年内转换了行业（本科为35%，高职高专为50%），与2014届三年内该指标（43%）持平。

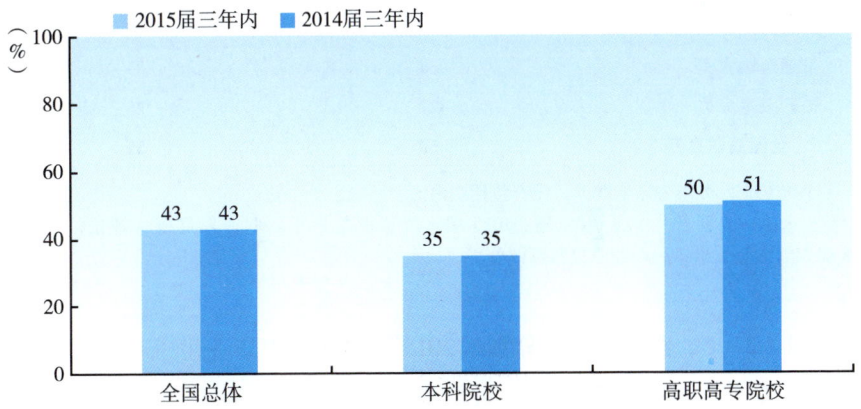

图1-2-6　2015届大学生毕业三年内的行业转换率（与2014届三年内对比）

数据来源：麦可思–中国2014届、2015届大学毕业生三年后职业发展跟踪评价，2014届、2015届大学毕业生半年后培养质量跟踪评价。

表1-2-10是2015届高职高专各专业大类三年内的行业转换率。可以看出，在2015届高职高专各专业大类中，艺术设计传媒大类、旅游大类毕业生三年内的行业转换率最高（均为61%），医药卫生大类毕业生三年内的行业转换率最低（27%）。

表1-2-10　2015届高职高专各专业大类三年内的行业转换率

（与2014届三年内对比）*

单位：%

高职高专专业大类名称	2015届三年内行业转换率	2014届三年内行业转换率
艺术设计传媒大类	61	61
旅游大类	61	62
财经大类	60	60
电子信息大类	59	60
轻纺食品大类	56	54
制造大类	53	54
农林牧渔大类	52	53
土建大类	51	50
生化与药品大类	47	47
文化教育大类	43	43
资源开发与测绘大类	41	41
材料与能源大类	34	32
交通运输大类	34	35
医药卫生大类	27	28
全国高职高专	**50**	**51**

*个别专业大类因为样本较少，没有包括在内。

数据来源：麦可思-中国2014届、2015届大学毕业生三年后职业发展跟踪评价，2014届、2015届大学毕业生半年后培养质量跟踪评价。

图1-2-7、图1-2-8分别是2015届高职高专毕业生三年内行业转换率最高、最低的前五位行业类。可以看出，2015届高职高专毕业生三年内行业转换率最高的行业类是"批发业"（79%），最低的行业类是"电力、热力、燃气及水生产和供应业"（31%）。

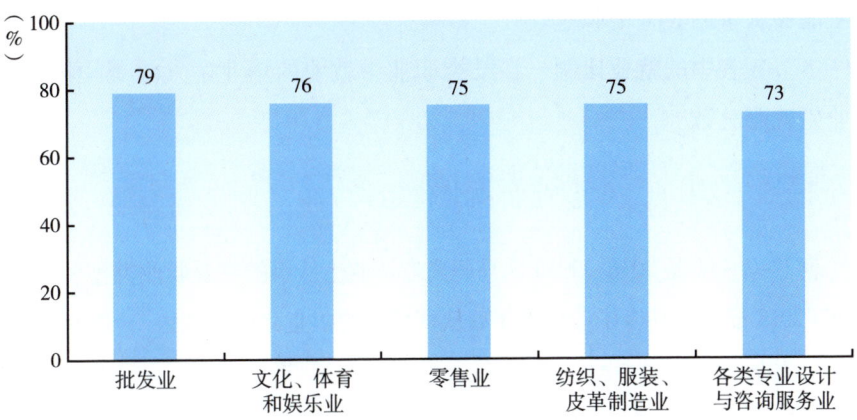

图 1-2-7　2015 届高职高专毕业生三年内行业转换率最高的前五位行业类*

＊毕业生规模过小的行业类不包括在此排序中。

数据来源：麦可思-中国 2015 届大学毕业生三年后职业发展跟踪评价，2015 届大学毕业生半年后培养质量跟踪评价。

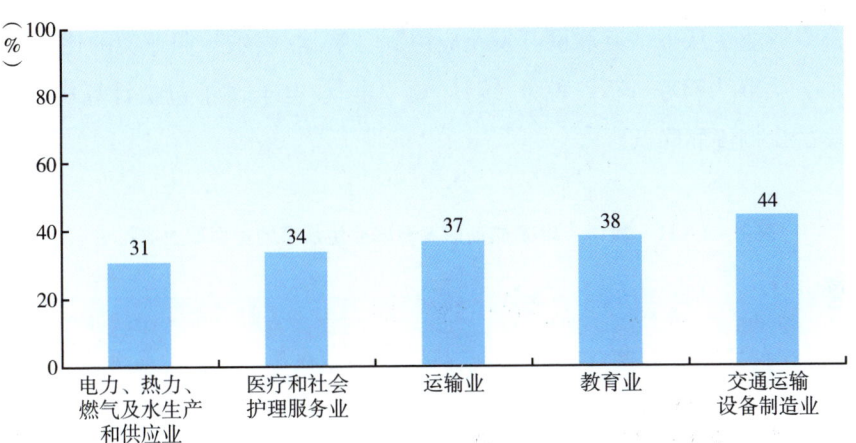

图 1-2-8　2015 届高职高专毕业生三年内行业转换率最低的前五位行业类*

＊毕业生规模过小的行业类不包括在此排序中。

数据来源：麦可思-中国 2015 届大学毕业生三年后职业发展跟踪评价，2015 届大学毕业生半年后培养质量跟踪评价。

四　职业分布

职业：根据麦可思中国职业分类体系，本次跟踪评价覆盖了高职高专毕

业生能够从事的541个职业。

本节各表中的**就业比例** = 在某类职业中就业的毕业生人数/全国同届次毕业生就业总数。

（一）从事的主要职业及其变化趋势

表1-2-11是2016~2018届高职高专毕业生从事的主要职业类排名。可以看出，2018届高职高专毕业生半年后从事最多的职业类是"销售"，就业比例为8.9%，其后是"财务/审计/税务/统计"（8.1%）、"建筑工程"（7.9%）、"行政/后勤"（7.6%）。与2016届相比，2018届高职高专毕业生就业比例增加最多的职业类为"互联网开发及应用"（增加了0.9个百分点）；就业比例降低最多的职业类为"销售"、"财务/审计/税务/统计"，均降低了1.9个百分点。

从三届的就业趋势中可以看出，在就业比例排名前十位的职业类中，高职高专毕业生从事"互联网开发及应用"、"餐饮/娱乐"职业类的比例逐届增加，从事"财务/审计/税务/统计"、"电气/电子（不包括计算机）"职业类的比例逐届降低。

表1-2-11　2016~2018届高职高专毕业生从事的主要职业类排名*

单位：%

高职高专毕业生从事的职业类名称	就业比例 2018届	2017届	2016届	2018-2016届
销售	8.9	8.9	10.8	-1.9
财务/审计/税务/统计	8.1	9.0	10.0	-1.9
建筑工程	7.9	8.4	8.3	-0.4
行政/后勤	7.6	7.3	7.3	0.3
医疗保健/紧急救助	6.8	6.8	6.6	0.2
互联网开发及应用	4.4	4.2	3.5	0.9
金融(银行/基金/证券/期货/理财)	3.8	4.7	4.4	-0.6
美术/设计/创意	3.3	3.5	3.3	0.0
电气/电子（不包括计算机）	3.0	3.1	3.2	-0.2
餐饮/娱乐	3.0	2.6	2.5	0.5
机械/仪器仪表	2.9	2.8	2.7	0.2
计算机与数据处理	2.9	2.7	2.9	0.0

分报告一·第二章　就业率与就业流向

续表

高职高专毕业生从事的职业类名称	就业比例			
	2018届	2017届	2016届	2018-2016届
媒体/出版	2.7	2.7	1.8	0.9
交通运输/邮电	2.4	2.4	2.5	-0.1
幼儿与学前教育	2.2	1.9	1.7	0.5
中小学教育	2.1	1.9	1.9	0.2
生产/运营	2.1	2.0	1.9	0.2
房地产经营	2.0	2.1	2.1	-0.1
机动车机械/电子	1.9	2.1	2.1	-0.2
人力资源	1.8	1.6	1.6	0.2
生物/化工	1.8	1.5	1.8	0.0
酒店/旅游/会展	1.8	1.5	1.5	0.3
保险	1.6	1.8	1.6	0.0
物流/采购	1.6	1.4	1.7	-0.1
农/林/牧/渔类	1.5	1.4	1.0	0.5
电力/能源	1.4	1.9	2.0	-0.6
教育/职业培训	1.2	1.1	1.1	0.1
公安/检察/法院/经济执法	1.0	0.9	0.8	0.2
工业安全与质量	0.9	0.9	0.9	0.0
表演艺术/影视	0.9	0.7	0.8	0.1
美容/健身	0.7	0.7	0.5	0.2
社区工作者	0.7	0.7	0.7	0.0
经营管理	0.7	0.7	0.7	0.0
环境保护	0.7	0.6	0.5	0.2
服装/纺织/皮革	0.6	0.5	0.6	0.0
文化/体育	0.5	0.3	0.3	0.2
测绘	0.5	0.5	0.6	-0.1
矿山/石油	0.4	0.3	0.3	0.1
航空机械/电子	0.4	0.4	0.3	0.1
研究人员	0.2	0.2	0.2	0.0
冶金材料	0.2	0.2	0.1	0.1
公共关系	0.2	0.2	0.2	0.0
家用/办公电器维修	0.2	0.2	0.2	0.0
家政	0.1	0.1	0.1	0.0
翻译	0.1	0.1	0.1	0.0
船舶机械	0.1	0.1	0.1	0.0
殡仪服务	0.1	0.0	0.0	0.1
律师/律政调查员	0.1	0.0	0.0	0.1
宗教	0.1	0.0	0.0	0.1

* 表中显示数字均保留一位小数，因为四舍五入进位，加起来可能不等于100%。
数据来源：麦可思-中国2016~2018届大学毕业生培养质量跟踪评价。

表1-2-12 2018届高职高专毕业生就业量最大的前50位职业

单位：%

高职高专毕业生就业量最大的前50位职业名称	就业比例
文员	4.7
会计	4.2
护士	3.0
电子商务专员	2.5
出纳员	1.9
房地产经纪人	1.8
施工工程技术人员	1.8
平面设计人员	1.7
预算员	1.6
其他销售代表、服务商	1.6
客服专员	1.6
幼儿教师	1.6
小学教师	1.4
室内设计师	1.4
建筑技术人员	1.4
营业员	1.4
行政秘书和行政助理	1.3
测量技术人员	1.1
餐饮服务生	1.0
产品促销员	0.9
计算机程序员	0.8
保险推销人员	0.8
互联网开发人员	0.8
医生助理	0.8
销售经理	0.7
土木建筑工程技术人员	0.7
档案管理员	0.7
化工厂系统操作人员	0.7
餐饮服务主管	0.6

分报告一·第二章 就业率与就业流向

续表

高职高专毕业生就业量最大的前50位职业名称	就业比例
车身修理技术人员	0.6
人力资源助理	0.6
医学和临床实验室技术人员	0.6
化学技术人员	0.6
其他计算机专业人员	0.6
收银员	0.6
销售代表（医疗用品）	0.5
电厂操作人员	0.5
电气技术人员	0.5
推销员	0.5
其他工程技术人员（除绘图员）	0.5
招聘专职人员	0.5
旅店服务人员	0.5
电气工程技术人员	0.5
存货管理员（储藏室、库房的）	0.5
地图制图与印刷工程技术人员	0.5
其他工程技术人员	0.5
采购员	0.5
电子工程技术人员	0.5
销售技术员	0.4
汽车机械技术人员	0.4

数据来源：麦可思－中国2018届大学毕业生培养质量跟踪评价。

表1－2－13是2014～2018届高职高专毕业生就业比例上升、下降最多的前三位职业类。可以看出，2014～2018届高职高专毕业生就业比例上升最多的前三位职业类分别为"媒体/出版"、"幼儿与学前教育"、"互联网开发及应用"，近五届就业比例依次上升了1.6、1.3、1.2个百分点；就业比例下降最多的前三位职业类分别为"财务/审计/税务/统计"、"销售"、"机械/仪器仪表"，近五届就业比例依次下降了2.7、2.1、1.8个百分点。

063

表1-2-13 2014~2018届高职高专毕业生就业比例上升、下降最多的前三位职业类

单位：%

变化趋势	职业类名称	2018届	2017届	2016届	2015届	2014届	2018-2014届
上升	媒体/出版	2.7	2.7	1.8	1.4	1.1	1.6
	幼儿与学前教育	2.2	1.9	1.7	1.4	0.9	1.3
	互联网开发及应用	4.4	4.2	3.5	4.3	3.2	1.2
下降	机械/仪器仪表	2.9	2.8	2.7	3.2	4.7	-1.8
	销售	8.9	8.9	10.8	10.6	11.0	-2.1
	财务/审计/税务/统计	8.1	9.0	10.0	10.8	10.8	-2.7

数据来源：麦可思-中国2014~2018届大学毕业生培养质量跟踪评价。

表1-2-14 2014~2018届高职高专毕业生就业比例上升较多职业类的专业构成变化趋势

单位：%

职业类名称	占比较高的专业	2018届	2017届	2016届	2015届	2014届	2018-2014届
媒体/出版	广告设计与制作	9.6	9.6	11.6	11.4	10.3	-0.7
	计算机应用技术	6.0	5.4	4.1	2.5	4.9	1.1
	艺术设计	5.6	7.6	4.2	6.2	5.3	0.3
	动漫设计与制作	4.4	6.6	5.9	5.5	3.0	1.4
	电子商务	4.2	3.8	2.4	2.5	1.6	2.6
	装潢艺术设计	3.5	3.1	3.0	3.0	3.2	0.3
	计算机网络技术	3.3	2.2	2.2	1.0	1.2	2.1
	软件技术	3.1	2.5	1.7	1.0	1.0	2.1
	数字媒体技术	3.1	1.9	0.5	0.5	0.4	2.7
	电脑艺术设计	2.9	2.0	2.6	4.0	3.2	-0.3
幼儿与学前教育	学前教育	64.3	65.2	53.5	61.8	52.4	11.9
互联网开发及应用	电子商务	16.9	15.2	13.3	12.4	11.3	5.6
	软件技术	9.4	7.2	10.1	8.8	9.0	0.4
	计算机应用技术	7.9	6.9	7.0	9.1	8.5	-0.6
	计算机网络技术	6.7	8.4	9.7	6.8	7.9	-1.2
	商务英语	3.3	4.6	1.3	2.9	1.5	1.8
	市场营销	2.4	2.0	2.1	2.5	2.6	-0.2
	物流管理	2.2	2.7	2.4	2.6	3.3	-1.1

续表

职业类名称	占比较高的专业	2018届	2017届	2016届	2015届	2014届	2018-2014届
互联网开发及应用	机电一体化技术	2.0	2.0	1.9	1.9	1.6	0.4
	物联网技术	2.0	1.8	1.3	0.3	0.0	2.0
	国际经济与贸易	1.9	1.8	1.0	0.4	0.7	1.2

数据来源：麦可思-中国2014~2018届大学毕业生培养质量跟踪评价。

（二）各职业的就业稳定性

职业转换：职业转换是指毕业生在毕业半年后从事某种职业，毕业三年后由原职业转换到不同的职业。转换职业通常在工作单位内部完成的并不代表离职；反过来讲，更换雇主可能也不代表转换职业。

职业转换率：职业转换率是指有多大比例的毕业生在毕业三年内转换了职业。其计算方法为：分母是毕业半年后有工作的毕业生数，分子是毕业三年后从事的职业与半年后从事的职业不同的毕业生数。

图1-2-9是2015届大学生毕业三年内的职业转换率。可以看出，有40%的2015届大学生毕业三年内转换了职业（本科为31%，高职高专为49%），与2014届三年内该指标（40%）持平。

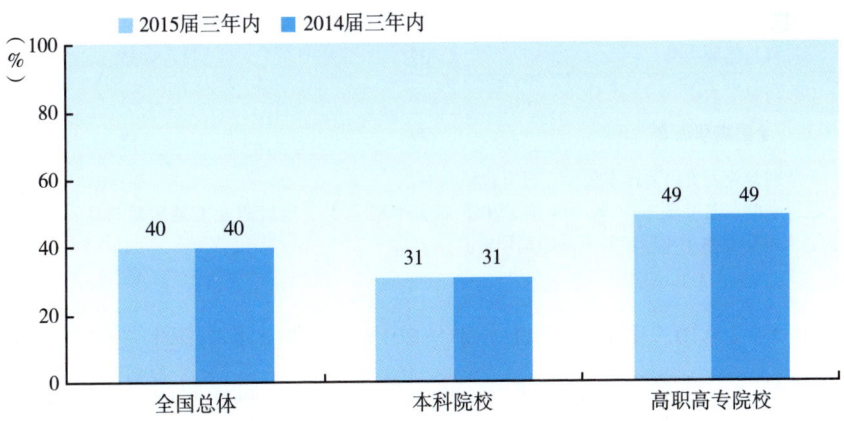

图1-2-9 2015届大学生毕业三年内的职业转换率（与2014届三年内对比）

数据来源：麦可思-中国2014届、2015届大学毕业生三年后职业发展跟踪评价，2014届、2015届大学毕业生半年后培养质量跟踪评价。

表1-2-15是2015届高职高专各专业大类三年内的职业转换率。可以看出，在2015届高职高专各专业大类中，旅游大类毕业生三年内的职业转换率最高（63%），医药卫生大类毕业生三年内的职业转换率最低（28%）。

表1-2-15 2015届高职高专各专业大类三年内的职业转换率

（与2014届三年内对比）*

单位：%

高职高专专业大类名称	2015届三年内职业转换率	2014届三年内职业转换率
旅游大类	63	63
艺术设计传媒大类	60	59
电子信息大类	56	57
农林牧渔大类	56	56
轻纺食品大类	56	53
制造大类	55	56
土建大类	52	53
财经大类	52	50
资源开发与测绘大类	48	47
生化与药品大类	47	49
文化教育大类	43	44
交通运输大类	40	41
材料与能源大类	37	35
医药卫生大类	28	28
全国高职高专	**49**	**49**

* 个别专业大类因为样本较少，没有包括在内。

数据来源：麦可思－中国2014届、2015届大学毕业生三年后职业发展跟踪评价，2014届、2015届大学毕业生半年后培养质量跟踪评价。

图1-2-10、图1-2-11分别是2015届高职高专毕业生三年内职业转换率最高、最低的前五位职业类。可以看出，2015届高职高专毕业生三年内职业转换率最高的职业类是"销售"（75%），最低的职业类是"中小学教育"（29%）。

分报告一·第二章　就业率与就业流向

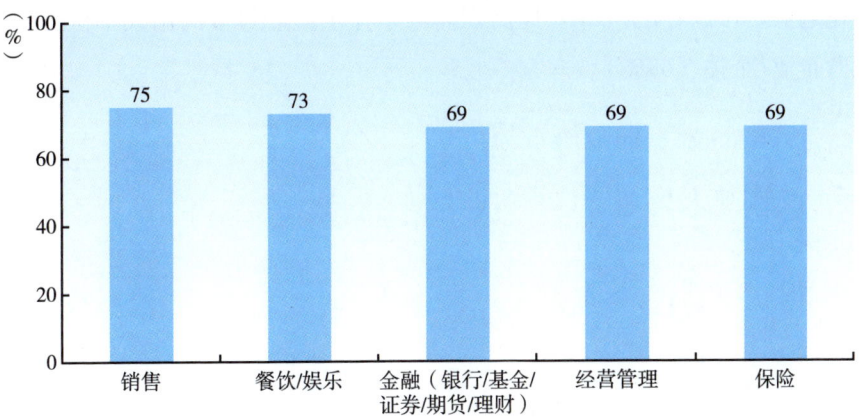

图 1－2－10　2015 届高职高专毕业生三年内职业转换率最高的前五位职业类*

*毕业生规模过小的职业类不包括在此排序中。

数据来源：麦可思－中国 2015 届大学毕业生三年后职业发展跟踪评价，2015 届大学毕业生半年后培养质量跟踪评价。

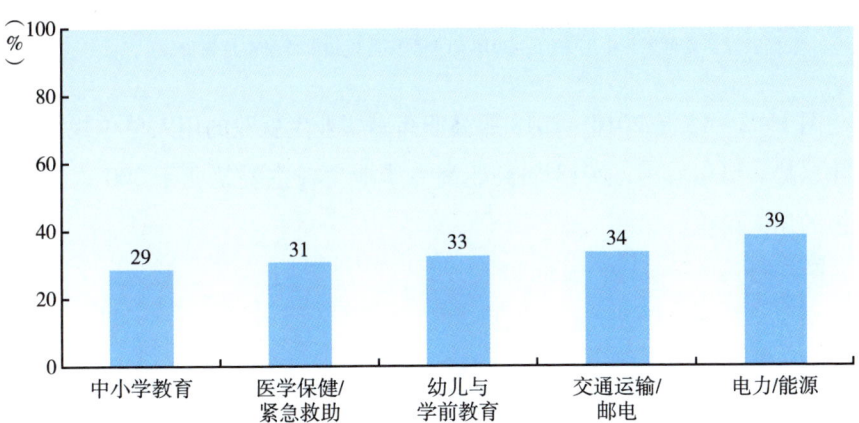

图 1－2－11　2015 届高职高专毕业生三年内职业转换率最低的前五位职业类*

*毕业生规模过小的职业类不包括在此排序中。

数据来源：麦可思－中国 2015 届大学毕业生三年后职业发展跟踪评价，2015 届大学毕业生半年后培养质量跟踪评价。

五　用人单位分布

图 1－2－12 是 2016～2018 届高职高专毕业生就业的用人单位类型分布

067

变化趋势。可以看出，2018届高职高专毕业生就业最多的用人单位类型是民营企业/个体（68%）。

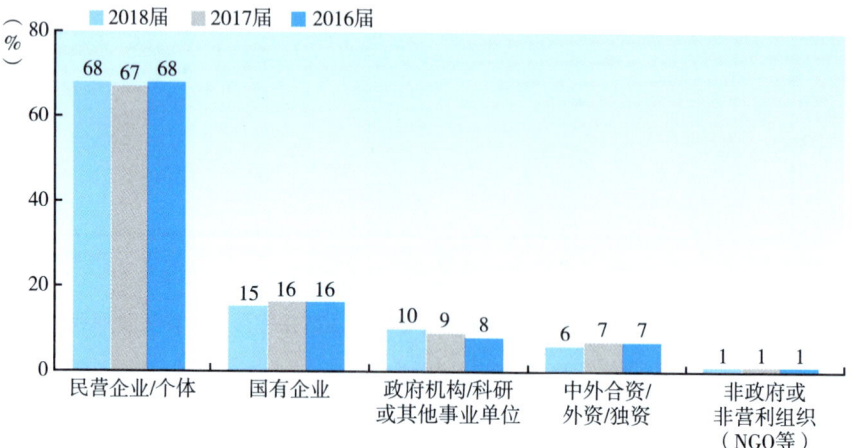

图1-2-12　2016~2018届高职高专毕业生就业的用人单位类型分布变化趋势

数据来源：麦可思-中国2016~2018届大学毕业生培养质量跟踪评价。

图1-2-13是2016~2018届高职高专毕业生就业的用人单位规模分布变化趋势。可以看出，2018届高职高专毕业生最主要就业于300人及以下规模的用人单位（61%）。

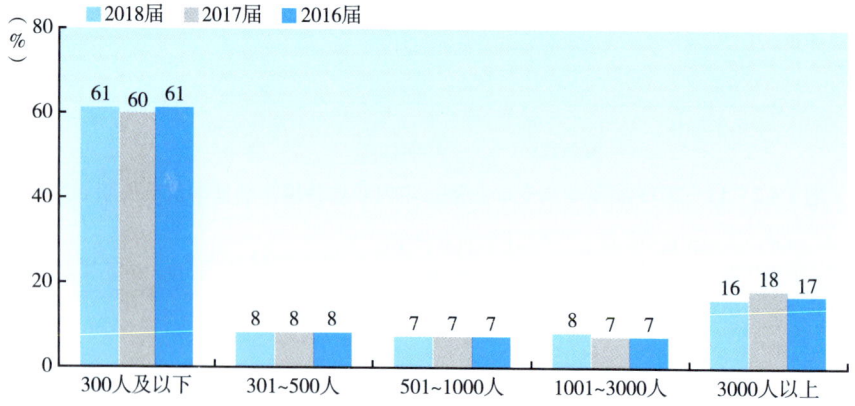

图1-2-13　2016~2018届高职高专毕业生就业的用人单位规模分布变化趋势

数据来源：麦可思-中国2016~2018届大学毕业生培养质量跟踪评价。

六　专业预警

红牌专业：失业量较大，就业率、月收入和就业满意度综合较低的专业，为高失业风险型专业。

黄牌专业：除红牌专业外，失业量较大，就业率、月收入和就业满意度综合较低的专业。

绿牌专业：失业量较小，就业率、月收入和就业满意度综合较高的专业，为需求增长型专业。

表1-2-16是2019年高职高专"红黄绿牌"专业。2019年高职高专就业红牌专业包括：语文教育、英语教育、法律事务、汉语、初等教育；黄牌专业包括：财务管理、会计电算化、烹饪工艺与营养、商务管理。以上专业部分与2018年的红黄牌专业相同，属于失业量较大，就业率、薪资和就业满意度综合较低的高失业风险型专业，这些专业具有持续性。

2019年高职高专就业绿牌专业包括：电气化铁道技术、社会体育、软件技术、电力系统自动化技术、发电厂及电力系统、道路桥梁工程技术。以上专业部分与2018年的绿牌专业相同，属于失业量较小，就业率、薪资和就业满意度综合较高的需求增长型专业。

表1-2-16　2019年高职高专"红黄绿牌"专业

红牌专业	黄牌专业	绿牌专业
语文教育	财务管理	电气化铁道技术
英语教育	会计电算化	社会体育
法律事务	烹饪工艺与营养	软件技术
汉语	商务管理	电力系统自动化技术
初等教育		发电厂及电力系统
		道路桥梁工程技术

数据来源：麦可思-中国2016~2018届大学毕业生培养质量跟踪评价。

B.5
第三章
收入分析

月收入：指工资、奖金、业绩提成、现金福利补贴等所有的月度现金收入。

毕业半年后的平均月收入：指毕业生毕业半年后实际每月工作收入的平均值。

毕业三年后的平均月收入：指毕业生毕业三年后实际每月工作收入的平均值。

月收入涨幅 =（毕业三年后的月收入 – 毕业半年后的月收入）/毕业半年后的月收入。

月收入的"增长率" =（2018届毕业生的平均月收入 – 2017届毕业生的平均月收入）/2017届毕业生的平均月收入。月收入增长的幅度可能会受到基数的影响。

一 总体月收入与涨幅

图1-3-1是2016~2018届大学生毕业半年后的月收入变化趋势。可以看出，从近三届的趋势可以看出，大学毕业生半年后月收入呈现上升趋势。2018届大学毕业生的月收入（4624元）比2017届（4317元）增长了307元，比2016届（3988元）增长了636元。其中，本科院校2018届毕业生的月收入（5135元）比2017届（4774元）增长了361元，比2016届（4376元）增长了759元；高职高专院校2018届毕业生的月收入（4112元）比2017届（3860元）增长了252元，比2016届（3599元）增长了513元。

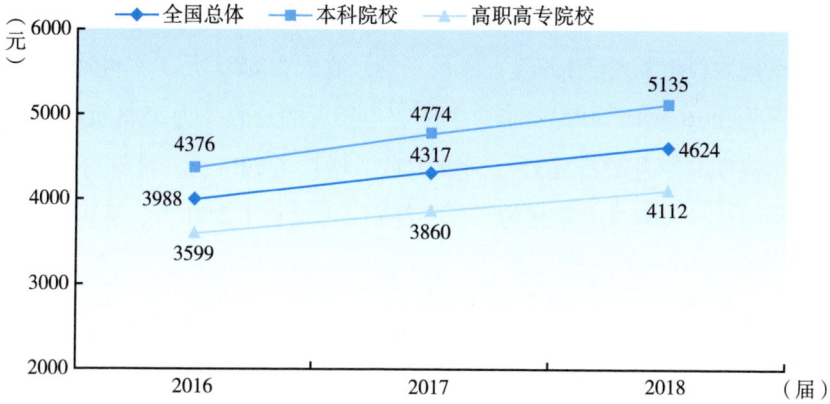

图 1-3-1　2016~2018 届大学生毕业半年后的月收入变化趋势

数据来源：麦可思-中国 2016~2018 届大学毕业生培养质量跟踪评价。

图 1-3-2 是 2015 届大学生毕业三年后的月收入。可以看出，2015 届大学生毕业三年后平均月收入为 6723 元（本科为 7441 元，高职高专为 6005 元），毕业半年后的月收入为 3726 元（本科为 4042 元，高职高专为 3409 元），三年来月收入增长了 2997 元，涨幅为 80%。其中，本科增长了 3399 元，涨幅为 84%；高职高专增长了 2596 元，涨幅为 76%。

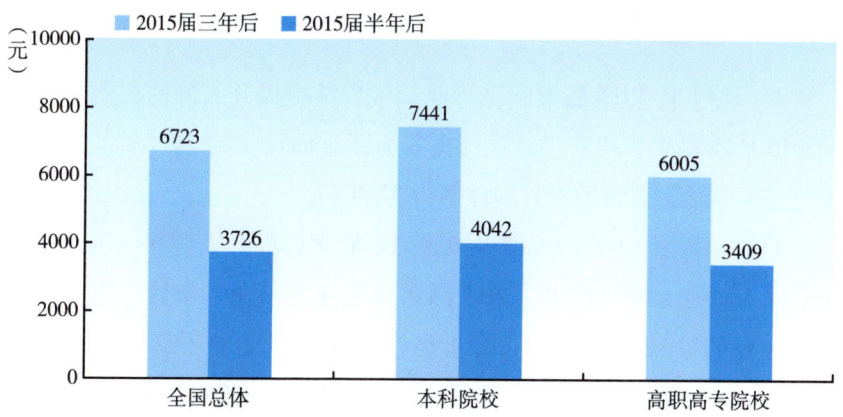

图 1-3-2　2015 届大学生毕业三年后的月收入与涨幅（与 2015 届半年后对比）

数据来源：麦可思-中国 2015 届大学毕业生三年后职业发展跟踪评价，2015 届大学毕业生半年后培养质量跟踪评价。

图1-3-3是2015届农村生源大学生毕业三年后的月收入与涨幅。可以看出，2015届农村生源大学生毕业三年后平均月收入为6502元（本科为7188元，高职高专为5816元）。2015届毕业生毕业半年后的月收入为3588元（本科为3851元，高职高专为3325元），三年来月收入增长了2914元，涨幅为81%。其中，本科增长了3337元，涨幅为87%；高职高专增长了2491元，涨幅为75%。

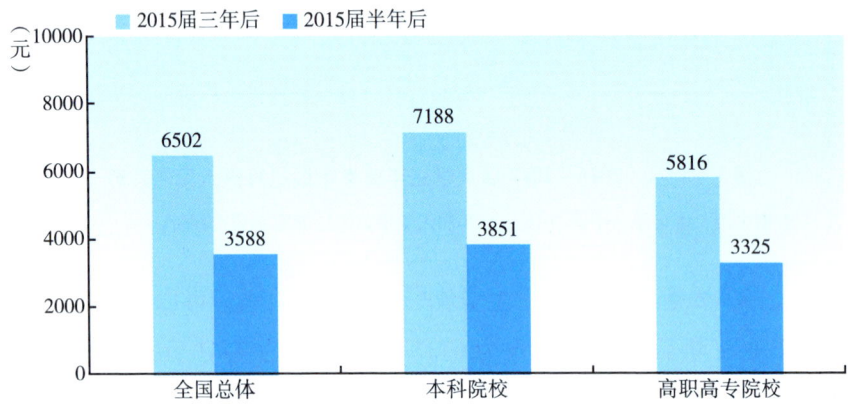

图1-3-3　2015届农村生源大学生毕业三年后的月收入与涨幅（与2015届半年后对比）

数据来源：麦可思-中国2015届大学毕业生三年后职业发展跟踪评价，2015届大学毕业生半年后培养质量跟踪评价。

图1-3-4是2015届大学生毕业三年后学历提升人群的比例。可以看出，2015届本科生毕业三年后学历提升为硕士的比例为16.5%，高职高专生毕业三年后学历提升为本科的比例为32.9%。

图1-3-5是2015届大学生毕业三年后学历提升人群和学历未提升人群的月收入对比。可以看出，2015届大学毕业生毕业三年后学历提升人群的月收入为6712元，与学历一直未提升人群的月收入（6726元）基本持平。其中，本科毕业三年后学历为硕士人群的月收入为7550元，学历仍然为本科人群的月收入为7419元；高职高专毕业三年后学历为本科人群的月收入为5898元，学历仍然为高职高专人群的月收入为6057元。提升学历人群可能因毕业时间短还尚未体现学历提升带来的更大的教育回报。

分报告一·第三章 收入分析

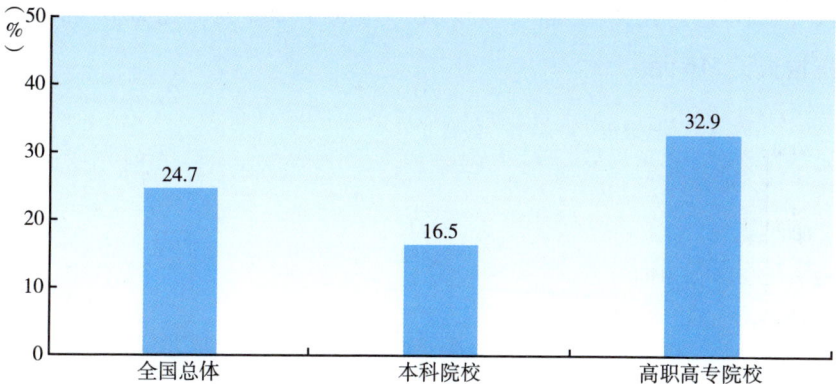

图1-3-4 2015届大学生毕业三年后学历提升人群的比例

数据来源：麦可思-中国2015届大学毕业生三年后职业发展跟踪评价，2015届大学毕业生半年后培养质量跟踪评价。

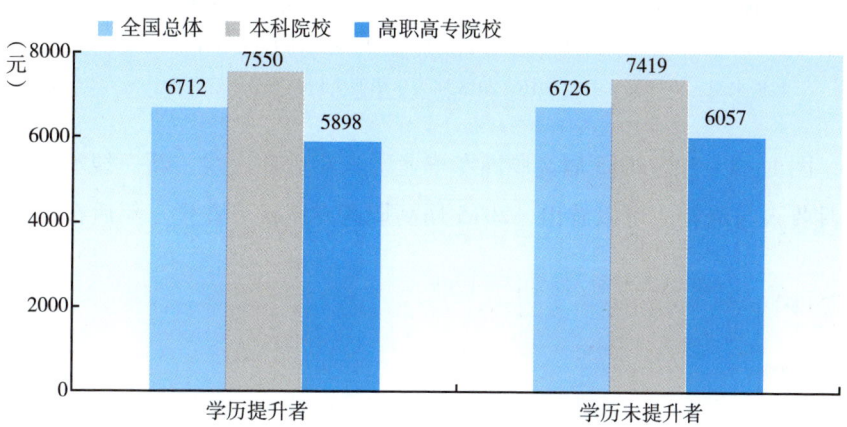

图1-3-5 2015届大学生毕业三年后学历提升人群和学历未提升人群的月收入对比

数据来源：麦可思-中国2015届大学毕业生三年后职业发展跟踪评价，2015届大学毕业生半年后培养质量跟踪评价。

图1-3-6是2016~2018届高职高专毕业生半年后在一线、新一线城市就业的月收入变化趋势。其中，2018届高职高专院校毕业生在一线城市的月收入（5121元）比2017届（4820元）增长了301元，比2016届（4436元）增长了685元；2018届高职高专院校毕业生在新一线城市的月

收入（4221元）比2017届（3959元）增长了262元，比2016届（3705元）增长了516元。

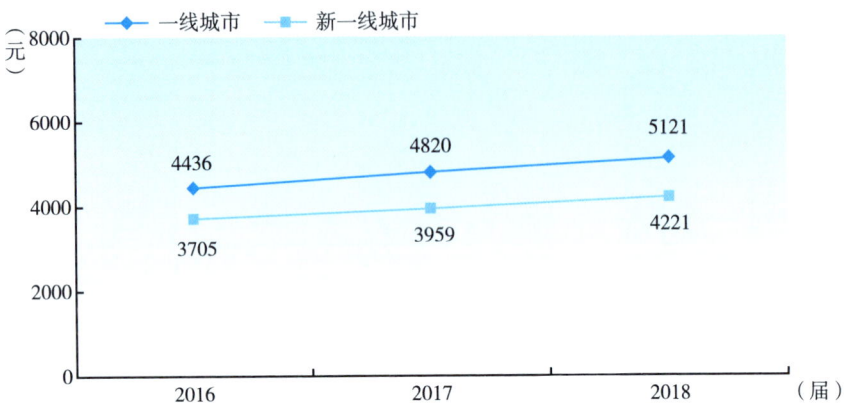

图1-3-6 2016~2018届高职高专毕业生半年后在一线、新一线城市就业的月收入变化趋势

数据来源：麦可思-中国2016~2018届大学毕业生培养质量跟踪评价。

图1-3-7是2015届高职高专毕业生三年后在一线、新一线城市就业的月收入与涨幅。可以看出，2015届高职高专院校毕业生三年后在一线城

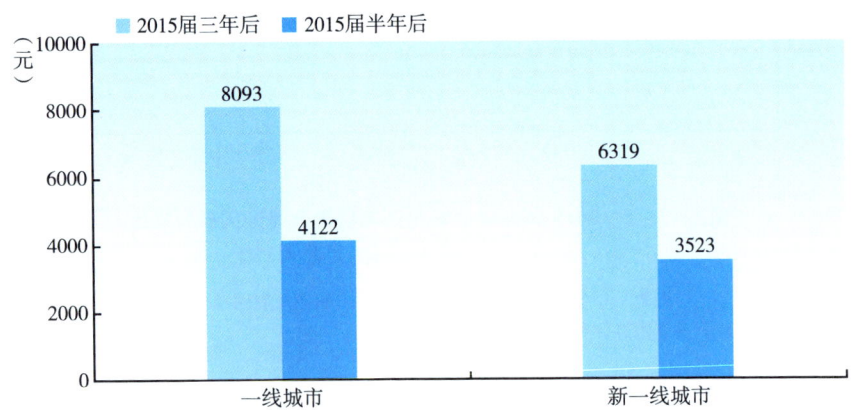

图1-3-7 2015届高职高专毕业生三年后在一线、新一线城市就业的月收入与涨幅

数据来源：麦可思-中国2015届大学毕业生三年后职业发展跟踪评价，2015届大学毕业生半年后培养质量跟踪评价。

市就业的平均月收入为 8093 元，比 2015 届半年后月收入（4122 元）增长了 3971 元，涨幅为 96%；2015 届高职高专院校毕业生三年后在新一线城市就业的平均月收入为 6319 元，比 2015 届半年后月收入（3523 元）增长了 2796 元，涨幅为 79%。

二 主要专业的月收入与涨幅

表 1-3-1 是 2016~2018 届高职高专各专业大类毕业半年后的月收入。可以看出，在 2018 届高职高专专业大类中，毕业生毕业半年后月收入最高的是交通运输大类（4691 元），最低的是文化教育大类（3621 元）

表 1-3-1 2016~2018 届高职高专各专业大类毕业半年后的月收入[*]

单位：元

高职高专专业大类名称	2018 届	2017 届	2016 届
交通运输大类	4691	4319	3922
电子信息大类	4474	4195	3939
制造大类	4436	4185	3860
材料与能源大类	4320	4033	3670
资源开发与测绘大类	4222	3969	3823
生化与药品大类	4175	3870	3590
艺术设计传媒大类	4121	3902	3662
土建大类	4038	3776	3489
环保、气象与安全大类	4033	3835	3644
旅游大类	4024	3761	3462
财经大类	4005	3717	3485
农林牧渔大类	3998	3709	3467
水利大类	3934	3523	3209
轻纺食品大类	3930	3699	3473
公共事业大类	3911	3667	3514
医药卫生大类	3649	3448	3210
文化教育大类	3621	3418	3336
全国高职高专	**4112**	**3860**	**3599**

[*] 个别专业大类因为样本较少，没有包括在内。

数据来源：麦可思-中国 2016~2018 届大学毕业生培养质量跟踪评价。

表1-3-2是2015届高职高专各专业大类毕业三年后的月收入及涨幅。可以看出，2015届高职高专专业大类中三年后月收入最高的是电子信息大类，为6901元，高出该专业大类半年后月收入（3673元）3228元，涨幅88%；三年后月收入最低的是文化教育大类（5160元），高出该专业大类半年后月收入（3227元）1933元，涨幅60%。

表1-3-2 2015届高职高专各专业大类毕业三年后的月收入与涨幅*

单位：元，%

高职高专专业大类名称	毕业三年后的平均月收入	毕业半年后的平均月收入	月收入涨幅
电子信息大类	6901	3673	88
交通运输大类	6795	3721	83
制造大类	6409	3688	74
土建大类	6324	3262	94
艺术设计传媒大类	6210	3389	83
材料与能源大类	6127	3448	78
财经大类	5895	3345	76
轻纺食品大类	5826	3288	77
旅游大类	5823	3348	74
资源开发与测绘大类	5767	3669	57
生化与药品大类	5639	3425	65
农林牧渔大类	5614	3403	65
医药卫生大类	5247	2975	76
文化教育大类	5160	3227	60
全国高职高专	6005	3409	76

*个别专业大类因为样本较少，没有包括在内。

数据来源：麦可思-中国2015届大学毕业生三年后职业发展跟踪评价，2015届大学毕业生半年后培养质量跟踪评价。

表1-3-3 2016~2018届高职高专主要专业类毕业半年后的月收入*

单位：元

高职高专专业类名称	2018届	2017届	2016届
计算机类	4609	4232	3968
材料类	4572	4215	3849
机械设计制造类	4506	4190	3909

分报告一·第三章 收入分析

续表

高职高专专业类名称	2018 届	2017 届	2016 届
水上运输类	4438	4185	3895
市场营销类	4412	4097	3972
机电设备类	4404	4152	3839
电子信息类	4373	4103	3924
电力技术类	4345	4067	3568
测绘类	4304	3989	3841
化工技术类	4292	3988	3725
自动化类	4289	4068	3866
汽车类	4285	3972	3801
能源类	4264	3956	3746
公路运输类	4211	3951	3765
工商管理类	4198	3877	3669
通信类	4146	3983	3841
城市轨道运输类	4146	3892	3666
财政金融类	4139	3979	3861
艺术设计类	4126	3837	3629
港口运输类	4108	3868	3697
广播影视类	4087	3806	3654
建筑设备类	4083	3732	3469
土建施工类	4045	3794	3555
语言文化类	4027	3799	3565
旅游管理类	4025	3757	3485
经济贸易类	4021	3877	3691
畜牧兽医类	4018	3691	3555
生物技术类	4014	3685	3437
工程管理类	4005	3704	3407
林业技术类	3976	3701	3491
纺织服装类	3975	3684	3511
公共管理类	3927	3682	3468
环保类	3918	3721	3495
医学技术类	3836	3712	3509
公共事业类	3832	3545	3342
食品类	3831	3576	3421
房地产类	3827	3725	3621

077

续表

高职高专专业类名称	2018 届	2017 届	2016 届
食品药品管理类	3777	3544	3488
护理类	3761	3537	3267
制药技术类	3702	3498	3272
财务会计类	3685	3432	3209
建筑设计类	3635	3474	3367
农业技术类	3603	3448	3316
药学类	3519	3362	3210
教育类	3239	3115	2955
全国高职高专	**4112**	**3860**	**3599**

* 个别专业类因为样本较少，没有包括在内。
数据来源：麦可思-中国 2016~2018 届大学毕业生培养质量跟踪评价。

表 1-3-4　2015 届高职高专主要专业类毕业三年后的月收入与涨幅*

单位：元，%

高职高专专业类名称	毕业三年后的平均月收入	毕业半年后的平均月收入	月收入涨幅
计算机类	7446	3721	100
电子信息类	6627	3696	79
公路运输类	6624	3576	85
汽车类	6623	3668	81
土建施工类	6525	3338	95
市场营销类	6506	3760	73
艺术设计类	6442	3517	83
通信类	6432	3660	76
建筑设计类	6377	3172	101
机械设计制造类	6319	3631	74
自动化类	6305	3656	72
财政金融类	6189	3559	74
电力技术类	6164	3400	81
工程管理类	6164	3112	98
工商管理类	6135	3508	75

分报告一·第三章 收入分析

续表

高职高专专业类名称	毕业三年后的平均月收入	毕业半年后的平均月收入	月收入涨幅
测绘类	6133	3599	70
建筑设备类	6097	3214	90
港口运输类	6040	3480	74
机电设备类	6034	3605	67
经济贸易类	6006	3536	70
房地产类	5950	3428	74
材料类	5888	3539	66
旅游管理类	5879	3231	82
畜牧兽医类	5858	3515	67
广播影视类	5848	3501	67
化工技术类	5697	3488	63
纺织服装类	5649	3356	68
环保类	5636	3274	72
语言文化类	5632	3278	72
医学技术类	5594	3158	77
公共管理类	5541	3351	65
制药技术类	5507	3105	77
护理类	5407	2971	82
林业技术类	5342	3322	61
财务会计类	5125	3092	66
食品类	5055	3195	58
药学类	4994	2870	74
教育类	4422	2850	55
全国高职高专	**6005**	**3409**	**76**

* 个别专业类因为样本较少，没有包括在内。

数据来源：麦可思-中国 2015 届大学毕业生三年后职业发展跟踪评价，2015 届大学毕业生半年后培养质量跟踪评价。

表1-3-5　2018届高职高专毕业生半年后月收入排前50位的主要专业*

单位：元

高职高专专业名称	毕业半年后的平均月收入
空中乘务	5503
铁道工程技术	5186
软件技术	4995
社会体育	4950
电气化铁道技术	4905
航海技术	4717
信息安全技术	4672
计算机应用技术	4593
轮机工程技术	4569
汽车技术服务与营销	4539
物联网技术	4538
数控设备应用与维护	4526
医疗美容技术	4513
数控技术	4510
汽车制造与装配技术	4506
计算机网络技术	4505
城市轨道交通工程技术	4501
市场营销	4491
移动互联网应用技术	4474
道路桥梁工程技术	4441
石油化工生产技术	4441
计算机辅助设计与制造	4427
机械制造与自动化	4422
焊接技术及自动化	4422
机械设计与制造	4408
材料工程技术	4403
会展策划与管理	4391
电子商务	4378

续表

高职高专专业名称	毕业半年后的平均月收入
电子信息工程技术	4377
电力系统继电保护与自动化	4375
应用电子技术	4375
国际金融	4374
计算机多媒体技术	4373
动漫设计与制作	4354
市场开发与营销	4338
船舶工程技术	4336
电气自动化技术	4325
机电设备维修与管理	4322
商务日语	4318
计算机信息管理	4314
工程测量技术	4302
公路运输与管理	4293
发电厂及电力系统	4285
机电一体化技术	4282
金融与证券	4274
工程机械运用与维护	4259
工程监理	4253
移动通信技术	4251
数字媒体技术	4250
模具设计与制造	4249
全国高职高专	**4112**

* 毕业生规模过小的专业不包括在此排序中。
数据来源：麦可思－中国2018届大学毕业生培养质量跟踪评价。

表1-3-6和表1-3-7分别是2018届高职高专毕业生半年后月收入增长最快/最慢的前十位专业类。可以看出，2018届高职高专毕业生半年后月收入增长最快的专业类为建筑设备类，增长率为9.4%；半年后月收入增长最慢的专业类为房地产类，增长率为2.7%。

表1-3-6 2018届高职高专毕业生半年后月收入增长最快的前十位专业类（与2017届对比）*

单位：%，元

高职高专专业类名称	增长率	2018届	2017届
建筑设备类	9.4	4083	3732
计算机类	8.9	4609	4232
畜牧兽医类	8.9	4018	3691
生物技术类	8.9	4014	3685
材料类	8.5	4572	4215
工商管理类	8.3	4198	3877
工程管理类	8.1	4005	3704
公共事业类	8.1	3832	3545
汽车类	7.9	4285	3972
纺织服装类	7.9	3975	3684
全国高职高专	**6.5**	**4112**	**3860**

*毕业生规模过小的专业类不包括在此排序中。

数据来源：麦可思-中国2017届、2018届大学毕业生培养质量跟踪评价。

表1-3-7 2018届高职高专毕业生半年后月收入增长最慢的前十位专业类（与2017届对比）*

单位：%，元

高职高专专业类名称	增长率	2018届	2017届
房地产类	2.7	3827	3725
医学技术类	3.3	3836	3712
经济贸易类	3.7	4021	3877
财政金融类	4.0	4139	3979
教育类	4.0	3239	3115
通信类	4.1	4146	3983
农业技术类	4.5	3603	3448
建筑设计类	4.6	3635	3474
药学类	4.7	3519	3362
环保类	5.3	3918	3721
全国高职高专	**6.5**	**4112**	**3860**

*毕业生规模过小的专业类不包括在此排序中。

数据来源：麦可思-中国2017届、2018届大学毕业生培养质量跟踪评价。

三　主要行业的月收入与涨幅

表1-3-8是2017届、2018届高职高专毕业生半年后在主要行业类的月收入。可以看出，2018届高职高专毕业生半年后月收入最高的行业类为"运输业"（4988元），其次是"信息传输、软件和信息技术服务业"（4805元）。

表1-3-8　2017届、2018届高职高专毕业生半年后在主要行业类的月收入*

单位：元

高职高专行业类名称	2018届	2017届
运输业	4988	4536
信息传输、软件和信息技术服务业	4805	4387
金融业	4564	4422
房地产开发及租赁业	4419	4257
电子电气设备制造业（含计算机、通信、家电等）	4412	4129
文化、体育和娱乐业	4377	4054
其他制造业	4269	3901
交通运输设备制造业	4265	4048
机械设备制造业	4257	3948
电力、热力、燃气及水生产和供应业	4250	3859
家具制造业	4208	3916
邮递、物流及仓储业	4205	3827
零售业	4125	3840
批发业	4113	3911
初级金属制造业	4111	3860
医药及设备制造业	4067	3810
各类专业设计与咨询服务业	4033	3755
化学品、化工、塑胶制造业	4019	3754
行政、商业和环境保护辅助业	3957	3641
其他服务业（除行政服务）	3914	3644

续表

高职高专行业类名称	2018届	2017届
采矿业	3909	3746
住宿和餐饮业	3897	3577
纺织、服装、皮革制造业	3896	3598
农、林、牧、渔业	3880	3633
建筑业	3847	3574
食品、烟草、加工业	3823	3570
玻璃黏土、石灰水泥制品业	3809	3590
木品和纸品业	3604	3425
医疗和社会护理服务业	3594	3324
政府及公共管理	3581	3368
教育业	3439	3239
全国高职高专	**4112**	**3860**

* 个别行业类因为样本较少，没有包括在内。

数据来源：麦可思 – 中国2017届、2018届大学毕业生培养质量跟踪评价。

表1-3-9是2015届高职高专毕业生三年后在主要行业类的月收入及增长。可以看出，2015届高职高专毕业生三年后在"信息传输、软件和信息技术服务业"就业的月收入最高，为7610元，高出半年后在该行业类就业的毕业生月收入（3830元）3780元，涨幅比例为99%。

表1-3-9　2015届高职高专毕业生三年后在主要行业类的月收入与涨幅*

单位：元，%

高职高专行业类名称	毕业三年后的平均月收入	毕业半年后的平均月收入	月收入涨幅
信息传输、软件和信息技术服务业	7610	3830	99
金融业	7375	4020	83
文化、体育和娱乐业	7171	3667	96
房地产开发及租赁业	6823	3871	76
运输业	6452	3806	70
家具制造业	6341	3375	88

续表

高职高专行业类名称	毕业三年后的平均月收入	毕业半年后的平均月收入	月收入涨幅
交通运输设备制造业	6316	3711	70
各类专业设计与咨询服务业	6291	3329	89
建筑业	6170	3174	94
批发业	6140	3324	85
零售业	6095	3396	79
电子电气设备制造业（含计算机、通信、家电等）	6049	3638	66
电力、热力、燃气及水生产和供应业	6000	3438	75
住宿和餐饮业	5814	3314	75
医药及设备制造业	5791	3388	71
其他制造业	5780	3239	78
食品、烟草、加工业	5746	3276	75
纺织、服装、皮革制造业	5723	3227	77
机械设备制造业	5696	3425	66
邮递、物流及仓储业	5660	3458	64
其他服务业（除行政服务）	5479	3212	71
农、林、牧、渔业	5463	3319	65
采矿业	5432	3536	54
医疗和社会护理服务业	5384	3031	78
化学品、化工、塑胶制造业	5205	3422	52
行政、商业和环境保护辅助业	5052	3133	61
初级金属制造业	5046	3440	47
教育业	5009	2948	70
政府及公共管理	4858	3075	58
全国高职高专	**6005**	**3409**	**76**

* 个别行业类因为样本较少，没有包括在内。

数据来源：麦可思－中国2015届大学毕业生三年后职业发展跟踪评价，2015届大学毕业生半年后培养质量跟踪评价。

表1-3-10和表1-3-11分别是2018届高职高专毕业生半年后月收入增长最快/最慢的前五位行业类。可以看出，2018届高职高专毕业生半年后月收入增长最快的行业类为"电力、热力、燃气及水生产和供应业"，增

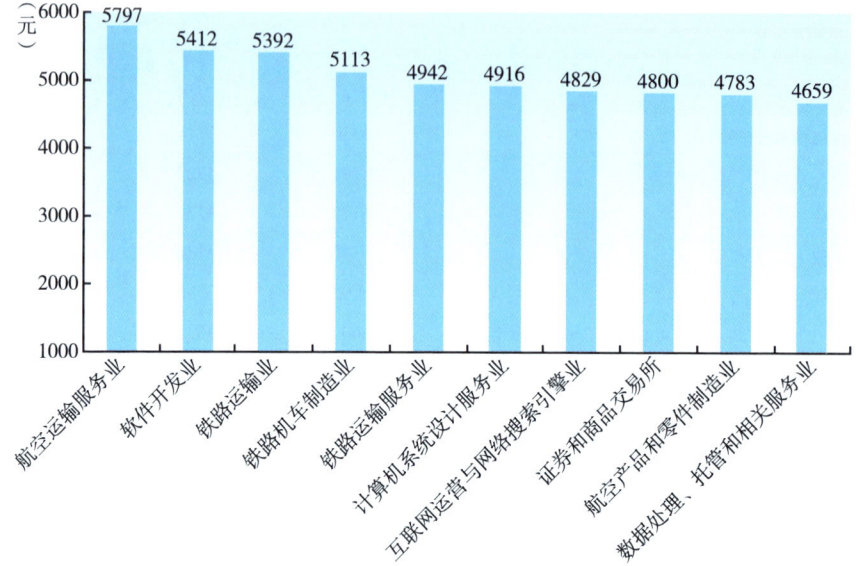

图 1-3-8　2018 届高职高专毕业生半年后月收入最高的前十位行业 *

*毕业生规模过小的行业不包括在此排序中。

数据来源：麦可思-中国 2018 届大学毕业生培养质量跟踪评价。

长率为 10.1%；毕业半年后月收入增长最慢的行业类为"金融业"，增长率为 3.2%。

表 1-3-10　2018 届高职高专毕业生半年后月收入增长最快的前五位行业类（与 2017 届对比） *

单位：%，元

高职高专行业类名称	增长率	2018 届	2017 届
电力、热力、燃气及水生产和供应业	10.1	4250	3859
运输业	10.0	4988	4536
邮递、物流及仓储业	9.9	4205	3827
信息传输、软件和信息技术服务业	9.5	4805	4387
其他制造业	9.4	4269	3901
全国高职高专	**6.5**	**4112**	**3860**

*毕业生规模过小的行业类不包括在此排序中。

数据来源：麦可思-中国 2017 届、2018 届大学毕业生培养质量跟踪评价。

表1-3-11　2018届高职高专毕业生半年后月收入增长最慢的
前五位行业类（与2017届对比）*

单位：%，元

高职高专行业类名称	增长率	2018届	2017届
金融业	3.2	4564	4422
房地产开发及租赁业	3.8	4419	4257
采矿业	4.4	3909	3746
木品和纸品业	5.2	3604	3425
批发业	5.2	4113	3911
全国高职高专	**6.5**	**4112**	**3860**

* 毕业生规模过小的行业类不包括在此排序中。
数据来源：麦可思-中国2017届、2018届大学毕业生培养质量跟踪评价。

四　主要职业的月收入与涨幅

表1-3-12是2017届、2018届高职高专毕业生半年后从事的主要职业类的月收入。可以看出，2018届高职高专毕业生半年后月收入最高的职业类是"经营管理"（5126元），其次是"航空机械/电子"（4999元）。

表1-3-12　2017届、2018届高职高专毕业生半年后从事的主要职业类的月收入*

单位：元

高职高专职业类名称	2018届	2017届
经营管理	5126	4818
航空机械/电子	4999	4625
计算机与数据处理	4851	4541
互联网开发及应用	4821	4501
交通运输/邮电	4782	4330
美容/健身	4766	4408
房地产经营	4747	4665
金融（银行/基金/证券/期货/理财）	4607	4514
表演艺术/影视	4512	4332

续表

高职高专职业类名称	2018 届	2017 届
生产/运营	4473	4187
电气/电子（不包括计算机）	4415	4172
销售	4388	4121
矿山/石油	4327	4133
教育/职业培训	4256	3876
机械/仪器仪表	4221	4004
保险	4180	3995
电力/能源	4143	3940
媒体/出版	4126	3932
工业安全与质量	4110	3894
生物/化工	4086	3864
物流/采购	4040	3836
文化/体育	4039	3884
公共关系	4034	3854
餐饮/娱乐	4022	3769
建筑工程	3978	3698
美术/设计/创意	3968	3743
测绘	3923	3734
人力资源	3915	3719
农/林/牧/渔类	3889	3644
服装/纺织/皮革	3874	3666
酒店/旅游/会展	3831	3620
机动车机械/电子	3821	3562
环境保护	3721	3566
社区工作者	3694	3445
财务/审计/税务/统计	3666	3388
行政/后勤	3646	3404
公安/检察/法院/经济执法	3578	3407
中小学教育	3458	3177
医疗保健/紧急救助	3454	3278
幼儿与学前教育	3220	2930
全国高职高专	**4112**	**3860**

* 个别职业类因为样本较少，没有包括在内。

数据来源：麦可思－中国2017届、2018届大学毕业生培养质量跟踪评价。

分报告一·第三章 收入分析

表1–3–13是2015届高职高专毕业生三年后从事的主要职业类的月收入及涨幅。可以看出，2015届高职高专毕业生三年后从事"经营管理"职业类的月收入最高，为8064元，高出半年后从事该职业类的高职高专毕业生月收入（4148元）3916元，涨幅比例为94%。

表1–3–13 2015届高职高专毕业生三年后从事的主要职业类的月收入与涨幅*

单位：元，%

高职高专职业类名称	毕业三年后的平均月收入	毕业半年后的平均月收入	月收入涨幅
经营管理	8064	4148	94
互联网开发及应用	7952	4101	94
计算机与数据处理	7757	3942	97
房地产经营	7643	4020	90
金融(银行/基金/证券/期货/理财)	7168	4141	73
销售	7034	3633	94
美术/设计/创意	6593	3231	104
餐饮/娱乐	6461	3430	88
交通运输/邮电	6428	3815	68
媒体/出版	6321	3367	88
建筑工程	6254	3223	94
生产/运营	6110	3671	66
电力/能源	6054	3571	70
测绘	6031	3391	78
保险	6017	3745	61
电气/电子(不包括计算机)	5977	3582	67
酒店/旅游/会展	5959	3180	87
机动车机械/电子	5817	3495	66
机械/仪器仪表	5735	3629	58
矿山/石油	5689	3891	46
工业安全与质量	5631	3529	60
农/林/牧/渔类	5550	3335	66
教育/职业培训	5542	3212	73
生物/化工	5539	3404	63
人力资源	5417	3435	58
物流/采购	5386	3431	57

续表

高职高专职业类名称	毕业三年后的平均月收入	毕业半年后的平均月收入	月收入涨幅
公安/检察/法院/经济执法	5322	3202	66
医疗保健/紧急救助	5315	2957	80
财务/审计/税务/统计	5223	2969	76
中小学教育	4619	2826	63
社区工作者	4416	2975	48
行政/后勤	4385	3000	46
幼儿与学前教育	4220	2565	65
全国高职高专	**6005**	**3409**	**76**

* 个别职业类因为样本较少，没有包括在内。

数据来源：麦可思－中国2015届大学毕业生三年后职业发展跟踪评价，2015届大学毕业生半年后培养质量跟踪评价。

表1-3-14　2018届高职高专毕业生半年后月收入最高的前50位职业 *

单位：元

高职高专毕业生月收入最高的前50位职业名称	毕业半年后的平均月收入
互联网开发人员	6011
运营经理	5693
计算机系统软件工程技术人员	5607
计算机软件应用工程技术人员	5543
市场经理	5480
计算机程序员	5447
项目经理	5416
行政经理	5407
销售经理	5337
一线销售经理（非零售）	5252
银行信贷员	5170
贷款顾问	5156
健身教练和健身操指导员	5133
铁轨铺设及维护设备操作人员	5061
信贷经纪人	5052
铁路闸、铁路信号和转辙器操作人员	5027
融资专员	5017
网络设计人员	4996

分报告一·第三章 收入分析

续表

高职高专毕业生月收入最高的前50位职业名称	毕业半年后的平均月收入
民用航空器维护人员	4990
个人理财顾问	4986
航空维护与操作技术人员	4982
列车司机	4936
职业规划师	4913
信息安全分析人员	4906
软件质量保证和测试工程技术人员	4868
管理咨询师	4836
房地产经纪人	4807
一线销售经理(零售)	4786
金融服务销售商	4771
证券、商品和金融服务销售代理	4765
生产经营一线主管	4740
计算机技术支持人员	4703
体育教练	4697
广告策划人员	4676
销售代表(医疗用品)	4660
机电工程技术人员	4636
职业培训师	4636
机械工程技术人员	4603
其他销售代表、服务商	4585
电子工程技术人员	4583
销售代表(机械设备和零件)	4579
计算机网络管理人员	4560
电气工程技术人员	4555
餐饮服务主管	4542
电子商务专员	4532
工业工程技术人员	4526
非农产品采购代理	4504
销售技术员	4493
网络管理人员	4491
其他计算机专业人员	4486
全国高职高专	**4112**

* 毕业生规模过小的职业不包括在此排序中。
数据来源：麦可思-中国2018届大学毕业生培养质量跟踪评价。

表1-3-15和表1-3-16分别是2018届高职高专毕业生半年后月收入增长最快/最慢的前十位职业类。可以看出，2018届高职高专毕业生半年

后月收入增长最快的职业类为"交通运输/邮电",增长率为10.4%;毕业半年后月收入增长最慢的职业类为"房地产经营",增长率为1.8%。

表1-3-15　2018届高职高专毕业生半年后月收入增长最快的
前十位职业类(与2017届对比)*

单位:%,元

高职高专职业类名称	增长率	2018届	2017届
交通运输/邮电	10.4	4782	4330
幼儿与学前教育	9.9	3220	2930
教育/职业培训	9.8	4256	3876
中小学教育	8.8	3458	3177
财务/审计/税务/统计	8.2	3666	3388
航空机械/电子	8.1	4999	4625
美容/健身	8.1	4766	4408
建筑工程	7.6	3978	3698
机动车机械/电子	7.3	3821	3562
社区工作者	7.2	3694	3445
全国高职高专	**6.5**	**4112**	**3860**

* 毕业生规模过小的职业类不包括在此排序中。
数据来源:麦可思-中国2017届、2018届大学毕业生培养质量跟踪评价。

表1-3-16　2018届高职高专毕业生半年后月收入增长最慢的
前十位职业类(与2017届对比)*

单位:%,元

高职高专职业类名称	增长率	2018届	2017届
房地产经营	1.8	4747	4665
金融(银行/基金/证券/期货/理财)	2.1	4607	4514
文化/体育	4.0	4039	3884
表演艺术/影视	4.2	4512	4332
环境保护	4.3	3721	3566
保险	4.6	4180	3995
矿山/石油	4.7	4327	4133
公共关系	4.7	4034	3854
媒体/出版	4.9	4126	3932
公安/检察/法院/经济执法	5.0	3578	3407
全国高职高专	**6.5**	**4112**	**3860**

* 毕业生规模过小的职业类不包括在此排序中。
数据来源:麦可思-中国2017届、2018届大学毕业生培养质量跟踪评价。

五 各用人单位类型的月收入与涨幅

图1-3-9是2017届、2018届高职高专毕业生半年后在各类型用人单位的月收入。可以看出，2018届高职高专毕业生半年后在"国有企业"单位就业的月收入最高（4468元）；与2017届相比，2018届高职高专毕业生在各类型用人单位就业的月收入均有所上升。

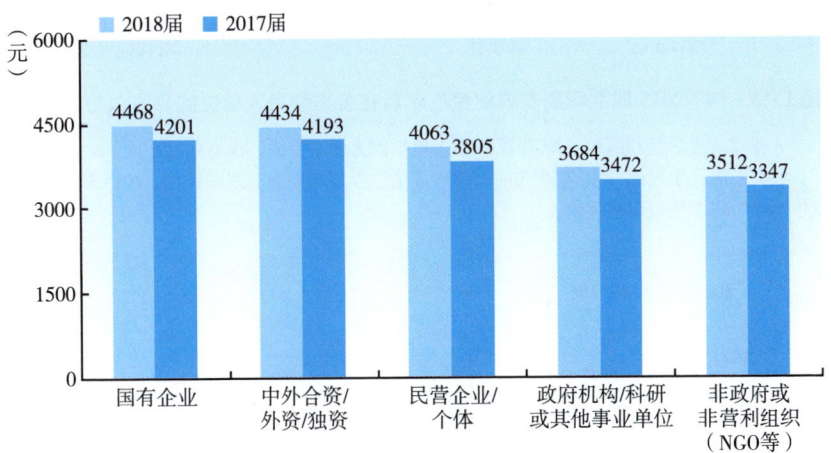

图1-3-9 2017届、2018届高职高专毕业生半年后在各类型用人单位的月收入

数据来源：麦可思-中国2017届、2018届大学毕业生培养质量跟踪评价。

图1-3-10是2015届高职高专毕业生三年后在各类型用人单位的月收入。可以看出，2015届高职高专毕业生三年后在"中外合资/外资/独资"单位就业的月收入（6275元）最高；另外在"民营企业/个体"就业的三年后月收入涨幅最大，为85%。

图1-3-11是2017届、2018届高职高专毕业生半年后在各规模用人单位的月收入。可以看出，2018届高职高专毕业生在"3000人以上"规模的大型用人单位就业的月收入最高（4821元）；与2017届相比，2018届高职高专毕业生在各规模用人单位就业的月收入均有所上升。

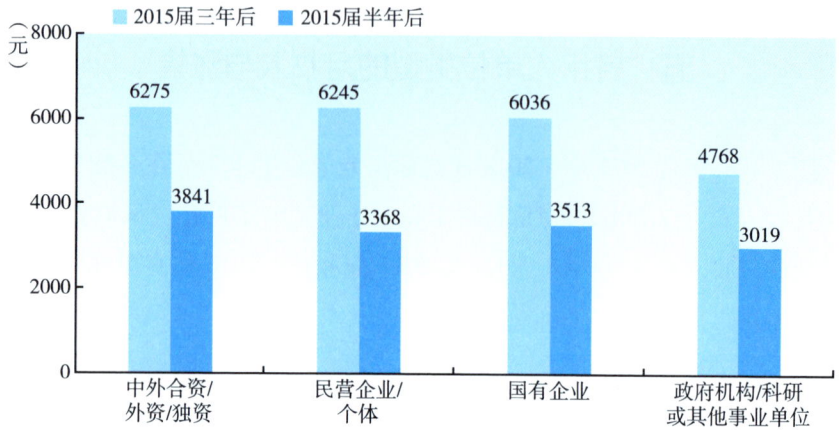

图 1-3-10　2015 届高职高专毕业生三年后在各类型用人单位的月收入与涨幅*

*非政府或非营利组织（NGO 等）用人单位因为样本较少，没有包括在内。

数据来源：麦可思-中国 2015 届大学毕业生三年后职业发展跟踪评价，2015 届大学毕业生半年后培养质量跟踪评价。

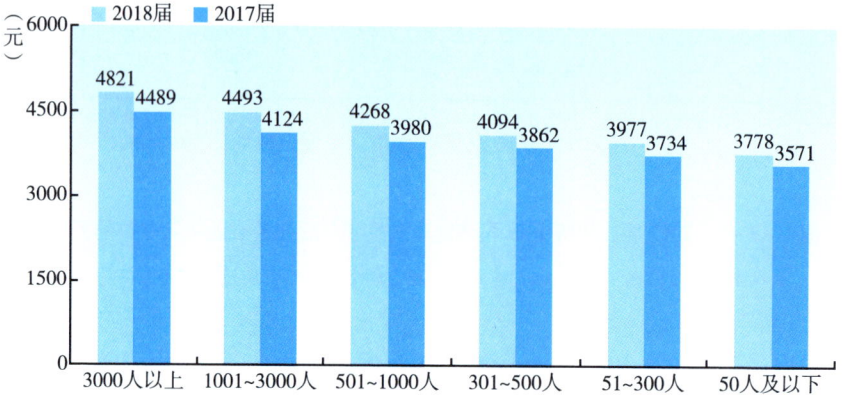

图 1-3-11　2017 届、2018 届高职高专毕业生半年后在各规模用人单位的月收入

数据来源：麦可思-中国 2017 届、2018 届大学毕业生培养质量跟踪评价。

图 1-3-12 是 2015 届高职高专毕业生三年后在各规模用人单位的月收入。可以看出，2015 届高职高专毕业生三年后在"3000 人以上"规模的大型用人单位就业的月收入最高（6670 元）。另外在"50 人及以下"规模用人单位就业的毕业生三年后月收入涨幅最大，为 86%。

分报告一·第三章 收入分析

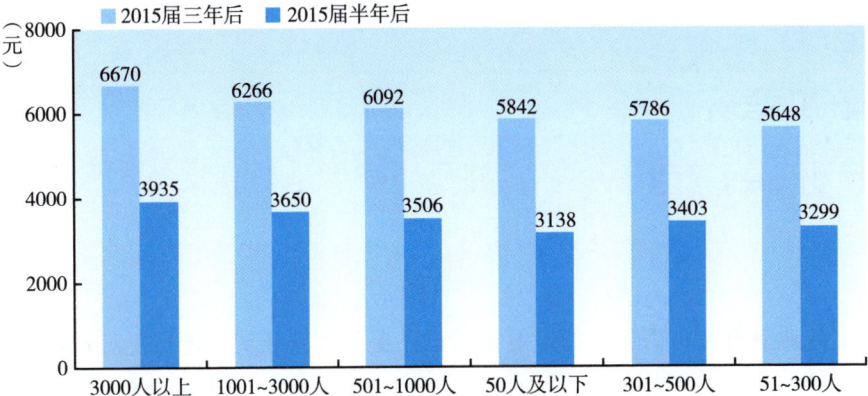

图 1-3-12　2015 届高职高专毕业生三年后在各规模用人单位的月收入与涨幅

数据来源：麦可思-中国 2015 届大学毕业生三年后职业发展跟踪评价，2015 届大学毕业生半年后培养质量跟踪评价。

B.6
第四章
就业满意度

就业满意度：由就业的毕业生对自己目前的就业现状进行主观判断，选项有"很满意"、"满意"、"不满意"、"很不满意"、"无法评估"共五项。其中，选择"满意"或"很满意"的人属于对就业现状满意，选择"不满意"或"很不满意"的人属于对就业现状不满意。

一 总体就业满意度

图1-4-1是2016~2018届大学生毕业半年后的就业满意度变化趋势。可以看出，2018届大学毕业生的就业满意度为67%，与2017届（67%）持平。其中，本科院校、高职高专院校2018届毕业生的就业满意度分别为68%、65%，均与2017届（分别为68%、65%）持平，均比2016届（分别为66%、63%）高2个百分点。

图1-4-2是2015届大学生毕业三年后的就业满意度。可以看出，2015届大学生毕业三年后的就业满意度为68%，比2014届（66%）高2个百分点；其中，本科毕业生的就业满意度为69%，高职高专毕业生的就业满意度为66%。

图1-4-3是2017届、2018届高职高专毕业生对就业现状不满意的原因。可以看出，2018届高职高专毕业生对就业现状不满意的主要原因是"收入低"（67%）、"发展空间不够"（53%）。

图1-4-4是2016~2018届高职高专毕业生半年后在一线、新一线城市的就业满意度变化趋势。可以看出，高职高专院校毕业生在一线城

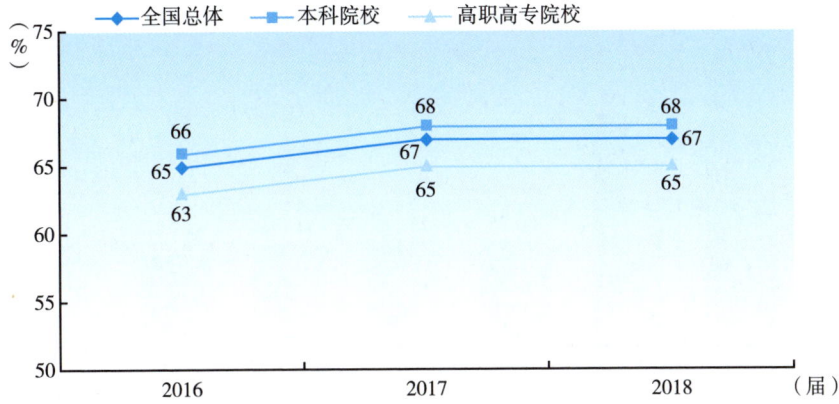

图1-4-1 2016~2018届大学生毕业半年后的就业满意度变化趋势

数据来源：麦可思-中国2016~2018届大学毕业生培养质量跟踪评价。

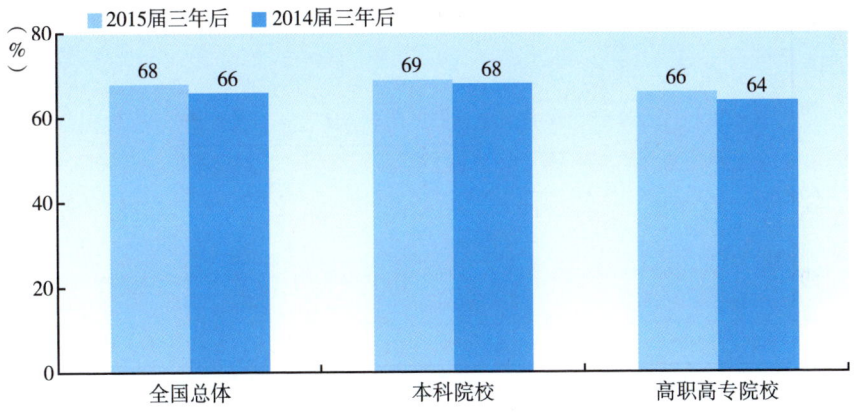

图1-4-2 2015届大学生毕业三年后的就业满意度（与2014届三年后对比）

数据来源：麦可思-中国2014届、2015届大学毕业生三年后职业发展跟踪评价。

市、新一线城市的就业满意度变化趋势一致。2018届高职高专院校毕业生在一线城市、新一线城市的就业满意度分别为66%、65%，均与2017届（分别为66%、65%）持平，均比2016届（分别为64%、63%）高2个百分点。

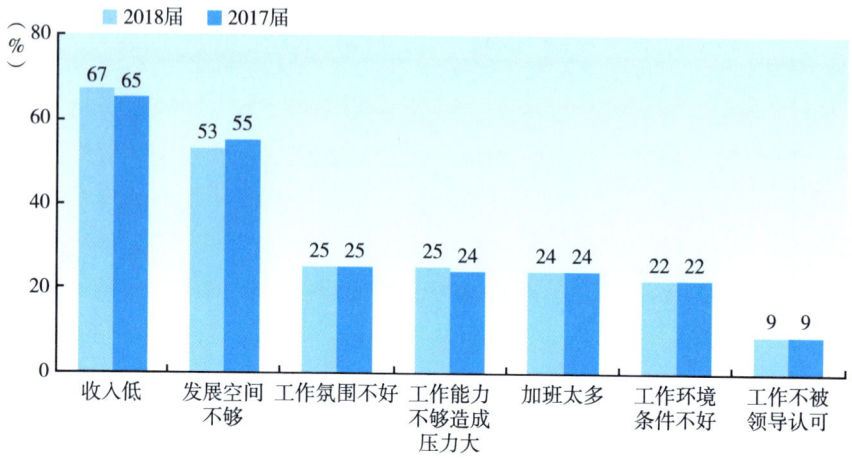

图1-4-3 2017届、2018届高职高专毕业生对就业现状不满意的原因（多选）

数据来源：麦可思-中国2017届、2018届大学毕业生培养质量跟踪评价。

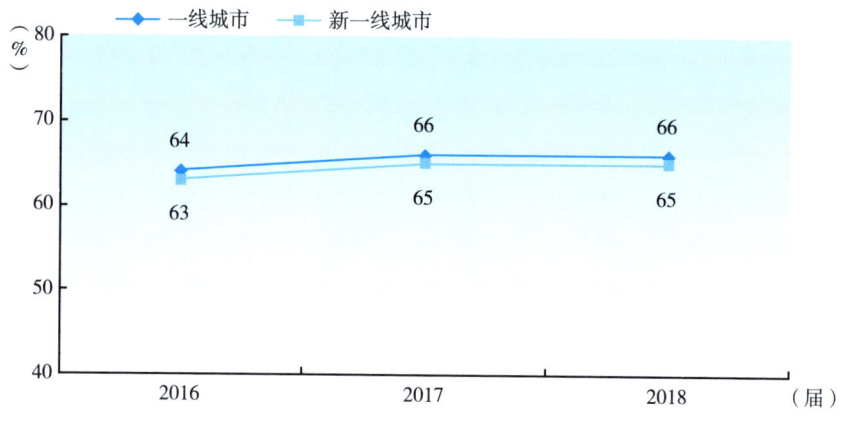

图1-4-4 2016~2018届高职高专毕业生半年后在一线、新一线城市的就业满意度

数据来源：麦可思-中国2016~2018届大学毕业生培养质量跟踪评价。

二 主要专业的就业满意度

表1-4-1是2016~2018届高职高专各专业大类毕业半年后的就业满

意度。可以看出，在 2018 届高职高专专业大类中，毕业生毕业半年后就业满意度最高的是交通运输大类、农林牧渔大类（均为 68%），就业满意度最低的是资源开发与测绘大类、公共事业大类（均为 63%）。

表 1-4-1　2016~2018 届高职高专各专业大类毕业半年后的就业满意度*

单位：%

高职高专专业大类名称	2018 届	2017 届	2016 届
交通运输大类	68	67	64
农林牧渔大类	68	67	66
文化教育大类	67	68	65
旅游大类	66	66	63
艺术设计传媒大类	66	65	64
生化与药品大类	66	65	62
财经大类	65	66	63
医药卫生大类	65	65	66
土建大类	65	64	60
电子信息大类	65	65	63
制造大类	64	64	61
材料与能源大类	64	64	63
轻纺食品大类	64	65	62
环保、气象与安全大类	64	62	61
水利大类	64	63	63
公共事业大类	63	64	61
资源开发与测绘大类	63	60	57
全国高职高专	**65**	**65**	**63**

* 个别专业大类因为样本较少，没有包括在内。
数据来源：麦可思 - 中国 2016~2018 届大学毕业生培养质量跟踪评价。

表 1-4-2 是 2015 届高职高专各专业大类毕业三年后的就业满意度。可以看出，在 2015 届高职高专专业大类中，毕业生毕业三年后就业满意度最高的专业大类是文化教育大类（73%），就业满意度最低的专业大类是资源开发与测绘大类（59%）。

表 1-4-2　2015 届高职高专各专业大类毕业三年后的就业满意度*

单位：%

高职高专专业大类名称	就业满意度	高职高专专业大类名称	就业满意度
文化教育大类	73	交通运输大类	65
旅游大类	70	艺术设计传媒大类	65
财经大类	68	制造大类	63
轻纺食品大类	68	材料与能源大类	62
农林牧渔大类	67	土建大类	62
医药卫生大类	67	资源开发与测绘大类	59
生化与药品大类	66	**全国高职高专**	**66**
电子信息大类	66		

*个别专业大类因为样本较少，没有包括在内。
数据来源：麦可思-中国 2015 届大学毕业生三年后职业发展跟踪评价。

表 1-4-3　2018 届高职高专毕业生半年后就业满意度排前 30 位的主要专业*

单位：%

高职高专专业名称	就业满意度
电气化铁道技术	79
电力系统自动化技术	77
电力系统继电保护与自动化	76
高压输配电线路施工运行与维护	76
畜牧兽医	75
导游	75
美术教育	74
城市轨道交通运营管理	73
空中乘务	73
学前教育	73
金融保险	72
医疗美容技术	72
汽车技术服务与营销	71
市场开发与营销	71
社会体育	71
发电厂及电力系统	70
信息安全技术	70
市场营销	70
助产	70
铁道工程技术	69
城市轨道交通控制	69
涉外旅游	69

续表

高职高专专业名称	就业满意度
应用韩语	69
商务英语	69
初等教育	69
音乐表演	69
计算机应用技术	68
软件技术	68
物联网技术	68
移动通信技术	68
全国高职高专	**65**

*毕业生规模过小的专业不包括在此排序中。

数据来源：麦可思－中国2018届大学毕业生培养质量跟踪评价。

表1-4-4　2015届高职高专主要专业类毕业三年后的就业满意度*

单位：%

高职高专专业类名称	就业满意度	高职高专专业类名称	就业满意度
教育类	74	环保类	64
旅游管理类	72	工商管理类	64
畜牧兽医类	70	公路运输类	63
食品类	70	港口运输类	62
护理类	70	化工技术类	62
经济贸易类	69	工程管理类	62
医学技术类	69	机械设计制造类	62
语言文化类	69	公共管理类	62
制药技术类	68	电力技术类	60
房地产类	68	建筑设计类	60
市场营销类	68	建筑设备类	60
汽车类	67	自动化类	60
纺织服装类	67	临床医学类	60
财务会计类	67	土建施工类	59
计算机类	66	广播影视类	59
财政金融类	66	林业技术类	57
药学类	66	材料类	56
艺术设计类	66	测绘类	55
通信类	65	机电设备类	55
电子信息类	64	**全国高职高专**	**66**

*个别专业类因为样本较少，没有包括在内。

数据来源：麦可思－中国2015届大学毕业生三年后职业发展跟踪评价。

三 主要行业的就业满意度

图1-4-5和图1-4-6是2018届高职高专毕业生半年后就业满意度最高/最低的前五位行业类。可以看出，在2018届高职高专毕业生毕业半年后就业满意度最高的是运输业（74%），就业满意度最低的是初级金属制造业（56%）。

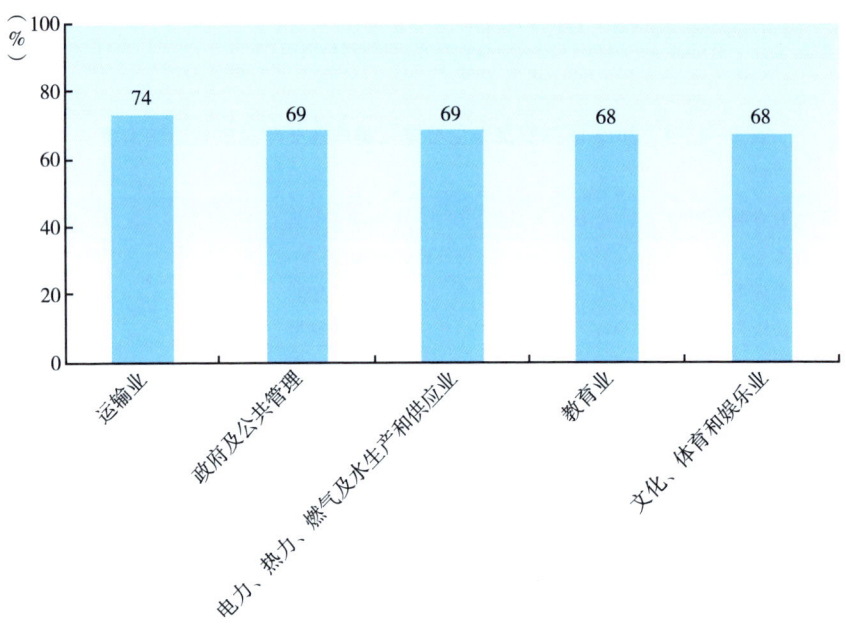

图1-4-5 2018届高职高专毕业生半年后就业满意度最高的前五位行业类＊

＊毕业生规模过小的行业类不包括在此排序中。
数据来源：麦可思-中国2018届大学毕业生培养质量跟踪评价。

图1-4-7和图1-4-8是2015届高职高专毕业生三年后就业满意度最高/最低的前五位行业类。可以看出，在2015届高职高专毕业生毕业三年后就业满意度最高的是教育业（72%），就业满意度最低的是采矿业（51%）。

分报告一·第四章 就业满意度

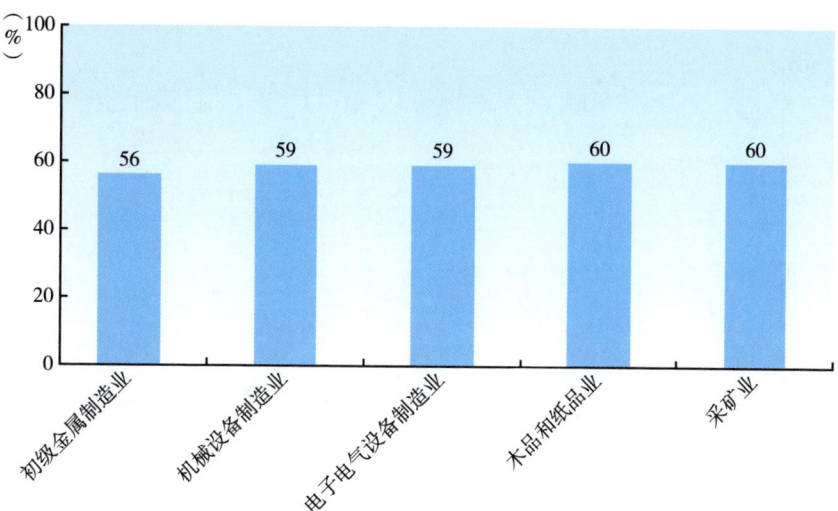

图1－4－6　2018届高职高专毕业生半年后就业满意度最低的前五位行业类*

*毕业生规模过小的行业类不包括在此排序中。
数据来源：麦可思－中国2018届大学毕业生培养质量跟踪评价。

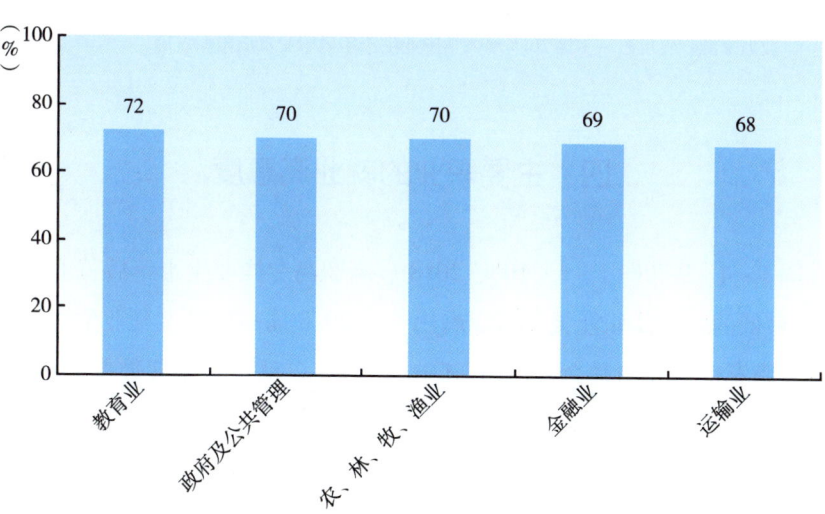

图1－4－7　2015届高职高专毕业生三年后就业满意度最高的前五位行业类*

*毕业生规模过小的行业类不包括在此排序中。
数据来源：麦可思－中国2015届大学毕业生三年后职业发展跟踪评价。

103

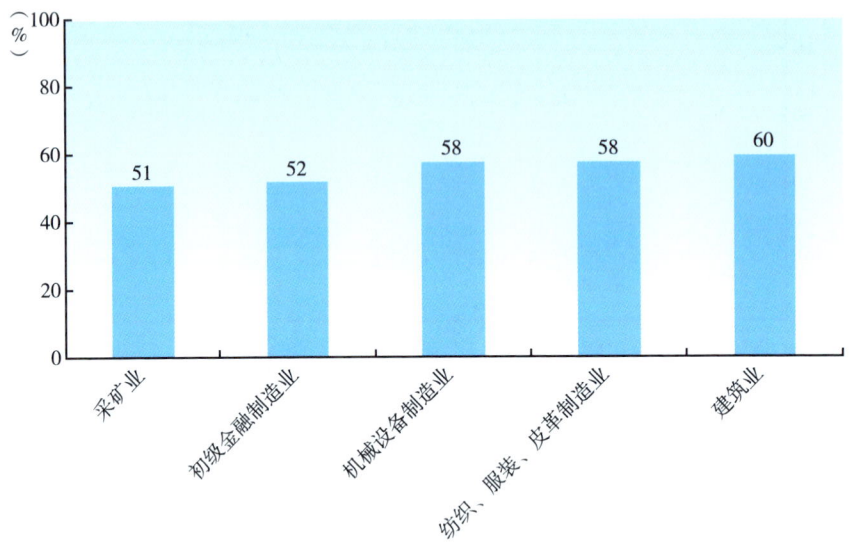

图 1-4-8　2015 届高职高专毕业生三年后就业满意度最低的前五位行业类*

* 毕业生规模过小的行业类不包括在此排序中。
数据来源：麦可思-中国 2015 届大学毕业生三年后职业发展跟踪评价。

四　主要职业的就业满意度

图 1-4-9 和图 1-4-10 是 2018 届高职高专毕业生半年后就业满意度最高/最低的前五位职业类。可以看出，在 2018 届高职高专毕业生毕业半年后就业满意度最高的是交通运输/邮电（78%），就业满意度最低的是矿山/石油（56%）。

图 1-4-11 和图 1-4-12 是 2015 届高职高专毕业生三年后就业满意度最高/最低的前五位职业类。可以看出，在 2015 届高职高专毕业生毕业三年后就业满意度最高的是经营管理、中小学教育、幼儿与学前教育（均为 75%），就业满意度最低的是矿山/石油（50%）。

分报告一·第四章 就业满意度

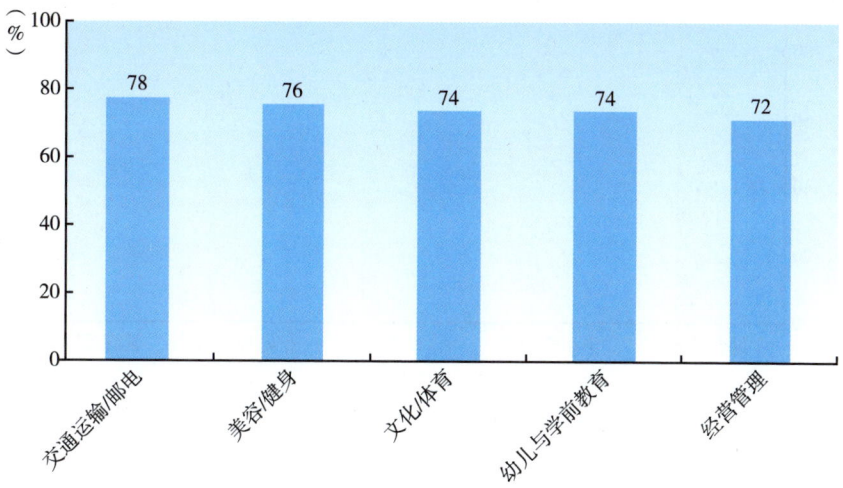

图 1-4-9　2018 届高职高专毕业生半年后就业满意度最高的前五位职业类*

*毕业生规模过小的职业类不包括在此排序中。
数据来源：麦可思-中国 2018 届大学毕业生培养质量跟踪评价。

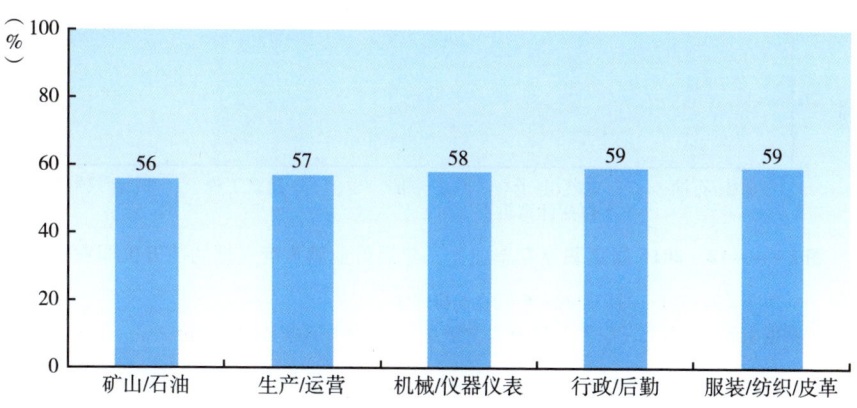

图 1-4-10　2018 届高职高专毕业生半年后就业满意度最低的前五位职业类*

*毕业生规模过小的职业类不包括在此排序中。
数据来源：麦可思-中国 2018 届大学毕业生培养质量跟踪评价。

105

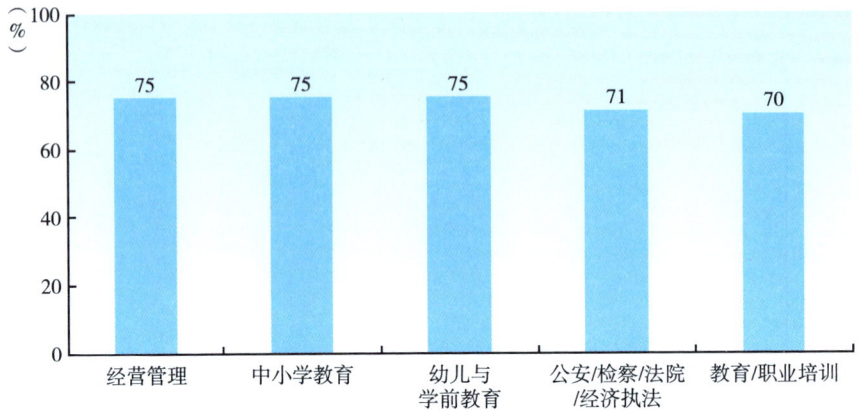

图 1－4－11　2015 届高职高专毕业生三年后就业满意度最高的前五位职业类*

*毕业生规模过小的职业类不包括在此排序中。
数据来源：麦可思－中国 2015 届大学毕业生三年后职业发展跟踪评价。

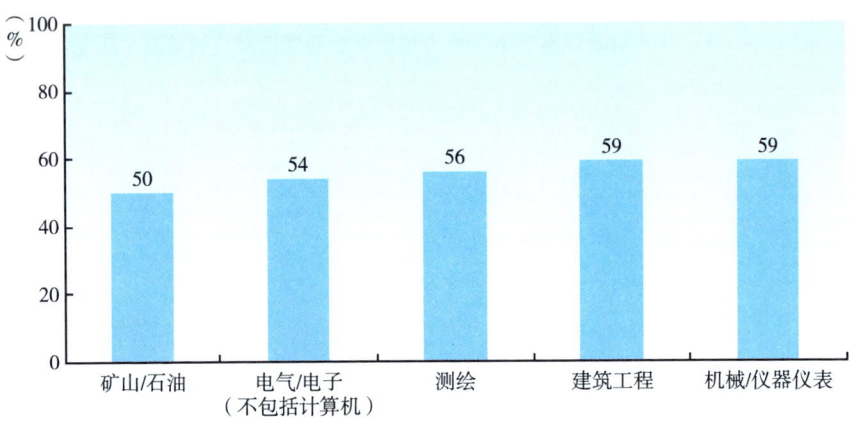

图 1－4－12　2015 届高职高专毕业生三年后就业满意度最低的前五位职业类*

*毕业生规模过小的职业类不包括在此排序中。
数据来源：麦可思－中国 2015 届大学毕业生三年后职业发展跟踪评价。

五　各用人单位类型的就业满意度

图 1－4－13 是 2018 届高职高专毕业生半年后在各类型用人单位的就业满意度。可以看出，2018 届高职高专毕业生半年后在"政府机构/科研或其他事业单位"的就业满意度最高（71%），在"民营企业/个体"的就业满意度最低（63%）。

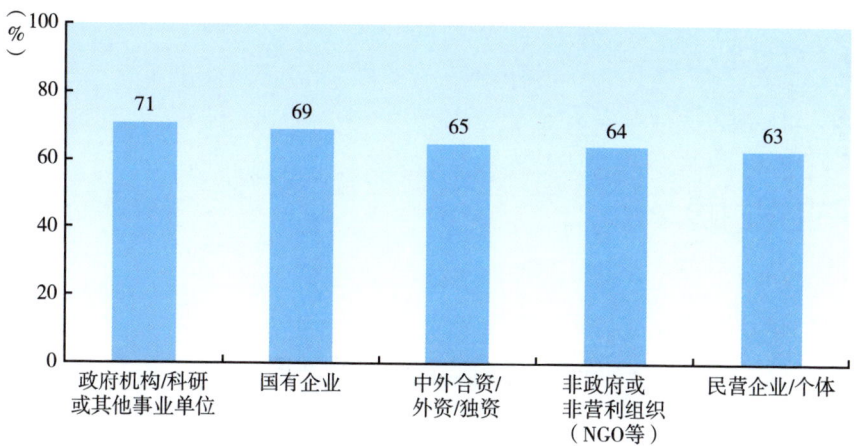

图 1-4-13　2018 届高职高专毕业生半年后在各类型用人单位的就业满意度

数据来源：麦可思-中国 2018 届大学毕业生培养质量跟踪评价。

图 1-4-14 是 2015 届高职高专毕业生三年后在各类型用人单位的就业满意度。可以看出，2015 届高职高专毕业生三年后就业满意度最高的用人单位类型是"政府机构/科研或其他事业单位"（72%），就业满意度最低的用人单位类型是"民营企业/个体"（64%）。

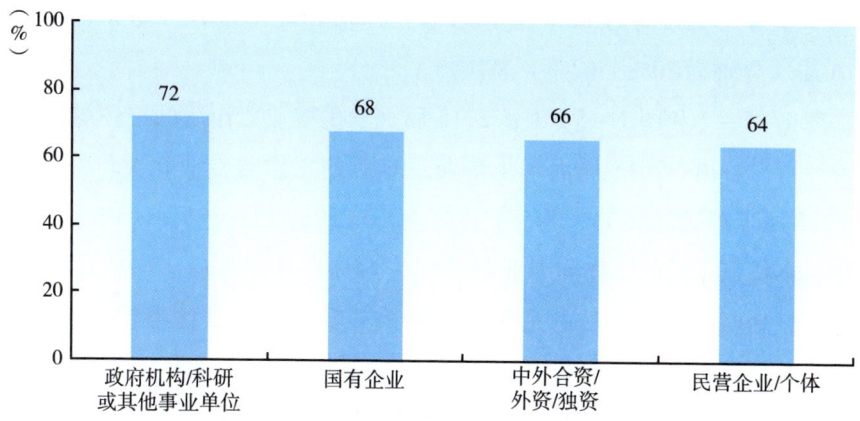

图 1-4-14　2015 届高职高专毕业生三年后在各类型用人单位的就业满意度*

*非政府或非营利组织（NGO 等）用人单位因为样本较少，没有包括在内。
数据来源：麦可思-中国 2015 届大学毕业生三年后职业发展跟踪评价。

B.7
第五章
职业发展

一 工作与专业相关度

工作与专业相关度=受雇全职工作并且与专业相关的毕业生人数/受雇全职工作的毕业生人数。

（一）总体工作与专业相关度

图1-5-1是2016~2018届大学毕业生的工作与专业相关度变化趋势。可以看出，2018届大学毕业生的工作与专业相关度为66%，与2017届、2016届（均为66%）持平。其中，本科和高职高专院校2018届毕业生的工作与专业相关度分别为71%、62%，均与2017届（分别为71%、62%）、2016届（分别为70%、62%）基本持平。

图1-5-2和图1-5-3是2015届大学生毕业三年后的工作与专业相关度。可以看出，2015届大学生毕业三年后的工作与专业相关度为61%，比2015届半年后（66%）低5个百分点，与2014届三年后（61%）持平。其中，本科三年后的工作与专业相关度为65%，比半年后（69%）低4个百分点；高职高专三年后的工作与专业相关度为56%，比半年后（62%）低6个百分点。

图1-5-4是2016~2018届理工农医类毕业生的工作与专业相关度变化趋势。可以看出，2016~2018届理工农医类毕业生的工作与专业相关度稳中有升，分别为67%、68%、69%。其中，2018届本科院校理工农医类毕业生的工作与专业相关度73%，与2017届（72%）基本持平，比2016

分报告一·第五章 职业发展

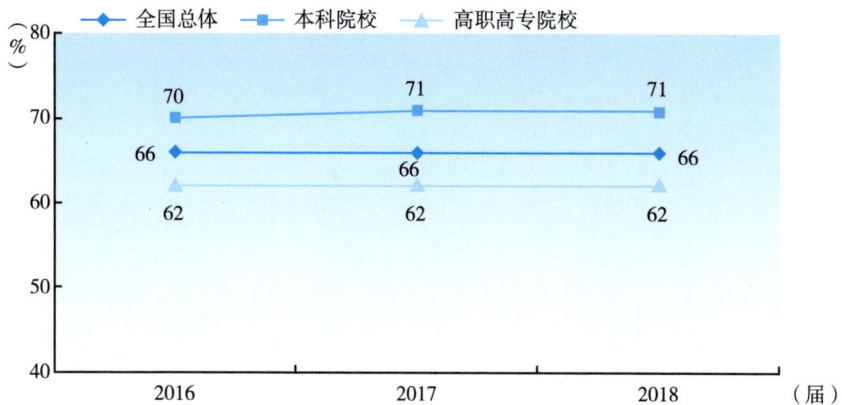

图1-5-1 2016~2018届大学毕业生的工作与专业相关度变化趋势

数据来源：麦可思-中国2016~2018届大学毕业生培养质量跟踪评价。

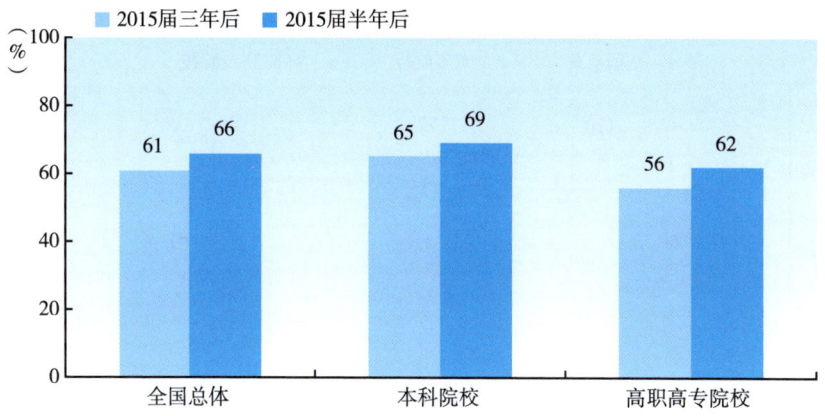

**图1-5-2 2015届大学生毕业三年后的工作与专业相关度
（与2015届半年后对比）**

数据来源：麦可思-中国2015届大学毕业生三年后职业发展跟踪评价，2015届大学毕业生半年后培养质量跟踪评价。

届（71%）高2个百分点；2018届高职高专院校理工农医类毕业生的工作与专业相关度64%，与2017届、2016届（均为64%）均持平。

图1-5-5是2017届、2018届高职高专毕业生选择与专业无关工作的

109

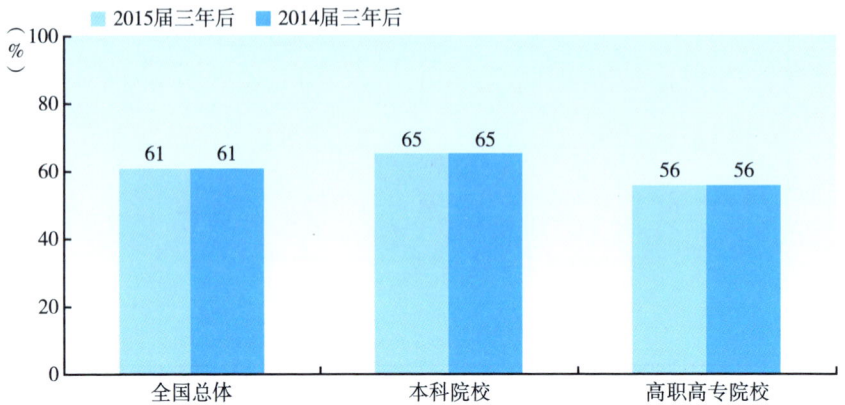

**图 1-5-3　2015 届大学生毕业三年后的工作与专业相关度
（与 2014 届三年后对比）**

数据来源：麦可思-中国 2014 届、2015 届大学毕业生三年后职业发展跟踪评价。

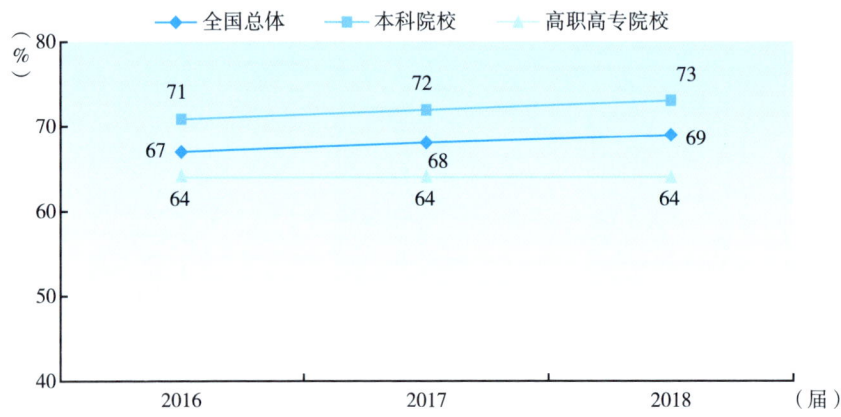

图 1-5-4　2016~2018 届理工农医类毕业生的工作与专业相关度变化趋势

数据来源：麦可思-中国 2016~2018 届大学毕业生培养质量跟踪评价。

主要原因。可以看出，2018 届高职高专毕业生选择与专业无关工作的主要原因是"专业工作不符合自己的职业期待"（32%），其次是"迫于现实先就业再择业"（26%）。

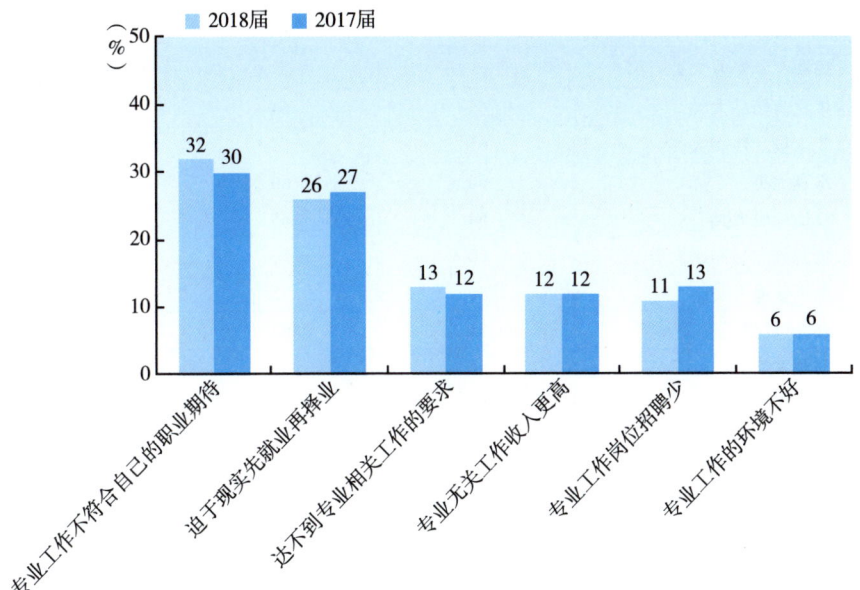

图 1-5-5　2017 届、2018 届高职高专毕业生选择与专业无关工作的主要原因

数据来源：麦可思-中国 2017 届、2018 届大学毕业生培养质量跟踪评价。

（二）主要专业的工作与专业相关度

表 1-5-1 是 2016~2018 届高职高专各专业大类毕业生的工作与专业相关度。可以看出，在 2018 届高职高专专业大类中，专业相关度最高的是医药卫生大类（90%），其次是土建大类（71%）、文化教育大类（70%）；最低的是旅游大类、轻纺食品大类（均为 51%）。

表 1-5-1　2016~2018 届高职高专各专业大类毕业生的工作与专业相关度

单位：%

高职高专专业大类名称	2018 届	2017 届	2016 届
医药卫生大类	90	90	89
土建大类	71	68	64
文化教育大类	70	67	65
材料与能源大类	68	70	72

续表

高职高专专业大类名称	2018届	2017届	2016届
生化与药品大类	65	64	62
艺术设计传媒大类	65	65	63
水利大类	64	66	67
交通运输大类	64	65	65
资源开发与测绘大类	60	56	59
农林牧渔大类	56	55	56
环保、气象与安全大类	54	53	52
财经大类	54	56	58
公共事业大类	53	55	54
制造大类	53	53	54
电子信息大类	52	51	53
轻纺食品大类	51	50	52
旅游大类	51	49	50
全国高职高专	**62**	**62**	**62**

＊个别专业大类因为样本较少，没有包括在内。
数据来源：麦可思－中国2016~2018届大学毕业生培养质量跟踪评价。

表1-5-2是2015届高职高专各专业大类毕业生三年内的工作与专业相关度变化。可以看出，在2015届高职高专专业大类中，三年后工作与专业相关度最高的是医药卫生大类（88%），最低的是旅游大类（34%）。

表1-5-2　2015届高职高专各专业大类毕业生三年内的工作与专业相关度变化（与2014届三年后对比）＊

单位：%

高职高专专业大类名称	2015届毕业三年后的专业相关度	2015届毕业半年后的专业相关度	2014届毕业三年后的专业相关度
医药卫生大类	88	89	88
土建大类	66	69	69
材料与能源大类	65	74	67
文化教育大类	62	63	59
交通运输大类	60	63	61
生化与药品大类	59	64	58

分报告一·第五章 职业发展

续表

高职高专专业大类名称	2015 届毕业三年后的专业相关度	2015 届毕业半年后的专业相关度	2014 届毕业三年后的专业相关度
资源开发与测绘大类	59	62	62
艺术设计传媒大类	53	63	53
财经大类	51	58	52
电子信息大类	48	53	46
农林牧渔大类	47	57	49
制造大类	47	57	47
轻纺食品大类	39	51	42
旅游大类	34	52	35
全国高职高专	**56**	**62**	**56**

＊个别专业大类因为样本较少，没有包括在内。
数据来源：麦可思－中国 2014 届、2015 届大学毕业生三年后职业发展跟踪评价，2015 届大学毕业生半年后培养质量跟踪评价。

表 1－5－3　2018 届高职高专毕业生工作与专业相关度排前 30 位的主要专业＊

单位：%

高职高专专业名称	工作与专业相关度
临床医学	94
护理	91
助产	90
康复治疗技术	90
医学影像技术	89
医疗美容技术	89
学前教育	89
医学检验技术	88
初等教育	88
电力系统继电保护与自动化	87
高压输配电线路施工运行与维护	86
药学	85
英语教育	84
中药	83
语文教育	83
口腔医学技术	82
道路桥梁工程技术	81
铁道工程技术	81

续表

高职高专专业名称	工作与专业相关度
发电厂及电力系统	80
电力系统自动化技术	80
美术教育	80
建筑设计技术	79
数学教育	79
建筑工程技术	77
畜牧兽医	76
电气化铁道技术	76
药物制剂技术	76
药品经营与管理	76
公路监理	74
市政工程技术	74
全国高职高专	**62**

* 毕业生规模过小的专业不包括在此排序中。
数据来源：麦可思－中国2018届大学毕业生培养质量跟踪评价。

（三）主要职业的工作与专业相关度

表1-5-4　2018届高职高专毕业生工作与专业相关度要求最高的前20位职业*

单位：%

高职高专职业名称	工作与专业相关度
放射技术员	98
护士	98
医疗救护人员	98
牙科保健人员	98
医生助理	96
医学和临床实验室技术人员	96
园林建筑技术员	93
兽医	93
预算员	91
工程造价师	91
理疗员	90
会计	90
建筑技术人员	89
土木建筑工程技术人员	89

分报告一·第五章 职业发展

续表

高职高专职业名称	工作与专业相关度
施工工程技术人员	89
车身修理技术人员	89
铁路闸、铁路信号和转辙器操作人员	88
民用航空器维护人员	88
生物医学工程技术人员	88
食品检验人员	87
全国高职高专	62

*毕业生规模过小的职业不包括在此排序中。
数据来源：麦可思－中国2018届大学毕业生培养质量跟踪评价。

表1-5-5 2018届高职高专毕业生工作与专业相关度要求最低的前20位职业*

单位：%

高职高专职业名称	工作与专业相关度
信贷经纪人	21
休闲项目工作员	21
贷款顾问	24
行政秘书和行政助理	26
保险推销人员	27
其他种类的人力资源、培训和劳资关系专职人员	28
金融服务销售商	28
公关专员	29
文员	29
数据录入员	29
房地产经纪人	29
融资专员	30
手工包装人员	30
广告业务员	30
推销员	32
个人理财顾问	32
行政服务经理	32
银行信贷员	32
餐饮服务主管	32
客服专员	33
全国高职高专	62

*毕业生规模过小的职业不包括在此排序中。
数据来源：麦可思－中国2018届大学毕业生培养质量跟踪评价。

二 职业期待吻合度

职业期待吻合度：毕业生的工作与职业期待吻合的人数百分比。

（一）总体职业期待吻合度

图1-5-6是2016~2018届大学毕业生工作与职业期待吻合度变化趋势。可以看出，2018届大学毕业生工作与职业期待的吻合度为49%，与2017届、2016届（分别为49%、48%）基本持平。其中，本科和高职高专院校2018届毕业生工作与职业期待的吻合度分别为52%、46%，均与2017届（分别为52%、46%）、2016届（分别为51%、45%）基本持平。

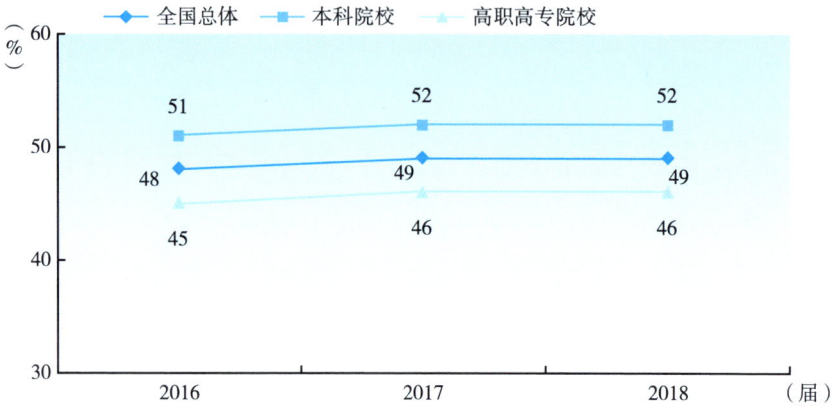

图1-5-6 2016~2018届大学毕业生工作与职业期待吻合度变化趋势

数据来源：麦可思-中国2016~2018届大学毕业生培养质量跟踪评价。

图1-5-7是2017届、2018届高职高专毕业生目前的工作与职业期待不吻合的原因分布。可以看出，2018届认为工作与职业期待不吻合的高职高专毕业生中，有29%的人认为是"不符合自己的职业发展规划"，其次是"不符合自己的兴趣爱好"（23%）。

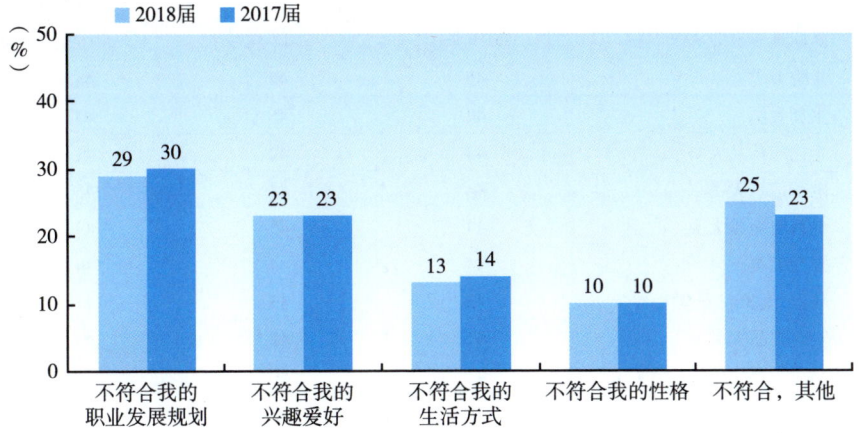

图 1-5-7 2017 届、2018 届高职高专毕业生目前的工作与职业
期待不吻合的原因分布

数据来源：麦可思-中国 2017 届、2018 届大学毕业生培养质量跟踪评价。

（二）主要专业的职业期待吻合度

表 1-5-6 是 2016~2018 届高职高专各专业大类毕业半年后的职业期待吻合度。可以看出，在 2018 届高职高专专业大类中，毕业生毕业半年后职业期待吻合度最高的是文化教育大类、医药卫生大类（均为 54%），职业期待吻合度最低的是资源开发与测绘大类（38%）。

表 1-5-6 2016~2018 届高职高专各专业大类毕业半年后的职业期待吻合度*

单位：%

高职高专专业大类名称	2018 届	2017 届	2016 届
文化教育大类	54	54	53
医药卫生大类	54	54	53
艺术设计传媒大类	49	51	49
土建大类	47	45	44
农林牧渔大类	47	48	45
公共事业大类	47	46	44
交通运输大类	46	46	45

续表

高职高专专业大类名称	2018 届	2017 届	2016 届
旅游大类	45	45	44
水利大类	44	45	45
生化与药品大类	44	42	41
电子信息大类	44	44	45
材料与能源大类	44	45	43
财经大类	44	44	44
环保、气象与安全大类	43	43	41
轻纺食品大类	42	42	43
制造大类	42	40	41
资源开发与测绘大类	38	38	38
全国高职高专	**46**	**46**	**45**

* 个别专业大类因为样本较少，没有包括在内。
数据来源：麦可思－中国 2016~2018 届大学毕业生培养质量跟踪评价。

（三）主要职业的职业期待吻合度

表 1-5-7　2018 届高职高专毕业生从事的主要职业类的职业期待吻合度*

单位：%

高职高专职业类名称	职业期待吻合度
表演艺术/影视	65
中小学教育	65
幼儿与学前教育	60
医疗保健/紧急救助	59
美容/健身	58
美术/设计/创意	58
文化/体育	57
农/林/牧/渔类	56
教育/职业培训	55
计算机与数据处理	54
互联网开发及应用	54
航空机械/电子	54
媒体/出版	53
交通运输/邮电	52

分报告一·第五章 职业发展

续表

高职高专职业类名称	职业期待吻合度
人力资源	52
财务/审计/税务/统计	50
公安/检察/法院/经济执法	49
经营管理	47
环境保护	45
电力/能源	45
酒店/旅游/会展	45
建筑工程	45
公共关系	44
机动车机械/电子	44
金融(银行/基金/证券/期货/理财)	43
房地产经营	43
销售	40
电气/电子(不包括计算机)	39
保险	39
服装/纺织/皮革	38
生物/化工	37
测绘	37
矿山/石油	37
机械/仪器仪表	36
行政/后勤	36
工业安全与质量	35
物流/采购	35
社区工作者	35
餐饮/娱乐	34
生产/运营	31
全国高职高专	**46**

* 个别职业类因为样本较少，没有包括在内。
数据来源：麦可思－中国2018届大学毕业生培养质量跟踪评价。

三 职位晋升

职位晋升：由已经工作的毕业生回答是否获得职位晋升以及获得晋升的

119

次数。职位晋升是指享有比前一个职位更多的职权并承担更多的责任,由毕业生主观判断。这既包括不换雇主的内部提升,也包括通过更换雇主实现的晋升。

职位晋升次数:由毕业生回答获得职位晋升的次数,计算公式的分子是三年内毕业生获得的职位晋升次数,没有获得职位晋升的人记为 0 次,分母是三年内就业和就业过的毕业生数。

(一)总体职位晋升比例和次数

图 1 - 5 - 8 是 2015 届大学生毕业三年内平均获得职位晋升的比例。可以看出,2015 届大学生毕业三年内有 59% 的人获得职位晋升,与 2014 届(58%)基本持平。其中,本科、高职高专这一比例分别为 57%、62%,均与 2014 届(分别为 56%、61%)基本持平。

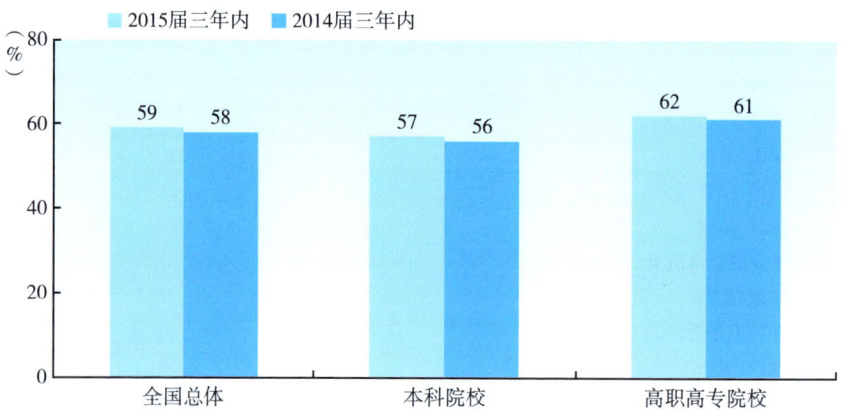

图 1 - 5 - 8　2015 届大学生毕业三年内平均获得职位晋升的比例
(与 2014 届三年内对比)

数据来源:麦可思 - 中国 2014 届、2015 届大学毕业生三年后职业发展跟踪评价。

图 1 - 5 - 9 是 2015 届大学生毕业三年内平均获得职位晋升的次数。可以看出,2015 届大学生毕业三年内平均获得职位晋升 1.0 次,与 2014 届(1.0 次)持平。其中,本科为 0.9 次,高职高专毕业生为 1.0 次,均与 2014 届(分别为 0.9 次、1.0 次)持平。

分报告一·第五章　职业发展

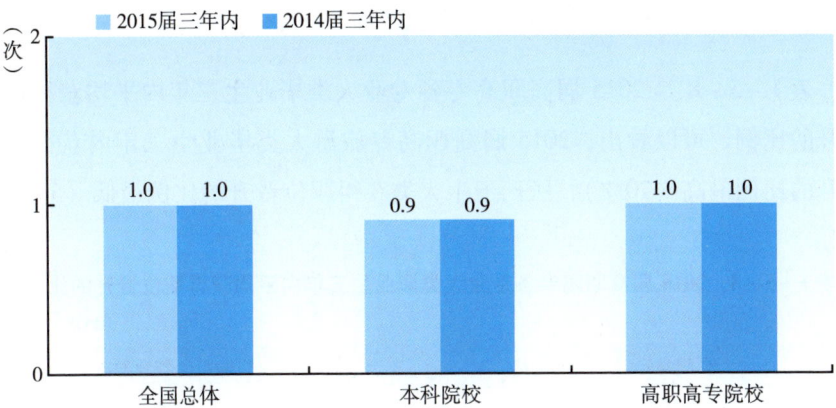

**图 1−5−9　2015 届大学生毕业三年内平均获得职位晋升的次数
（与 2014 届三年内对比）**

数据来源：麦可思−中国 2014 届、2015 届大学毕业生三年后职业发展跟踪评价。

图 1−5−10 是 2015 届高职高专毕业生三年内平均获得职位晋升的频度。可以看出，2015 届高职高专毕业生三年内有 32% 获得过 1 次晋升，有 11% 获得过 3 次及以上的晋升。

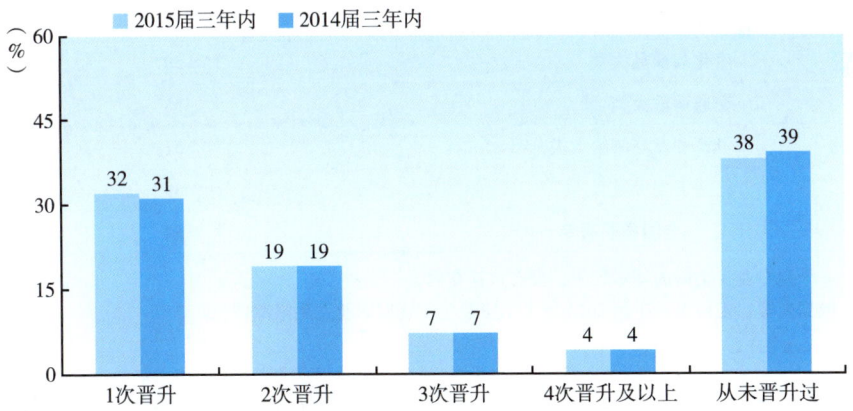

**图 1−5−10　2015 届高职高专毕业生三年内平均获得职位晋升的频度
（与 2014 届三年内对比）**

数据来源：麦可思−中国 2014 届、2015 届大学毕业生三年后职业发展跟踪评价。

121

（二）各专业大类的职位晋升比例和次数

表1-5-8是2015届高职高专各专业大类毕业生三年内平均获得职位晋升的比例。可以看出，2015届高职高专旅游大类毕业生三年内获得职位晋升的比例最高（70%），医药卫生大类获得职位晋升的比例最低（39%）。

表1-5-8 2015届高职高专各专业大类毕业生三年内平均获得职位晋升的比例*

单位：%

高职高专专业大类名称	获得职位晋升的比例
旅游大类	70
艺术设计传媒大类	67
轻纺食品大类	64
财经大类	63
农林牧渔大类	63
土建大类	63
制造大类	63
材料与能源大类	62
电子信息大类	62
文化教育大类	61
生化与药品大类	59
交通运输大类	58
资源开发与测绘大类	57
医药卫生大类	39
全国高职高专	**62**

* 个别专业大类因为样本较少，没有包括在内。
数据来源：麦可思-中国2015届大学毕业生三年后职业发展跟踪评价。

表1-5-9是2015届高职高专各专业大类毕业生三年内平均获得职位晋升的次数。可以看出，2015届高职高专旅游大类、艺术设计传媒大类毕业生三年内获得职位晋升的次数最多（均为1.2次），医药卫生大类毕业生三年内获得职位晋升的次数最少（0.6次）。

分报告一·第五章 职业发展

表1-5-9 2015届高职高专各专业大类毕业生三年内平均获得职位晋升的次数*

单位：次

高职高专专业大类名称	获得职位晋升的次数
旅游大类	1.2
艺术设计传媒大类	1.2
土建大类	1.1
轻纺食品大类	1.1
电子信息大类	1.1
财经大类	1.1
制造大类	1.1
农林牧渔大类	1.0
材料与能源大类	1.0
资源开发与测绘大类	1.0
生化与药品大类	0.9
交通运输大类	0.9
文化教育大类	0.9
医药卫生大类	0.6
全国高职高专	1.0

*个别专业大类因为样本较少，没有包括在内。
数据来源：麦可思-中国2015届大学毕业生三年后职业发展跟踪评价。

（三）主要行业的职位晋升比例和次数

表1-5-10是2015届高职高专主要行业类毕业生三年内平均获得职位晋升的比例。可以看出，2015届高职高专在"住宿和饮食业"就业的毕业生三年内获得职位晋升的比例最高（77%），在"政府及公共管理"、"医疗和社会护理服务业"就业的毕业生三年内获得职位晋升的比例最低（均为40%）。

表1-5-11是2015届高职高专主要行业类毕业生三年内平均获得职位晋升的次数。可以看出，2015届高职高专在"住宿和饮食业"就业的毕业生三年内获得职位晋升的次数最多（1.5次），在"医疗和社会护理服务业"就业的毕业生三年内获得职位晋升的次数最少（0.5次）。

123

表1-5-10　2015届高职高专主要行业类毕业生三年内平均获得职位晋升的比例*

单位：%

高职高专行业类名称	获得职位晋升的比例
住宿和餐饮业	77
文化、体育和娱乐业	70
零售业	70
金融业	70
各类专业设计与咨询服务业	69
食品、烟草、加工业	69
其他服务业（除行政服务）	67
邮递、物流及仓储业	67
信息传输、软件和信息技术服务业	66
房地产开发及租赁业	65
建筑业	64
农、林、牧、渔业	64
家具制造业	64
电子电气设备制造业（含计算机、通信、家电等）	63
教育业	63
批发业	63
电力、热力、燃气及水生产和供应业	62
医药及设备制造业	61
纺织、服装、皮革制造业	60
机械设备制造业	60
交通运输设备制造业	60
行政、商业和环境保护辅助业	59
化学品、化工、塑胶制造业	58
其他制造业	57
初级金属制造业	55
运输业	50
采矿业	42
医疗和社会护理服务业	40
政府及公共管理	40
全国高职高专	62

*个别行业类因为样本较少，没有包括在内。

数据来源：麦可思-中国2015届大学毕业生三年后职业发展跟踪评价。

分报告一·第五章 职业发展

表1-5-11 2015届高职高专主要行业类毕业生三年内平均获得职位晋升的次数*

单位：次

高职高专行业类名称	获得职位晋升的次数
住宿和餐饮业	1.5
文化、体育和娱乐业	1.3
各类专业设计与咨询服务业	1.2
建筑业	1.2
零售业	1.2
其他服务业（除行政服务）	1.2
食品、烟草、加工业	1.2
邮递、物流及仓储业	1.2
家具制造业	1.2
金融业	1.2
房地产开发及租赁业	1.2
纺织、服装、皮革制造业	1.1
教育业	1.1
农、林、牧、渔业	1.1
批发业	1.1
信息传输、软件和信息技术服务业	1.1
电力、热力、燃气及水生产和供应业	1.0
电子电气设备制造业（含计算机、通信、家电等）	1.0
行政、商业和环境保护辅助业	1.0
医药及设备制造业	1.0
初级金属制造业	0.9
化学品、化工、塑胶制造业	0.9
机械设备制造业	0.9
交通运输设备制造业	0.9
其他制造业	0.9
运输业	0.7
采矿业	0.6
政府及公共管理	0.6
医疗和社会护理服务业	0.5
全国高职高专	**1.0**

*个别行业类因为样本较少，没有包括在内。
数据来源：麦可思－中国2015届大学毕业生三年后职业发展跟踪评价。

125

(四)主要职业的职位晋升比例和次数

表1-5-12是2015届高职高专主要职业类毕业生三年内平均获得职位晋升的比例。可以看出,2015届高职高专从事"经营管理"职业类的毕业生三年内获得职位晋升的比例最高(86%),从事"医疗保健/紧急救助"职业类的毕业生三年内获得职位晋升的比例最低(36%)。

表1-5-12 2015届高职高专主要职业类毕业生三年内平均获得职位晋升的比例*

单位:%

高职高专职业类名称	获得职位晋升的比例
经营管理	86
酒店/旅游/会展	75
房地产经营	74
表演艺术/影视	73
餐饮/娱乐	73
人力资源	73
销售	72
美容/健身	71
生产/运营	70
美术/设计/创意	69
教育/职业培训	68
互联网开发及应用	68
保险	67
幼儿与学前教育	66
金融(银行/基金/证券/期货/理财)	66
测绘	66
电气/电子(不包括计算机)	65
工业安全与质量	64
建筑工程	63
电力/能源	63
农/林/牧/渔类	63
环境保护	62
机动车机械/电子	62
物流/采购	61

分报告一·第五章 职业发展

续表

高职高专职业类名称	获得职位晋升的比例
计算机与数据处理	60
财务/审计/税务/统计	59
媒体/出版	59
机械/仪器仪表	55
生物/化工	55
交通运输/邮电	54
社区工作者	54
服装/纺织/皮革	54
中小学教育	51
行政/后勤	49
矿山/石油	41
公安/检察/法院/经济执法	39
医疗保健/紧急救助	36
全国高职高专	**62**

* 个别职业类因为样本较少，没有包括在内。
数据来源：麦可思－中国2015届大学毕业生三年后职业发展跟踪评价。

表1-5-13是2015届高职高专主要职业类毕业生三年内平均获得职位晋升的次数。可以看出，2015届高职高专从事"经营管理"职业类的毕业生三年内获得职位晋升的次数最多（2.0次），从事"医疗保健/紧急救助"职业类的毕业生三年内获得职位晋升次数最少（0.5次）。

表1-5-13 2015届高职高专主要职业类毕业生三年内平均获得职位晋升的次数*

单位：次

高职高专职业类名称	获得职位晋升的次数
经营管理	2.0
餐饮/娱乐	1.6
酒店/旅游/会展	1.5
表演艺术/影视	1.4
房地产经营	1.4
教育/职业培训	1.3

127

续表

高职高专职业类名称	获得职位晋升的次数
美术/设计/创意	1.3
人力资源	1.3
销售	1.3
互联网开发及应用	1.2
美容/健身	1.2
媒体/出版	1.2
幼儿与学前教育	1.2
物流/采购	1.2
测绘	1.1
保险	1.1
服装/纺织/皮革	1.1
生产/运营	1.1
金融(银行/基金/证券/期货/理财)	1.1
农/林/牧/渔类	1.1
建筑工程	1.1
机动车机械/电子	1.1
电气/电子(不包括计算机)	1.0
电力/能源	1.0
工业安全与质量	1.0
环境保护	1.0
财务/审计/税务/统计	1.0
社区工作者	1.0
机械/仪器仪表	0.9
计算机与数据处理	0.9
生物/化工	0.9
中小学教育	0.9
行政/后勤	0.7
交通运输/邮电	0.7
公安/检察/法院/经济执法	0.6
矿山/石油	0.6
医疗保健/紧急救助	0.5
全国高职高专	**1.0**

* 个别职业类因为样本较少，没有包括在内。

数据来源：麦可思-中国2015届大学毕业生三年后职业发展跟踪评价。

（五）职位晋升的类型

图 1-5-11 是 2015 届高职高专毕业生职位晋升的类型。可以看出，2015 届高职高专毕业生职位晋升的类型主要是薪资的增加（74%）、工作职责的增加（70%）。

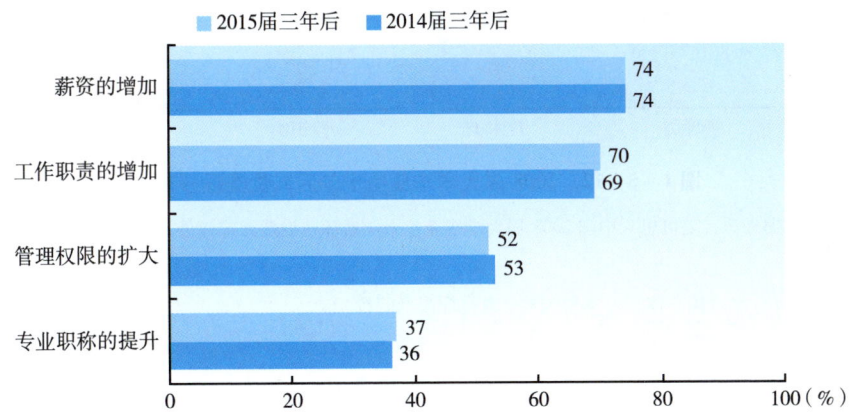

图 1-5-11　2015 届高职高专毕业生三年后职位晋升的类型（多选）（与 2014 届三年后对比）

数据来源：麦可思-中国 2014 届、2015 届大学毕业生三年后职业发展跟踪评价。

毕业十年后：麦可思于 2018 年底对 2008 届大学毕业生进行了十年后跟踪评价（曾于 2009 年初对这批大学毕业生进行过半年后跟踪评价，2011 年底对同批大学毕业生进行过三年后再跟踪评价），本报告涉及的十年后变化分析即使用三次对同一批大学生的跟踪评价数据。

图 1-5-12、图 1-5-13 分别是 2008 届大学毕业生十年后的岗位类型及职务分布。可以看出，2008 届大学毕业生十年后有 50% 从事管理岗，有 36% 从事技术岗；从职务来看，有 10% 处于高管层，有 50% 处于中管层。大学毕业生毕业十年后已普遍成为职场"中坚"力量。

（六）对职位晋升有帮助的活动与因素

图 1-5-14 是 2015 届高职高专毕业生三年后认为对职位晋升有帮助的

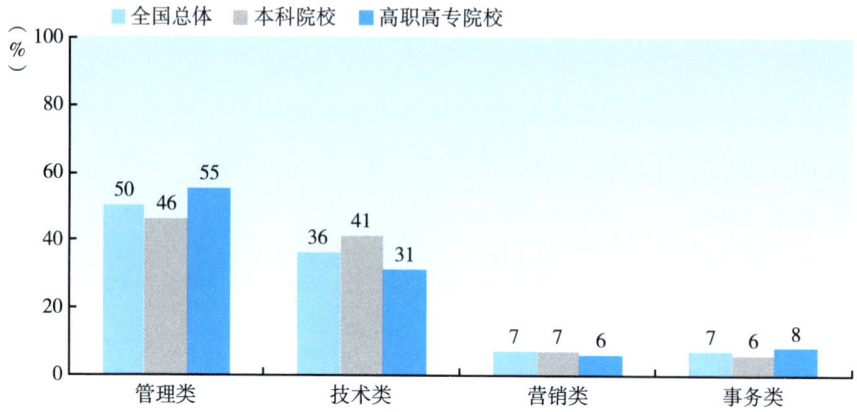

图 1-5-12　2008 届大学毕业生十年后岗位类型分布

数据来源：麦可思-中国 2008 届大学毕业生十年后职业发展跟踪评价。

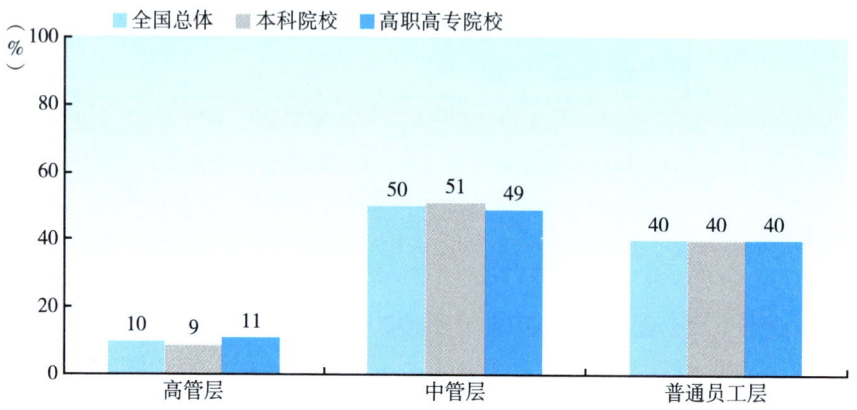

图 1-5-13　2008 届大学毕业生十年后职务分布

数据来源：麦可思-中国 2008 届大学毕业生十年后职业发展跟踪评价。

大学活动。可以看出，2015 届高职高专毕业生认为对职位晋升有帮助的大学活动主要是课上所学的知识和技能（35%）、扩大社会人脉联系（35%）、假期实习/课外兼职（34%）等。

图 1-5-15 是 2008 届高职高专毕业生十年后认为对职位晋升有帮助的因素。可以看出，2008 届高职高专毕业生认为对职位晋升有帮助的因素主要是工作表现、工作经验（均为 75%）。

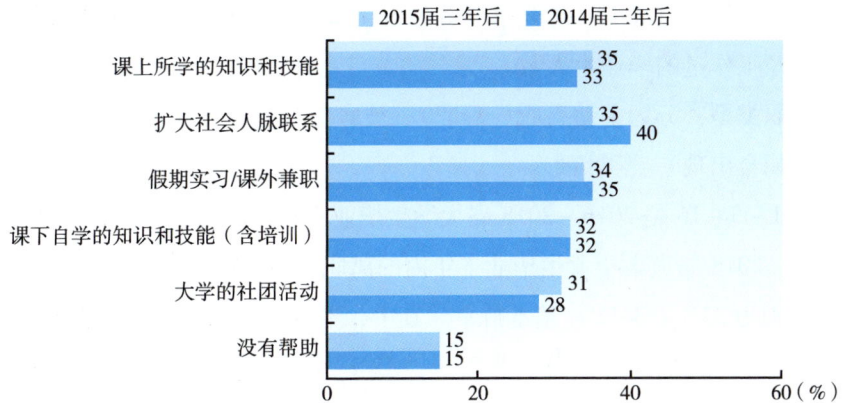

图 1-5-14 2015 届高职高专毕业生三年后认为对职位晋升有帮助的大学活动（多选）（与 2014 届三年后对比）

数据来源：麦可思－中国 2014 届、2015 届大学毕业生三年后职业发展跟踪评价。

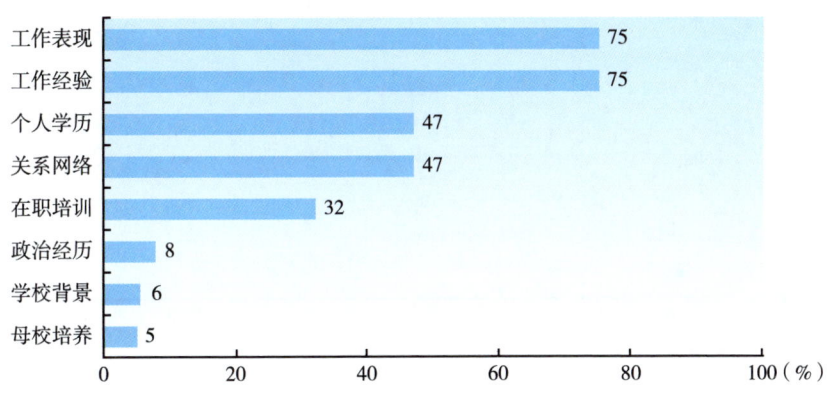

图 1-5-15 2008 届高职高专毕业生十年后认为对职位晋升有帮助的因素（多选）

数据来源：麦可思－中国 2008 届大学毕业生十年后职业发展跟踪评价。

四　离职分析

（一）离职率与雇主数

离职率： 有过工作经历的毕业生（从毕业时到 2018 年 12 月 31 日）有

多大百分比发生过离职。离职率=曾经发生离职行为的毕业生人数/现在工作或曾经工作过的毕业生人数。

离职类型：分为主动离职（辞职）、被雇主解职、两者均有（离职两次以上可能会出现）三类情形。

图1-5-16是2016~2018届大学生毕业半年内的离职率变化趋势。可以看出，2018届大学毕业生毕业半年内的离职率为33%，与2017届、2016届（分别为33%、34%）基本持平。其中，本科和高职高专院校2018届毕业生毕业半年内的离职率分别为23%、42%，均与2017届（分别为23%、42%）、2016届（分别为24%、43%）基本持平。

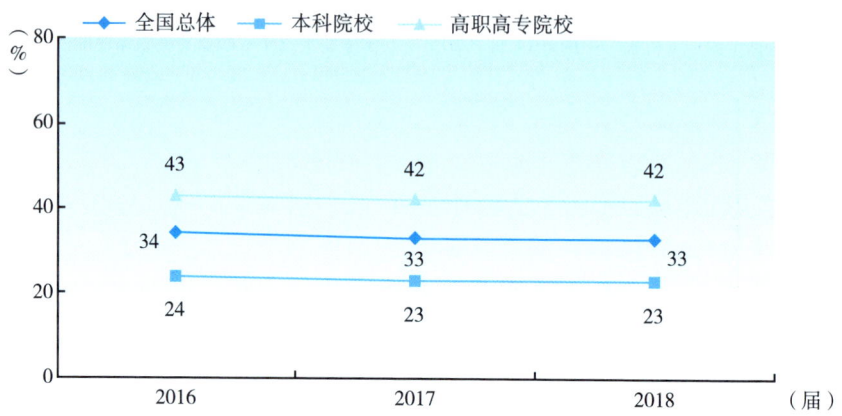

图1-5-16　2016~2018届大学生毕业半年内的离职率变化趋势

数据来源：麦可思-中国2016~2018届大学毕业生培养质量跟踪评价。

雇主数：指毕业生从第一份工作到三年后的跟踪评价时点，一共为多少个雇主工作过。雇主数越多，则工作转换得越频繁；雇主数可以代表毕业生工作稳定的程度。

图1-5-17是2015届大学生毕业三年内的平均雇主数。可以看出，2015届大学毕业生毕业三年内平均为2.2个雇主工作过，与2014届三年内（2.2个）持平。其中本科毕业生的平均雇主数为2.0个，低于高职高专毕业生的平均雇主数（2.4个）。

分报告一·第五章 职业发展

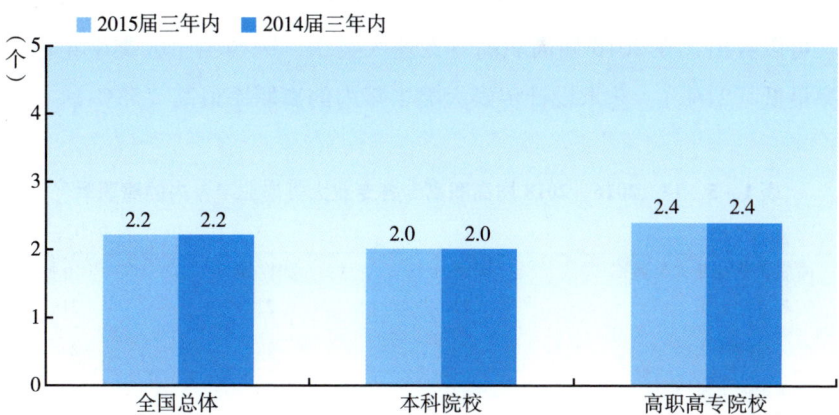

图 1−5−17　2015 届大学生毕业三年内的平均雇主数（与 2014 届三年内对比）

数据来源：麦可思－中国 2014 届、2015 届大学毕业生三年后职业发展跟踪评价。

图 1−5−18 是 2015 届高职高专毕业生三年内工作过的雇主数频度。可以看出，有 24% 的高职高专毕业生三年内仅为 1 个雇主工作过，32% 有 2 个雇主，16% 有 4 个及以上雇主。

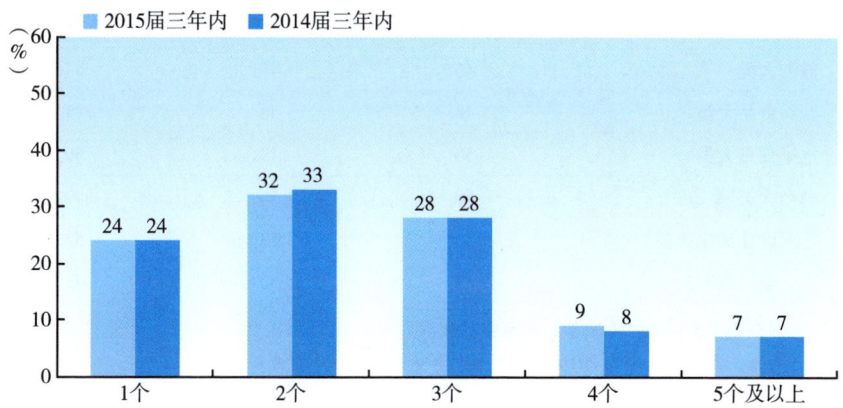

**图 1−5−18　2015 届高职高专毕业生三年内工作过的雇主数频度
（与 2014 届三年内对比）**

数据来源：麦可思－中国 2014 届、2015 届大学毕业生三年后职业发展跟踪评价。

表 1-5-14 是 2016~2018 届高职高专各专业大类毕业半年内的离职率。可以看出，在 2018 届高职高专专业大类中，医药卫生大类半年内的离职率最低（21%），艺术设计传媒大类半年内的离职率最高（53%）。

表 1-5-14　2016~2018 届高职高专各专业大类毕业半年内的离职率*

单位：%

高职高专专业大类名称	2018 届	2017 届	2016 届
医药卫生大类	21	22	21
材料与能源大类	29	27	25
交通运输大类	32	33	33
文化教育大类	37	39	40
水利大类	39	39	36
生化与药品大类	40	38	40
环保、气象与安全大类	41	42	43
资源开发与测绘大类	42	40	38
土建大类	43	44	45
农林牧渔大类	44	42	41
制造大类	46	46	45
公共事业大类	46	45	45
旅游大类	46	47	47
轻纺食品大类	48	48	47
电子信息大类	50	49	50
财经大类	50	50	49
艺术设计传媒大类	53	53	52
全国高职高专	**42**	**42**	**43**

*个别专业大类因为样本较少，没有包括在内。
数据来源：麦可思-中国 2016~2018 届大学毕业生培养质量跟踪评价。

表 1-5-15 是 2015 届高职高专主要专业类毕业三年内的平均雇主数。可以看出，2015 届高职高专建筑设计类、艺术设计类毕业生三年内的平均雇主数最多（均为 2.8 个），护理类毕业生三年内的平均雇主数最少（1.8 个）。

分报告一·第五章 职业发展

表1-5-15 2015届高职高专主要专业类毕业三年内的平均雇主数*

单位：个

高职高专专业类名称	毕业三年内平均雇主数	高职高专专业类名称	毕业三年内平均雇主数
建筑设计类	2.8	财务会计类	2.4
艺术设计类	2.8	港口运输类	2.4
广播影视类	2.7	公路运输类	2.4
计算机类	2.7	机械设计制造类	2.4
市场营销类	2.6	环保类	2.3
财政金融类	2.6	畜牧兽医类	2.3
旅游管理类	2.6	机电设备类	2.3
汽车类	2.6	自动化类	2.3
经济贸易类	2.5	建筑设备类	2.3
土建施工类	2.5	药学类	2.3
语言文化类	2.5	材料类	2.2
工商管理类	2.5	测绘类	2.2
房地产类	2.5	公共管理类	2.2
林业技术类	2.5	教育类	2.2
电子信息类	2.5	化工技术类	2.1
工程管理类	2.5	医学技术类	2.1
食品类	2.5	临床医学类	2.0
制药技术类	2.4	电力技术类	1.9
纺织服装类	2.4	护理类	1.8
通信类	2.4	全国高职高专	2.4

*个别专业类因为样本较少，没有包括在内。
数据来源：麦可思-中国2015届大学毕业生三年后职业发展跟踪评价。

（二）离职类型与原因

图1-5-19和图1-5-20是2017届、2018届高职高专毕业生的离职类型分布和主动离职的原因。可以看出，2018届高职高专毕业生半年内离职的人群有99%发生过主动离职，主动离职的主要原因是"薪资福利偏低"（48%）、"个人发展空间不够"（44%）。

135

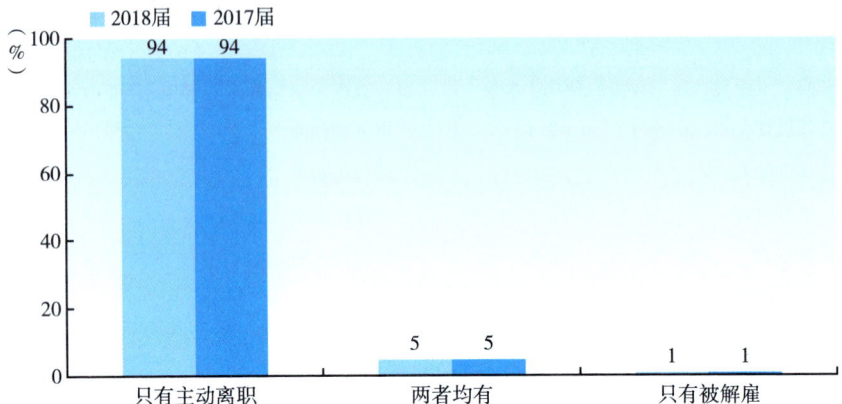

图1-5-19 2017届、2018届高职高专毕业生的离职类型分布

数据来源：麦可思-中国2017届、2018届大学毕业生培养质量跟踪评价。

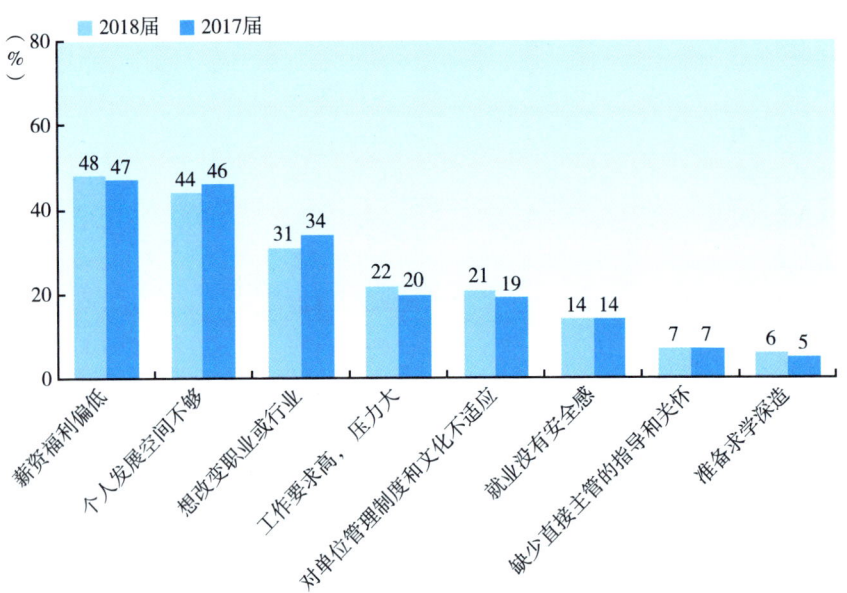

图1-5-20 2017届、2018届高职高专毕业生主动离职的原因（多选）

数据来源：麦可思-中国2017届、2018届大学毕业生培养质量跟踪评价。

B.8
第六章
自主创业

一 自主创业比例及分布

（一）自主创业比例

图1-6-1是2016~2018届大学毕业生半年后自主创业的比例变化趋势。从近三届的趋势可以看出，2018届大学毕业生半年后自主创业的比例为2.7%，略低于2017届、2016届（分别为2.9%、3.0%）。2018届高职高专毕业生半年后自主创业的比例（3.6%）高于本科毕业生（1.8%）。

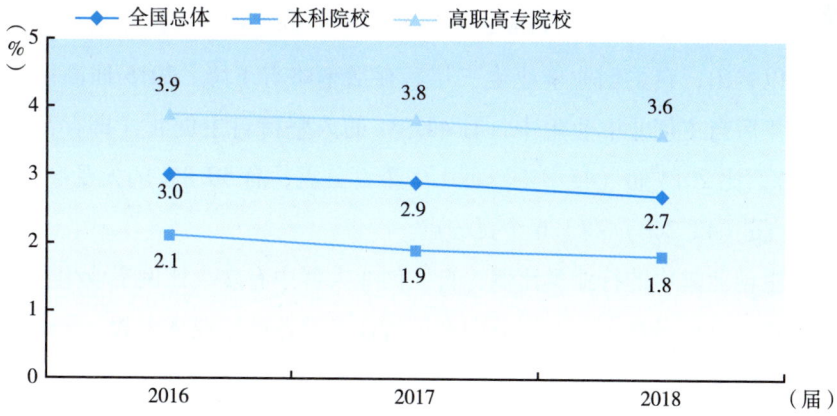

图1-6-1　2016~2018届大学毕业生半年后自主创业的比例变化趋势

数据来源：麦可思-中国2016~2018届大学毕业生培养质量跟踪评价。

图1-6-2是2015届大学毕业生三年后自主创业的比例。可以看出，有更多的毕业生在毕业三年内选择了自主创业。2015届大学生三年后有6.2%的人自主创业（本科为3.9%，高职高专为8.4%）。

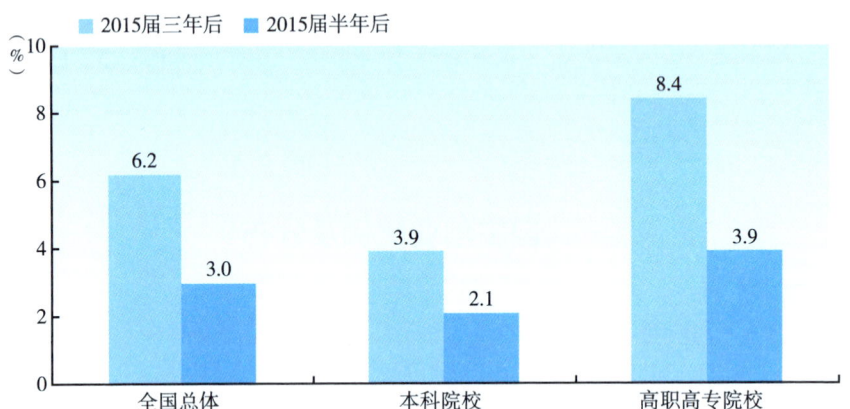

图1-6-2　2015届大学毕业生三年后自主创业的比例（与2015届半年后对比）

数据来源：麦可思-中国2015届大学毕业生三年后职业发展跟踪评价，2015届大学毕业生半年后培养质量跟踪评价。

（二）自主创业分布

图1-6-3是2015届高职高专毕业半年后自主创业者三年后的去向分布。可以看出，自主创业毕业生三年后存活率略有下降。2015届高职高专毕业半年后自主创业毕业生中，有44.7%的人坚持自主创业（即存活率为44.7%），比2014届（45.8%）低1.1个百分点；有50.8%的人受雇工作，比2014届（49.2%）高1.6个百分点。

自主创业集中的行业类比例：自主创业人群中有多大比例毕业生在该行业类就业，分子是自主创业人群中在该行业类就业的毕业生人数，分母是毕业生自主创业的总人数。

图1-6-4是2018届高职高专毕业生半年后自主创业最集中的前五位行业类。可以看出，2018届高职高专毕业生半年后自主创业主要集中在零售业（12.3%）。

分报告一·第六章 自主创业

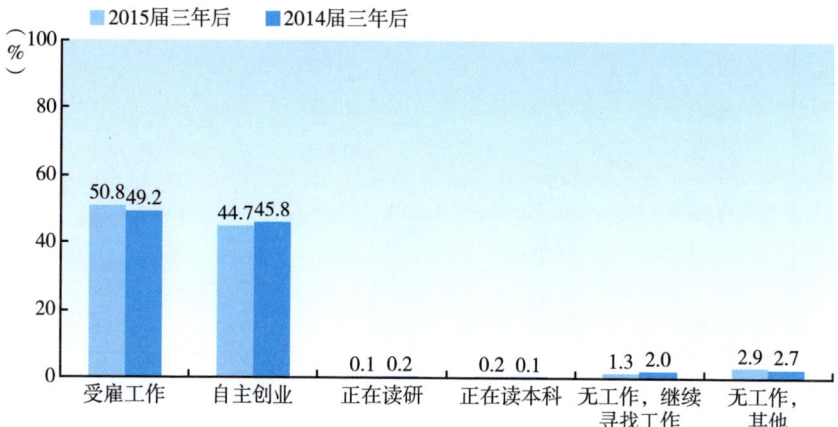

图1-6-3 2015届高职高专毕业半年后自主创业者三年后的去向分布（与2014届三年后对比）

数据来源：麦可思-中国2014届、2015届大学毕业生三年后职业发展跟踪评价，2014届、2015届大学毕业生半年后培养质量跟踪评价。

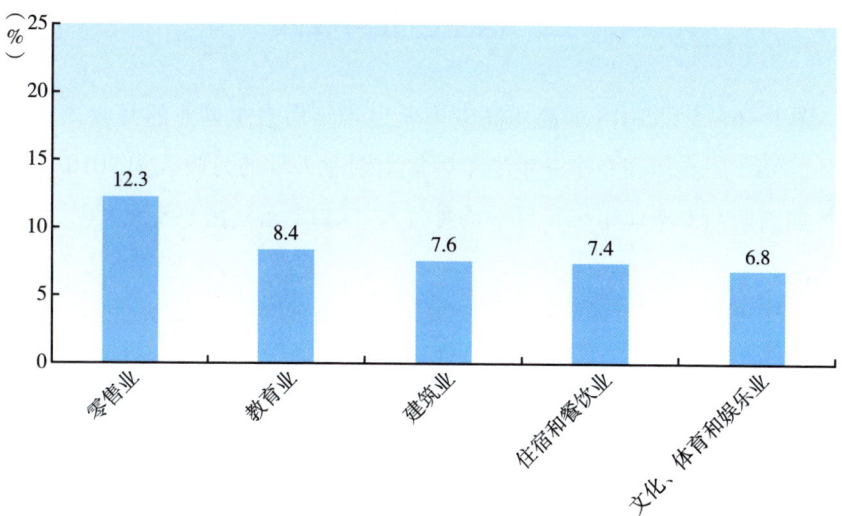

图1-6-4 2018届高职高专毕业生半年后自主创业最集中的前五位行业类

数据来源：麦可思-中国2018届大学毕业生培养质量跟踪评价。

图1-6-5是2015届高职高专毕业生三年后自主创业最集中的前五位行业类。可以看出，2015届高职高专毕业生三年后自主创业主要集中在零售业（14.8%）。

139

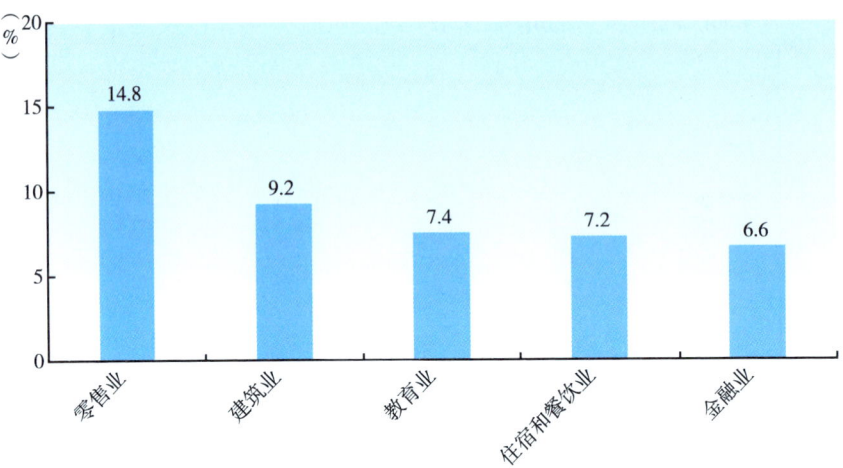

图 1-6-5　2015 届高职高专毕业生三年后自主创业最集中的前五位行业类

数据来源：麦可思-中国 2015 届大学毕业生三年后职业发展跟踪评价。

二　自主创业月收入

图 1-6-6 是 2018 届高职高专毕业生半年后自主创业的月收入。可以看出，2018 届高职高专毕业生半年后自主创业人群的月收入为 5010 元，比 2018 届高职高专毕业生半年后平均月收入（4112 元）高 898 元。

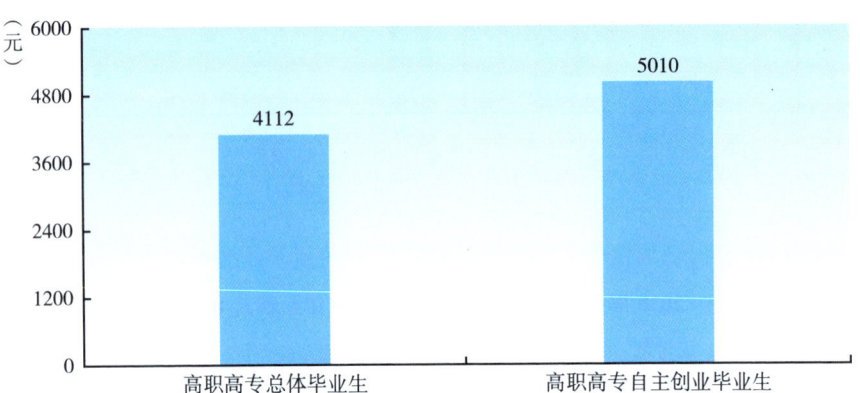

图 1-6-6　2018 届高职高专毕业生半年后自主创业的月收入

数据来源：麦可思-中国 2018 届大学毕业生培养质量跟踪评价。

图1-6-7是2015届高职高专毕业生半年后自主创业的月收入（与2015届三年后对比）。可以看出，2015届高职高专毕业生半年后自主创业人群的月收入为4601元，三年后为9726元，涨幅为111%，明显高于2015届高职高专毕业生平均水平（半年后为3409元、三年后为6005元、涨幅为76%）。

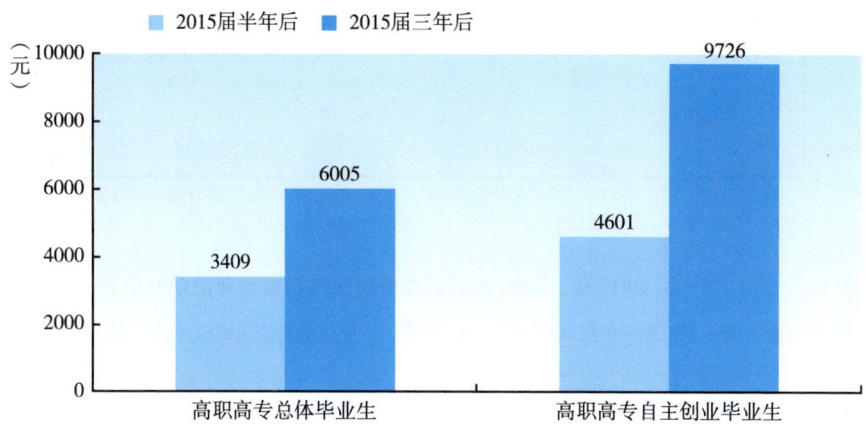

图1-6-7　2015届高职高专毕业生半年后自主创业的月收入
（与2015届三年后对比）

数据来源：麦可思-中国2015届大学毕业生半年后培养质量跟踪评价，2015届大学毕业生三年后职业发展跟踪评价。

三　自主创业动机

图1-6-8是2017届、2018届高职高专毕业生自主创业的动机分布。可以看出，创业理想是2018届高职高专毕业生自主创业最重要的动力（38%），选择自主创业的毕业生中，绝大多数（83%）属于"机会型创业"，只有7%属于"生存型创业"。

四　创新能力

创新能力：35项基本工作能力中与创新能力相关的几项能力，包括科

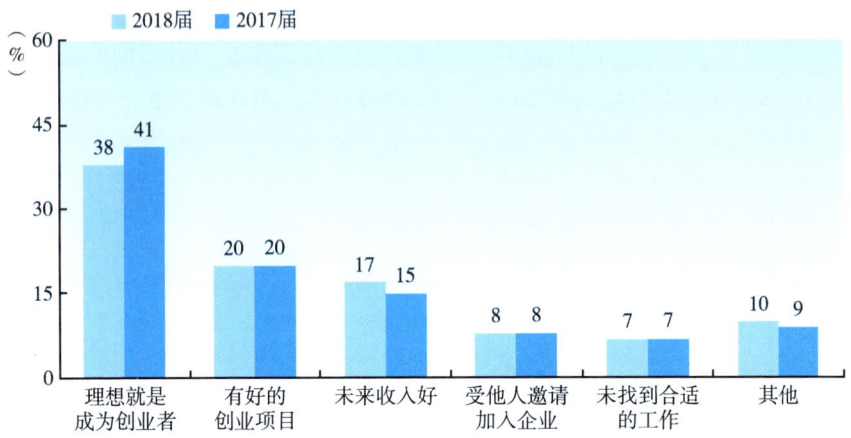

图 1-6-8　2017 届、2018 届高职高专毕业生自主创业的动机分布

数据来源：麦可思－中国 2017 届、2018 届大学毕业生培养质量跟踪评价。

学分析、逻辑思维、积极学习、设计思维四项能力。

图 1-6-9 是 2018 届大学毕业生的创新能力指标。可以看出，2018 届大学毕业生毕业时掌握的创新能力水平为 56%（本科为 57%，高职高专为 54%），毕业生创新能力的满足度为 84%（本科、高职高专均为 84%）。

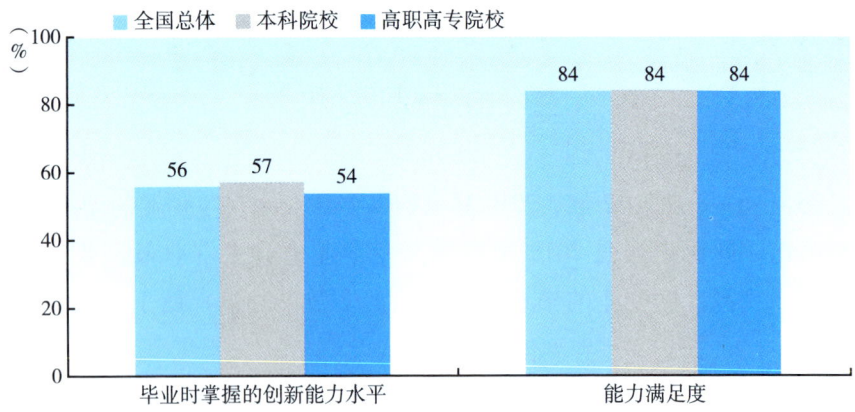

图 1-6-9　2018 届大学毕业生的创新能力指标

数据来源：麦可思－中国 2018 届大学毕业生培养质量跟踪评价。

五 创新创业教育

创新创业教育：指毕业生在大学期间参加过的创新创业教育。包括："创业辅导活动"、"创业教学课程"、"创业竞赛活动"、"创业实践活动"、"其他"，一个毕业生可以选择参加多类教育。

创新创业教育有效性：毕业生选择了参加某类创新创业教育后，会再评价该类教育对其工作或学习是否有帮助。创新创业教育有效性＝参加过该类教育并表示有帮助的人数/参加过该类教育的人数。

图1－6－10和图1－6－11分别是2017届、2018届高职高专毕业生接受母校提供的创新创业教育及认为其有效的比例。可以看出，2018届高职高专毕业生接受母校提供的创新创业教育主要是创业教学课程、创业辅导活动（分别为44%、41%），其有效性分别为67%、72%。

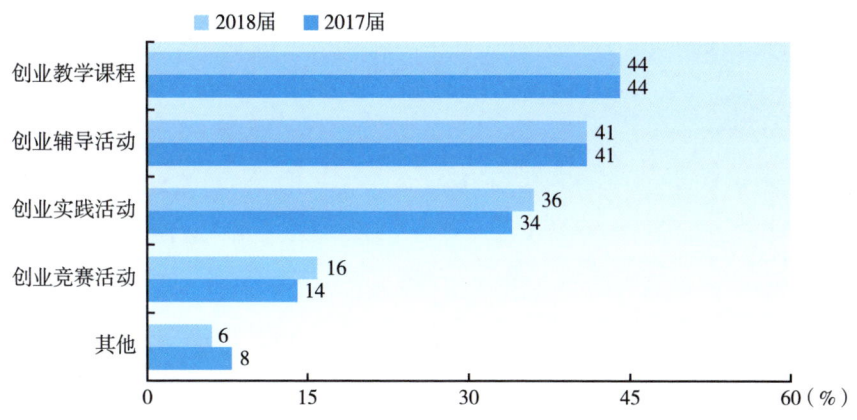

图1－6－10　2017届、2018届高职高专毕业生接受母校提供的创新创业教育的比例（多选）

数据来源：麦可思－中国2017届、2018届大学毕业生培养质量跟踪评价。

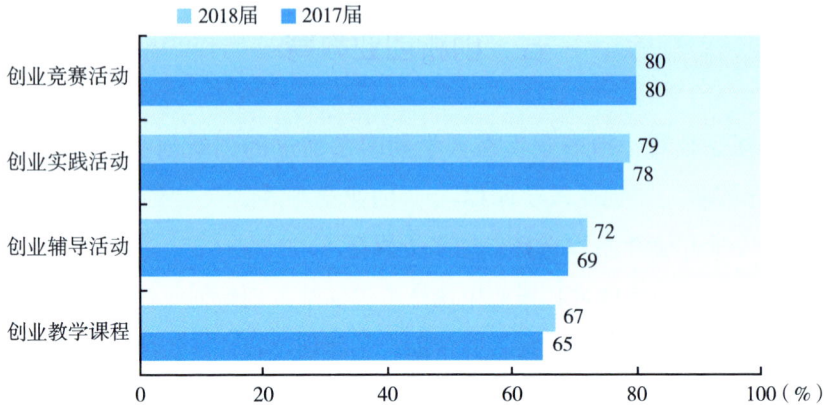

**图 1-6-11　2017 届、2018 届高职高专毕业生认为母校提供的创新
创业教育有效的比例**

数据来源：麦可思-中国 2017 届、2018 届大学毕业生培养质量跟踪评价。

B.9 第七章 专升本

专升本：指高职高专毕业生毕业后继续就读本科。有专升本、专插本、专接本、专转本多种形式，本报告中统一称为"专升本"。

一 读本科的比例

表1-7-1是2016~2018届高职高专各专业大类读本科的比例。可以看出，2018届高职高专毕业生毕业后有6.3%选择了读本科，读本科比例最高的专业大类是文化教育大类（8.6%），最低的专业大类是资源开发与测绘大类（3.2%）。

表1-7-1 2016~2018届高职高专各专业大类读本科的比例[*]

单位：%

高职高专专业大类名称	2018届	2017届	2016届
文化教育大类	8.6	7.6	7.4
财经大类	8.3	7.3	6.4
医药卫生大类	7.5	6.3	5.0
环保、气象与安全大类	6.7	5.7	5.6
生化与药品大类	6.5	5.9	5.6
农林牧渔大类	6.5	5.5	4.8
电子信息大类	6.2	5.3	4.7
艺术设计传媒大类	6.1	5.7	6.0
旅游大类	5.3	4.9	4.6
水利大类	5.2	4.2	4.3
轻纺食品大类	4.9	4.7	4.1
土建大类	4.9	4.5	4.1

续表

高职高专专业大类名称	2018届	2017届	2016届
公共事业大类	4.9	4.2	3.9
制造大类	4.9	4.1	3.5
交通运输大类	4.8	3.7	2.9
材料与能源大类	4.3	3.9	3.4
资源开发与测绘大类	3.2	2.9	2.4
全国高职高专	**6.3**	**5.4**	**4.9**

* 个别专业大类因为样本较少，没有包括在内。

数据来源：麦可思 - 中国2016~2018届大学毕业生培养质量跟踪评价。

二 读本科的原因

图1-7-1是2017届、2018届高职高专毕业生选择读本科的原因分布。可以看出，2018届高职高专毕业生选择读本科的主要的原因是"想去更好的大学"（33%）、"职业发展需要"（25%）和"就业前景好"（24%）。

图1-7-1　2017届、2018届高职高专毕业生选择读本科的原因分布

数据来源：麦可思 - 中国2017届、2018届大学毕业生培养质量跟踪评价。

B.10
第八章
未就业分析

未就业：本研究将应届毕业生在毕业半年后跟踪评价时没有全职或者半职雇用工作，也没有创业、入伍或升学的状态，视为未就业。这包括准备考研、准备出国读研、还在找工作和"待定族"四种情况。

待定族：指跟踪评价时处于失业状态且不打算求职和求学的大学毕业生。

失业率 = 未就业毕业生数/需就业的总毕业生数，需就业的总毕业生数不包括国内外读研（本科毕业生）、读本科（高职高专毕业生）的人数。

一 失业率

图1-8-1是2016~2018届大学生毕业半年后的失业率变化趋势。从近三届的趋势可以看出，大学毕业生半年后失业率基本稳定。2018届大学生毕业半年后的失业率为8.5%，与2017届（8.1%）、2016届（8.4%）基本持平。其中，本科院校2018届毕业生的失业率（9.0%）比2017届、2016届（分别为8.4%、8.2%）略有上升；高职高专院校2018届毕业生的失业率（8.0%）与2017届（7.9%）基本持平，比2016届（8.5%）有所下降。

二 未就业人群分布与打算

图1-8-2是2018届大学毕业生的未就业人群分布。可以看出，在2018届大学毕业生的未就业人群中，大多数毕业生还在继续找工作。本科院校处于未就业状态的毕业生（9.0%）中有21%为"待定族"（不求学不求职），高职高专院校处于未就业状态的毕业生（8.0%）中有44%为"待定族"。

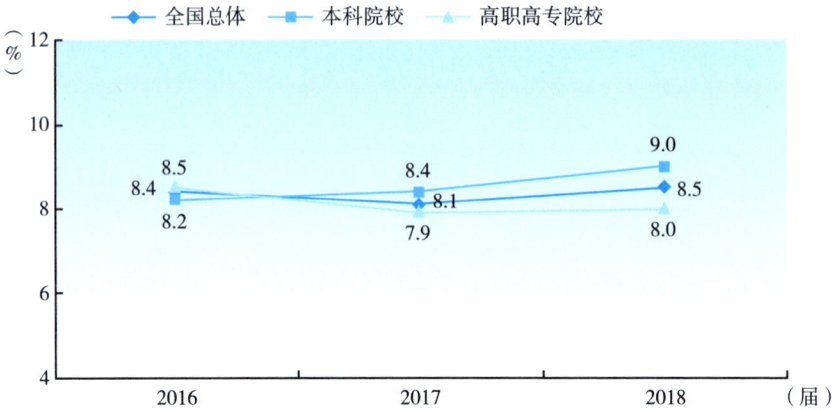

图 1-8-1 2016~2018 届大学生毕业半年后的失业率变化趋势

数据来源：麦可思-中国2016~2018届大学毕业生培养质量跟踪评价。

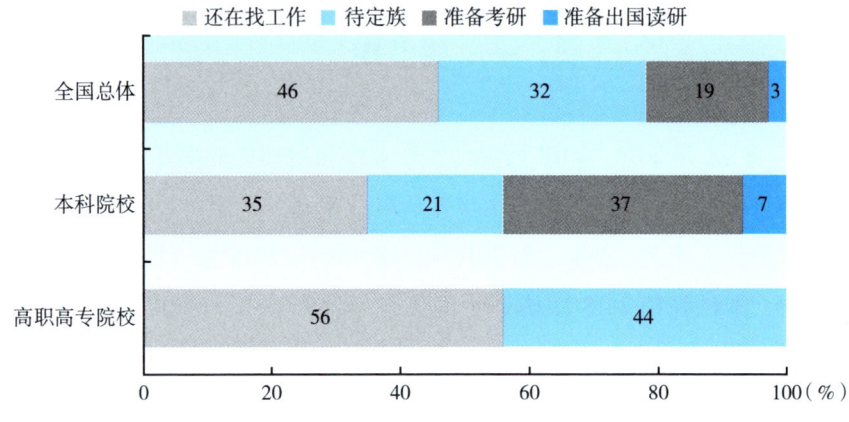

图 1-8-2 2018 届大学毕业生的未就业人群分布

数据来源：麦可思-中国2018届大学毕业生培养质量跟踪评价。

图1-8-3是2018届大学毕业生的"待定族"打算分布。可以看出，在2018届本科院校毕业半年后的"待定族"中，有48%的毕业生在准备公务员考试，有7%的毕业生准备创业。在高职高专院校毕业半年后的"待定族"中，有16%的毕业生准备创业，有15%的毕业生在准备公务员考试。

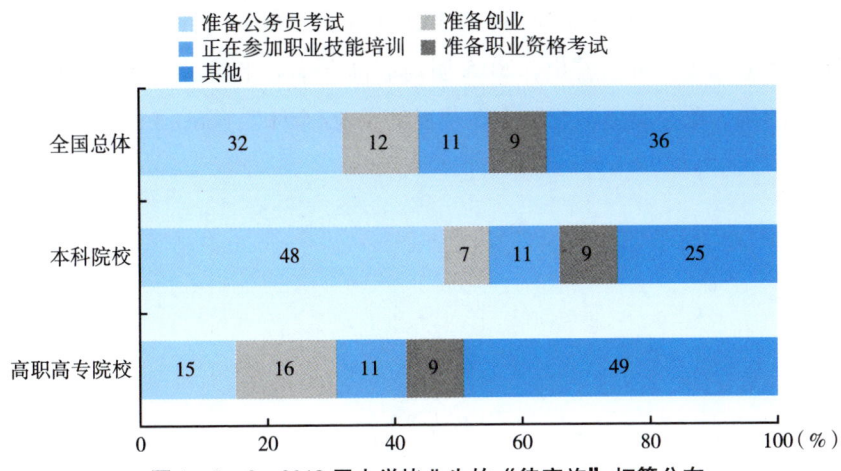

图1-8-3 2018届大学毕业生的"待定族"打算分布

数据来源:麦可思-中国2018届大学毕业生培养质量跟踪评价。

三 未就业人群流向

图1-8-4是2015届高职高专毕业半年后未就业人群三年后的去向分布。可以看出,2015届高职高专毕业半年后未就业人群三年后最主要的是"受雇工作"(73.6%),另外有9.3%的人"自主创业"。

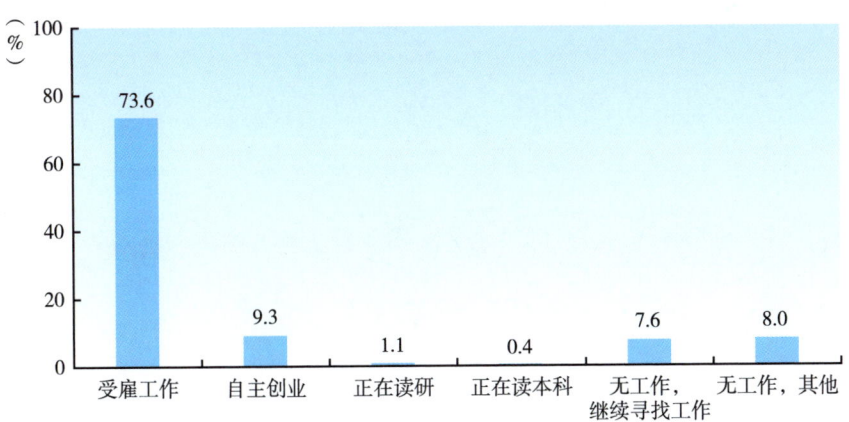

图1-8-4 2015届高职高专毕业半年后未就业人群三年后的去向分布

数据来源:麦可思-中国2015届大学毕业生三年后职业发展跟踪评价,2015届大学毕业生半年后培养质量跟踪评价。

图1-8-5是2015届高职高专毕业半年后未就业人群三年后就业的用人单位类型分布。可以看出,2015届高职高专毕业半年后未就业人群三年后就业的用人单位类型主要集中在"民营企业/个体"(66%)。

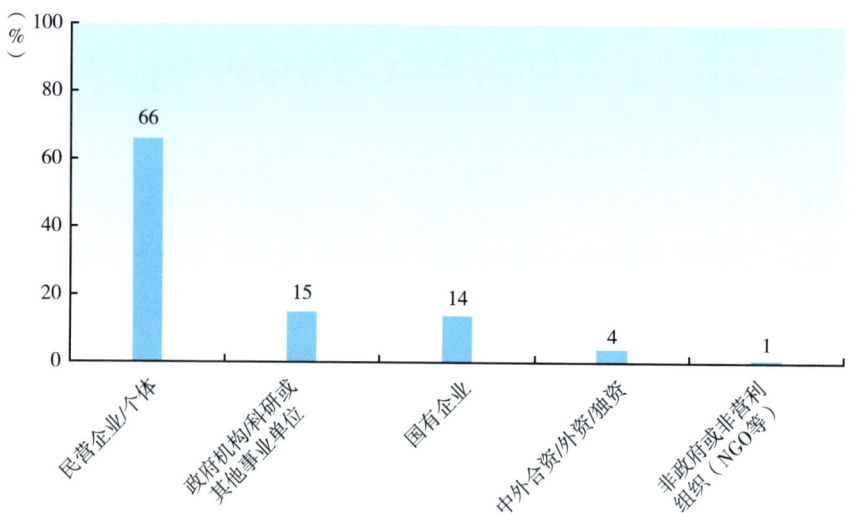

图1-8-5 2015届高职高专毕业半年后未就业人群三年后就业的用人单位类型分布

数据来源:麦可思-中国2015届大学毕业生三年后职业发展跟踪评价,2015届大学毕业生半年后培养质量跟踪评价。

分报告二
毕业生培养质量报告

B.11
第一章
总体满意度

一 对母校的总体满意度

对母校的总体满意度：由毕业生回答对母校的总体满意度，选项有"很满意"、"满意"、"不满意"、"很不满意"、"无法评估"共五项。其中，"满意"、"很满意"属于满意的范围，"不满意"、"很不满意"属于不满意的范围。对母校的总体满意度是回答满意范围的人数百分比，计算公式的分子是回答满意范围的人数，分母是回答不满意范围和满意范围的总人数。

图2-1-1是2016~2018届大学毕业生对母校的总体满意度变化趋势。从近三届的趋势可以看出，2018届大学毕业生对母校的总体满意度为92%，

与2017届（92%）持平，比2016届（90%）高2个百分点。其中，本科院校2018届毕业生对母校的总体满意度为93%，与2017届（93%）持平，比2016届（91%）高2个百分点；高职高专院校2018届毕业生对母校的总体满意度为90%，与2017届、2016届（分别为90%、89%）基本持平。

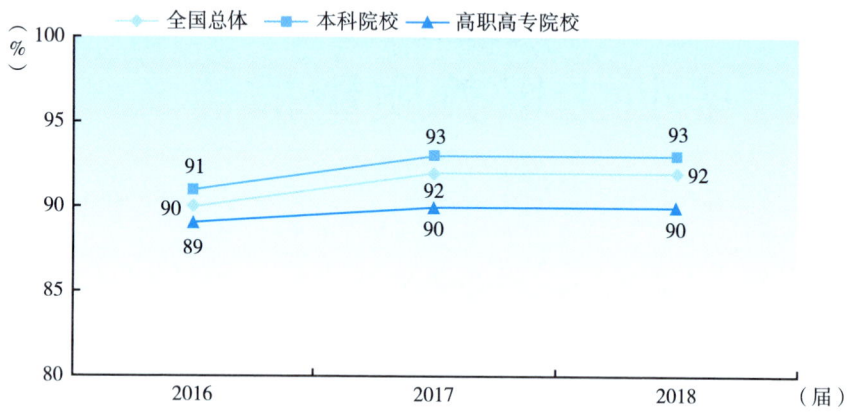

图2-1-1　2016~2018届大学毕业生对母校的总体满意度变化趋势

数据来源：麦可思-中国2016~2018届大学毕业生培养质量跟踪评价。

学生工作满意度：由毕业生回答对母校的学生工作满意度，选项有"很满意"、"满意"、"不满意"、"很不满意"、"无法评估"共五项。其中，"满意"、"很满意"属于满意的范围，"不满意"、"很不满意"属于不满意的范围。学生工作满意度是回答满意范围的人数百分比，计算公式的分子是回答满意范围的人数，分母是回答不满意范围和满意范围的总人数。

图2-1-2是2016~2018届大学毕业生对母校的学生工作满意度变化趋势。可以看出，2018届大学毕业生对母校的学生工作满意度为87%，与2017届（86%）基本持平，比2016届（84%）高3个百分点。其中，本科、高职高专院校2018届毕业生对母校的学生工作满意度均为87%，与2017届（均为86%）基本持平，比2016届（均为84%）高3个百分点。

图2-1-3是2017届、2018届高职高专毕业生认为母校的学生工作需要改进的地方。可以看出，2018届高职高专毕业生认为母校的学生工作需

分报告二·第一章 总体满意度

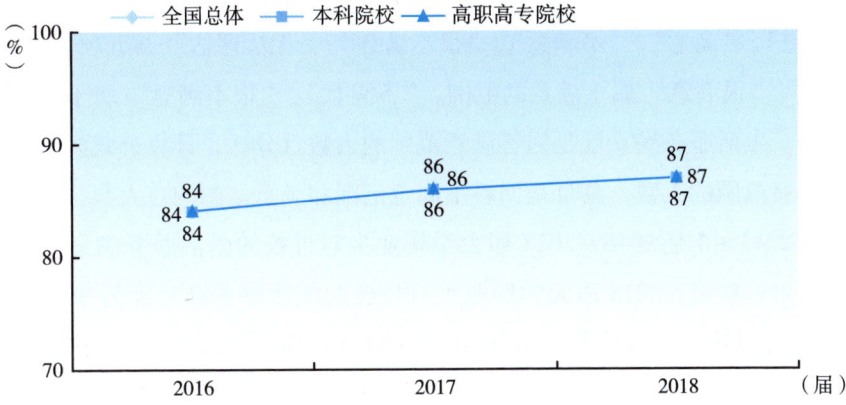

图 2-1-2　2016~2018 届大学毕业生对母校的学生工作满意度变化趋势

数据来源：麦可思-中国 2016~2018 届大学毕业生培养质量跟踪评价。

要改进的地方是"与辅导员或班主任接触时间太少"（43%），其后是"学生社团活动组织不够好"（36%）、"解决学生问题不及时"（29%）。

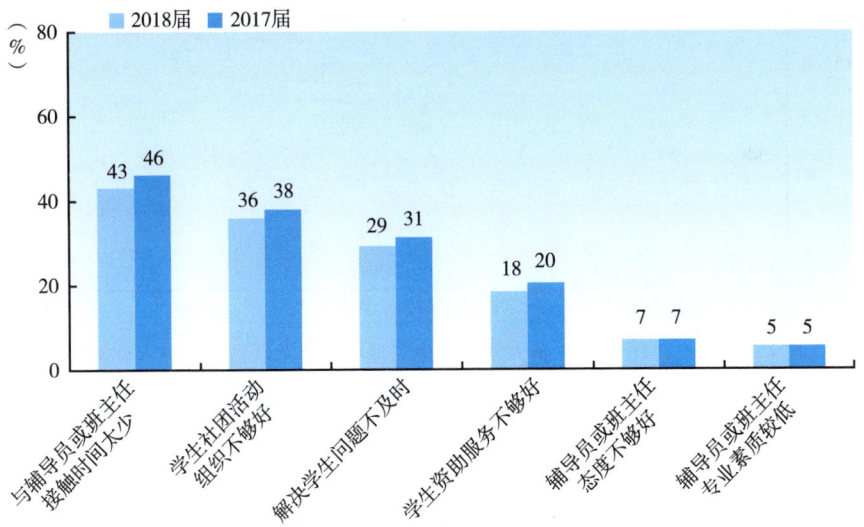

图 2-1-3　2017 届、2018 届高职高专毕业生认为母校的学生工作需要改进的地方（多选）

数据来源：麦可思-中国 2017 届、2018 届大学毕业生培养质量跟踪评价。

153

生活服务满意度：由毕业生回答对母校的生活服务满意度，选项有"很满意"、"满意"、"不满意"、"很不满意"、"无法评估"共五项。其中，"满意"、"很满意"属于满意的范围，"不满意"、"很不满意"属于不满意的范围。生活服务满意度是回答满意范围的人数百分比，计算公式的分子是回答满意范围的人数，分母是回答不满意范围和满意范围的总人数。

图2-1-4是2016~2018届大学毕业生对母校的生活服务满意度变化趋势。可以看出，2018届大学毕业生对母校的生活服务满意度为88%，与2017届（87%）基本持平，比2016届（85%）高3个百分点。其中，本科院校2018届毕业生对母校的生活服务满意度为89%，与2017届（88%）基本持平，比2016届（86%）高3个百分点；高职高专院校2018届毕业生对母校的生活服务满意度为88%，比2017届（86%）高2个百分点，比2016届（84%）高4个百分点。

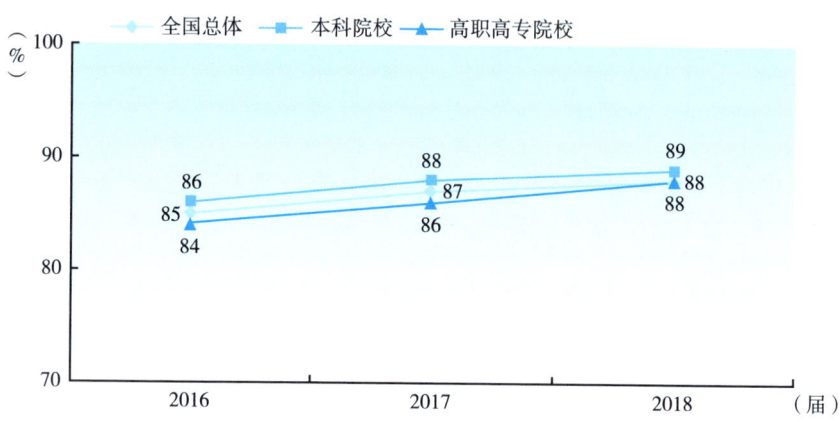

图2-1-4　2016~2018届大学毕业生对母校的生活服务满意度变化趋势

数据来源：麦可思-中国2016~2018届大学毕业生培养质量跟踪评价。

图2-1-5是2017届、2018届高职高专毕业生认为母校的生活服务需要改进的地方。可以看出，2018届高职高专毕业生认为母校的生活服务需要改进的地方主要是"食堂饭菜质量及服务不够好"（35%）、"宿舍服务不够好"（35%）、"学校洗浴服务不够好"（32%）、"学校医院或医务室服务不够好"（28%）。

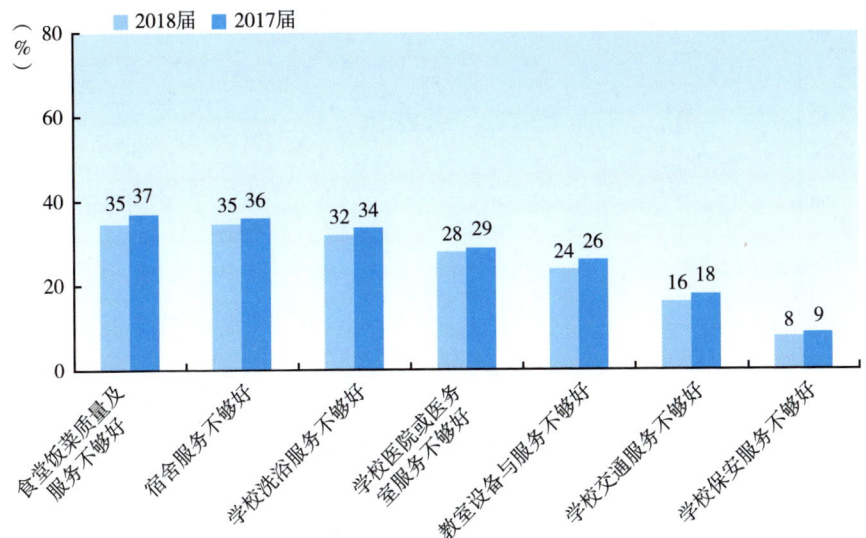

图2-1-5　2017届、2018届高职高专毕业生认为母校的生活服务需要改进的地方（多选）

数据来源：麦可思－中国2017届、2018届大学毕业生培养质量跟踪评价。

就业指导服务满意度：由毕业生回答对母校就业指导服务的满意度，选项有"很满意"、"满意"、"不满意"、"很不满意"、"无法评估"共五项。其中，"满意"、"很满意"属于满意的范围，"不满意"、"很不满意"属于不满意的范围。就业指导服务满意度是回答满意范围的人数百分比，计算公式的分子是回答满意范围的人数，分母是回答不满意范围和满意范围的总人数。

图2-1-6是2016~2018届大学毕业生对就业指导服务的满意度变化趋势。可以看出，2018届大学毕业生对母校就业指导服务的满意度为83%，比2017届（80%）高3个百分点，比2016届（77%）高6个百分点。其中，本科院校2018届毕业生对母校就业指导服务的满意度为81%，比2017届（79%）高2个百分点，比2016届（76%）高5个百分点；高职高专院校2018届毕业生对母校就业指导服务的满意度为85%，比2017届（82%）高3个百分点，比2016届（79%）高6个百分点。

图2-1-7是2018届高职高专毕业生参与过求职服务的比例及有效性

155

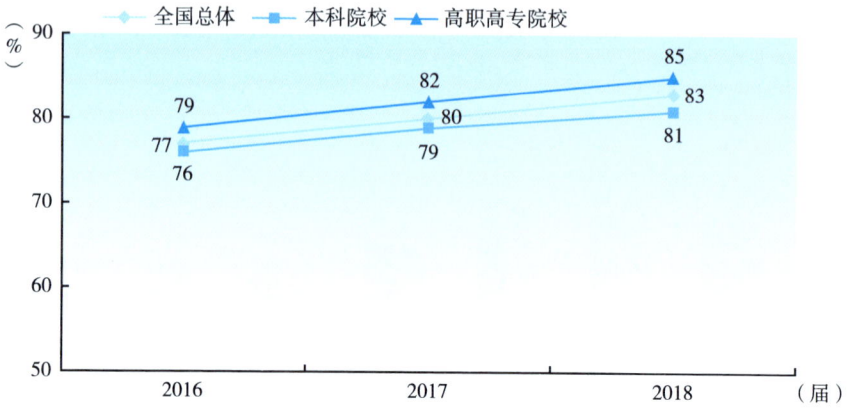

图 2-1-6 2016~2018 届大学毕业生对就业指导服务的满意度变化趋势

数据来源：麦可思-中国 2016~2018 届大学毕业生培养质量跟踪评价。

评价（多选）。可以看出，2018 届高职高专毕业生接受"大学组织的招聘会"求职服务的比例（57%）最大，其有效性为 79%。2018 届高职高专毕业生中，有 14% 的人表示"没有接受任何求职辅导服务"。

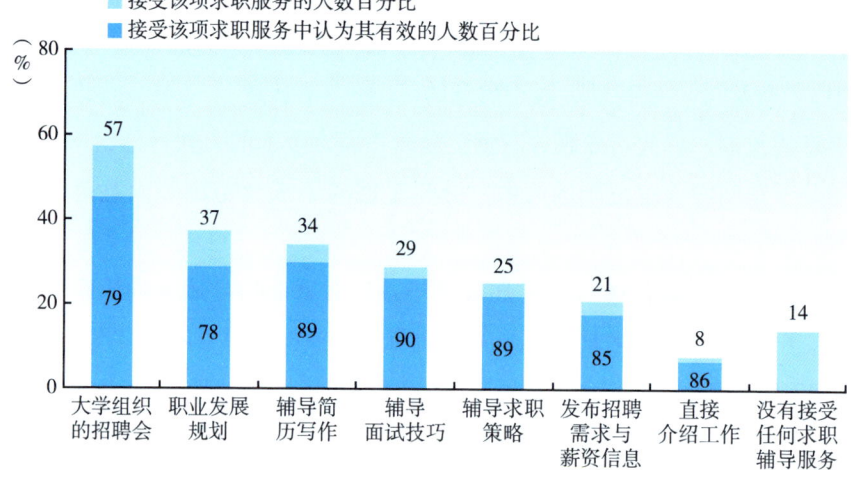

图 2-1-7 2018 届高职高专毕业生参与过求职服务的比例及有效性评价（多选）

数据来源：麦可思-中国 2018 届大学毕业生培养质量跟踪评价。

二 对母校的推荐度

对母校的推荐度：在同等分数、同类型学校条件下，大学毕业生是否愿意推荐母校给亲朋好友去就读的比例。推荐度计算公式的分子是回答"愿意推荐"的人数，分母是回答"愿意推荐"、"不愿意推荐"、"不确定"的总人数。

图2-1-8是2016~2018届大学毕业生对母校的推荐度变化趋势。从近三届的趋势可以看出，大学毕业生对母校的推荐度基本稳定。2018届大学毕业生对母校的推荐度为66%，与2017届、2016届（均为66%）持平。其中，本科院校2018届毕业生对母校的推荐度为68%，与2017届、2016届（分别为69%、68%）基本持平；高职高专院校2018届毕业生对母校的推荐度为64%，与2017届、2016届（均为64%）持平。

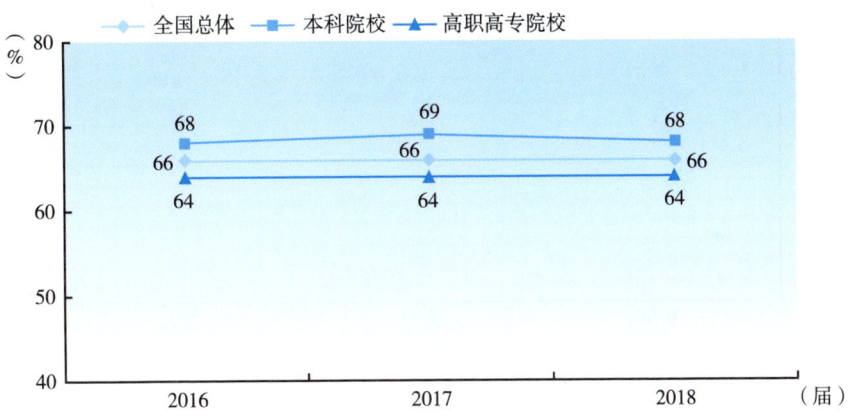

图2-1-8　2016~2018届大学毕业生对母校的推荐度变化趋势

数据来源：麦可思-中国2016~2018届大学毕业生培养质量跟踪评价。

三 教学满意度

（一）总体教学满意度

教学满意度：由毕业生回答对母校的教学满意度，选项有"很满意"、

"满意"、"不满意"、"很不满意"、"无法评估"共五项。其中,"满意"、"很满意"属于满意的范围,"不满意"、"很不满意"属于不满意的范围。教学满意度是回答满意范围的人数百分比,计算公式的分子是回答满意范围的人数,分母是回答不满意范围和满意范围的总人数。

图2-1-9是2016~2018届大学毕业生对母校的教学满意度变化趋势。2018届大学毕业生对母校的教学满意度为90%,与2017届(89%)基本持平,比2016届(88%)高2个百分点。其中,本科院校2018届毕业生对母校的教学满意度为89%,与2017届(88%)基本持平,比2016届(87%)高2个百分点;高职高专院校2018届毕业生对母校的教学满意度为90%,与2017届(90%)、2016届(89%)基本持平。

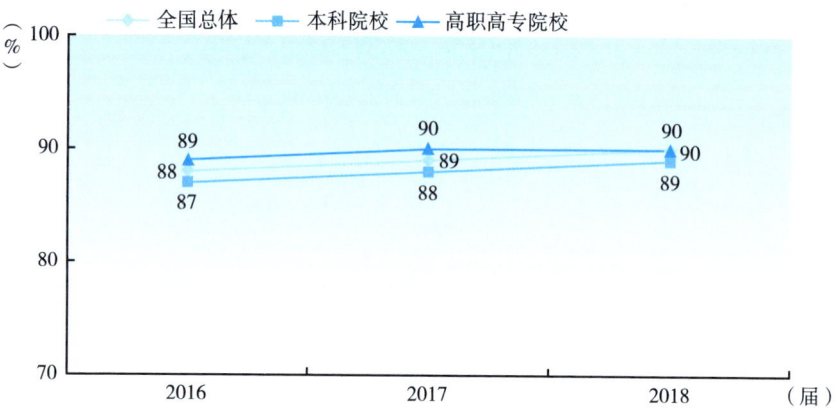

图2-1-9　2016~2018届大学毕业生对母校的教学满意度变化趋势

数据来源:麦可思-中国2016~2018届大学毕业生培养质量跟踪评价。

(二)教学需要改进的方面

图2-1-10是2017届、2018届高职高专毕业生认为母校的教学需要改进的地方。可以看出,2018届高职高专毕业生认为母校的教学最需要改进的地方为"实习和实践环节不够"(57%),其次为"无法调动学生学习兴趣"(45%)。

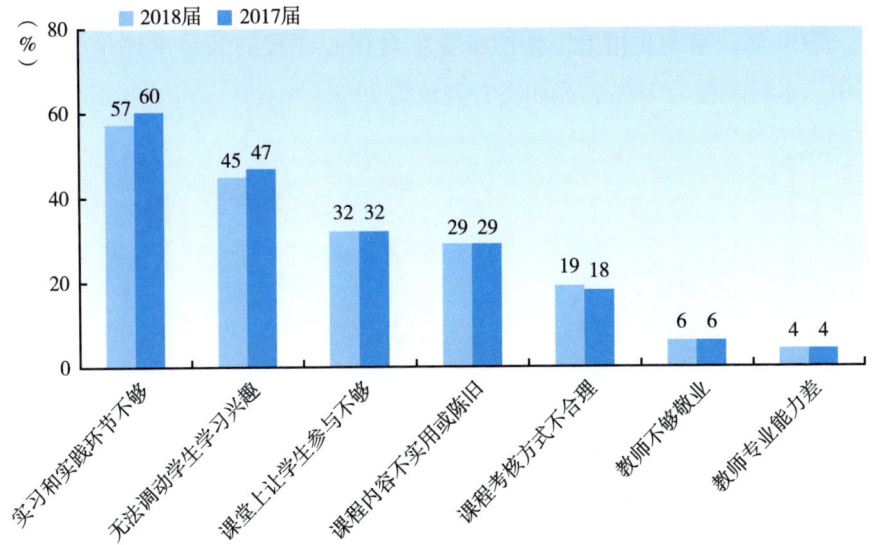

图2-1-10　2017届、2018届高职高专毕业生认为母校的教学
需要改进的地方（多选）

数据来源：麦可思-中国2017届、2018届大学毕业生培养质量跟踪评价。

（三）核心课程评价

课程的重要度： 由从事专业相关工作的毕业生判定课程在自己的工作中是否重要。毕业生认为课程对工作的重要度评价分为"无法评估"、"不重要"、"有些重要"、"重要"、"非常重要"、"极其重要"，其中"有些重要"、"重要"、"非常重要"、"极其重要"属于重要的范围。

课程的满足度： 回答了课程"有些重要"到"极其重要"的毕业生会被要求回答课程训练是否满足工作要求，满足度指标是回答某课程能满足工作的百分比。计算公式的分子是回答"满足"的人数，分母是回答"满足"和"不满足"的总人数。

图2-1-11和图2-1-12分别是2018届工作与专业相关的大学毕业生的核心课程重要度及满足度评价。可以看出，2018届从事专业相关工作的毕业生对核心课程的重要度评价为88%，其中，本科院校为86%，高职

高专院校为89%。

2018届从事专业相关工作的毕业生对核心课程的满足度评价为78%，其中，本科院校为78%，高职高专院校为79%。

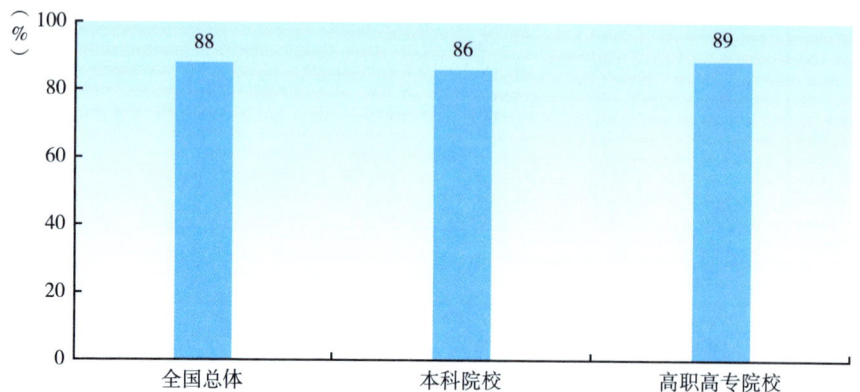

图2-1-11　2018届工作与专业相关的大学毕业生的核心课程重要度评价

数据来源：麦可思-中国2018届大学毕业生培养质量跟踪评价。

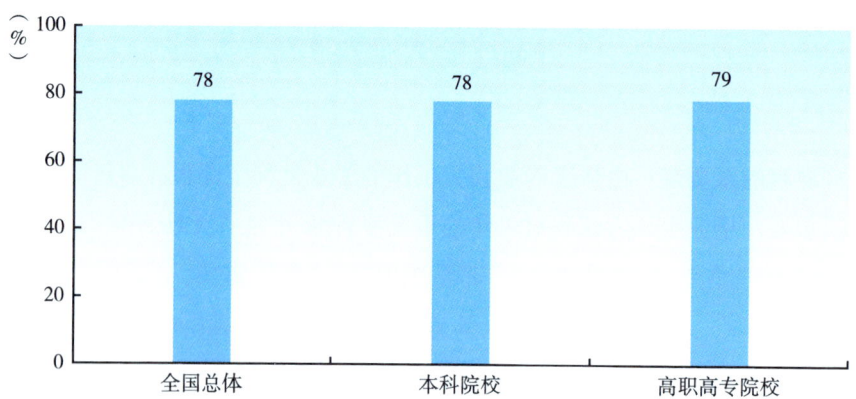

图2-1-12　2018届工作与专业相关的大学毕业生的核心课程满足度评价

数据来源：麦可思-中国2018届大学毕业生培养质量跟踪评价。

图2-1-13是2018届高职高专各专业大类工作与专业相关毕业生的核心课程重要度和满足度评价。可以看出，在2018届高职高专各专业大类中，医药卫生大类的核心课程重要度评价（95%）最高，其满足度为84%。

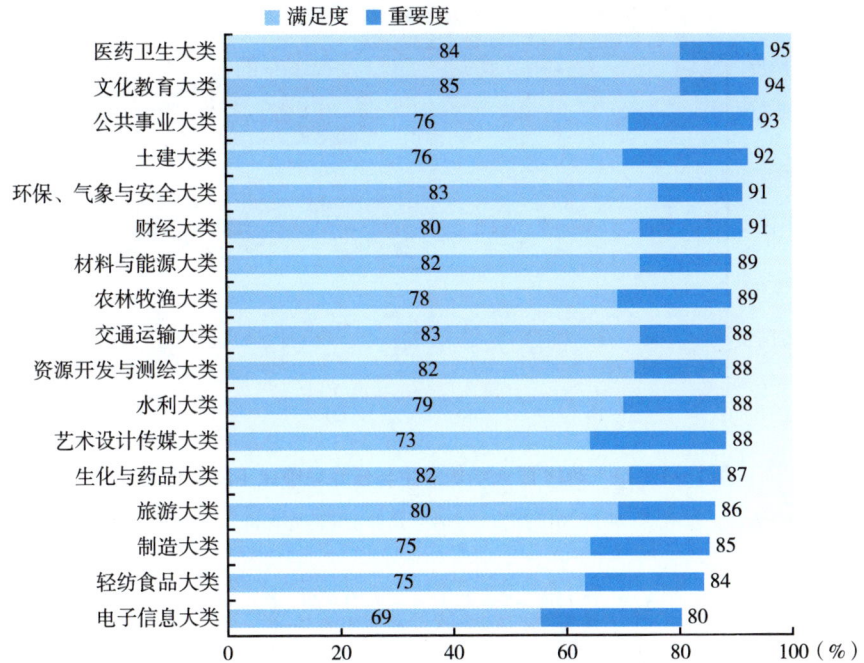

图 2-1-13　2018 届高职高专各专业大类工作与专业相关毕业生的
核心课程重要度和满足度评价*

* 个别专业大类因为样本较少，没有包括在内。
数据来源：麦可思－中国 2018 届大学毕业生培养质量跟踪评价。

（四）师生交流频度

图 2-1-14 是 2018 届大学毕业生与任课教师课下交流程度。可以看出，2018 届有 54% 的毕业生与任课教师"每周至少一次"或"每月至少一次"课下交流。其中，本科毕业生中有 25% 与任课教师"每周至少一次"课下交流，低于高职高专毕业生（37%）。

图 2-1-15 是 2018 届高职高专各专业大类毕业生与任课教师课下交流程度。可以看出，在 2018 届高职高专各专业大类中，与任课教师"每周至少一次"或"每月至少一次"课下交流程度最高的是农林牧渔大类、艺术设计传媒大类（均为 69%），最低的是医药卫生大类（53%）。

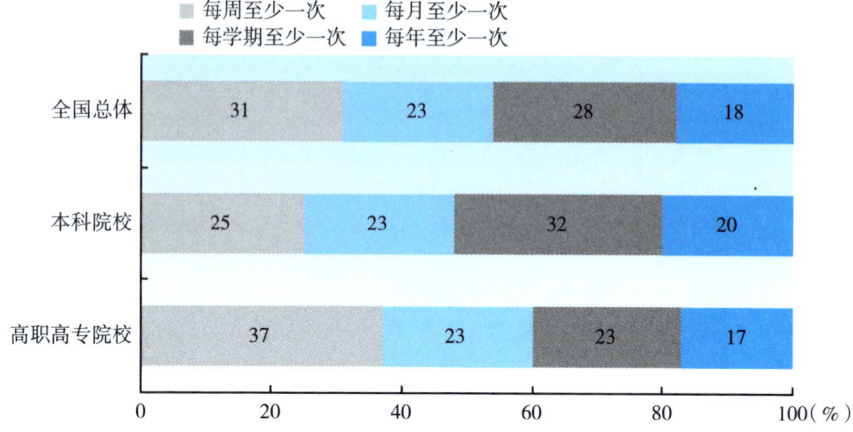

图 2-1-14　2018 届大学毕业生与任课教师课下交流程度

数据来源：麦可思-中国 2018 届大学毕业生培养质量跟踪评价。

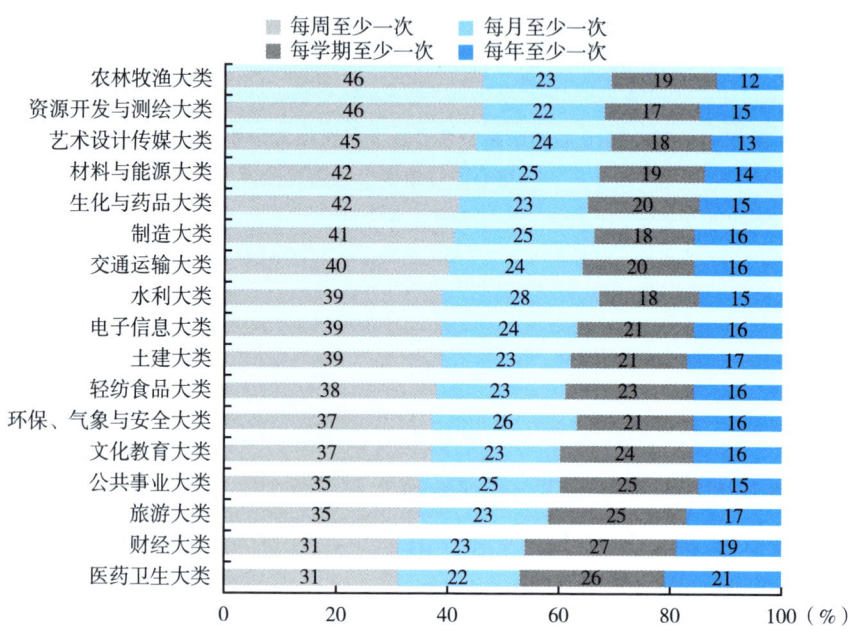

图 2-1-15　2018 届高职高专各专业大类毕业生与任课教师课下交流程度*

*个别专业大类因为样本较少，没有包括在内。

数据来源：麦可思-中国 2018 届大学毕业生培养质量跟踪评价。

四 在校素养提升

素养提升： 由毕业生选择，大学帮助自己在哪些方面素养得到明显提升。一个毕业生可选择多项，也可选择"没有任何帮助"。工程类、艺术类、医学类专业在素养培养上有各自的特点，故这里的素养选项有所不同，具体描述见表2-1-1。

表2-1-1　不同类型专业素养提升选项

专业类型	素养提升选项	专业类型	素养提升选项
工程类	诚实守信	医学类	包容精神
	工程安全		诚实守信
	关注社会		关注社会
	环境意识		积极努力、追求上进
	积极努力、追求上进		健康卫生
	开拓创新		科学态度
	乐于助人		乐于助人
	人生的乐观态度		人生的乐观态度
	团队合作		职业道德
	遵纪守法		遵纪守法
艺术类	包容精神	其他类	包容精神
	诚实守信		诚实守信
	创新精神		关注社会
	关注社会		环境意识
	环境意识		积极努力、追求上进
	积极努力、追求上进		乐于助人
	乐于助人		勤俭朴素
	人生的乐观态度		人生的乐观态度
	艺术修养		人文美学
	遵纪守法		遵纪守法

图2-1-16是2017届、2018届高职高专工程类专业毕业生大学期间的素养提升。可以看出，2018届高职高专工程类专业毕业生认为在校期间大学对自己素养提升较高的方面为"人生的乐观态度"（66%）、"团队合

163

作"（65%）、"积极努力、追求上进"（65%）；此外，还有4%的高职高专工程类专业毕业生认为大学对素养的提升没有任何帮助。

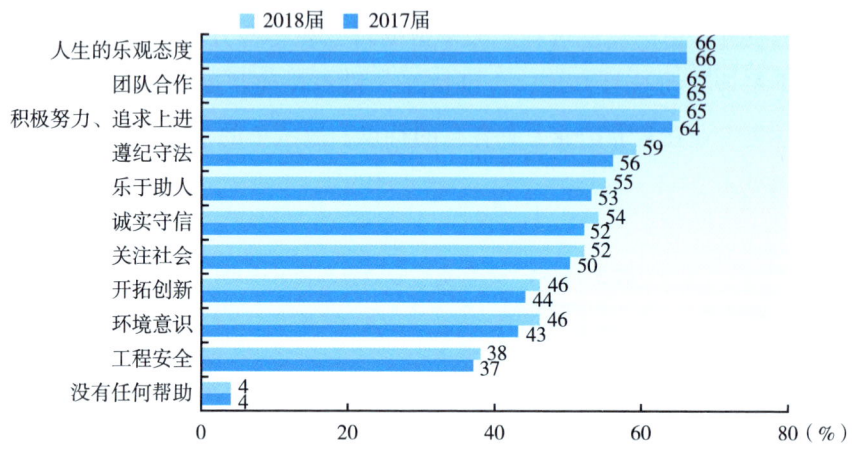

图2-1-16　2017届、2018届高职高专工程类专业毕业生大学期间的素养提升（多选）

数据来源：麦可思-中国2017届、2018届大学毕业生培养质量跟踪评价。

图2-1-17是2017届、2018届高职高专艺术类专业毕业生大学期间的素养提升。可以看出，2018届高职高专艺术类专业毕业生认为在校期间大学对自己素养提升较高的方面为"艺术修养"（64%）、"人生的乐观态度"（63%）、"积极努力、追求上进"（61%）；此外，还有4%的高职高专艺术类专业毕业生认为大学对素养的提升没有任何帮助。

图2-1-18是2017届、2018届高职高专医学类专业毕业生大学期间的素养提升。可以看出，2018届高职高专医学类专业毕业生认为在校期间大学对自己素养提升较高的方面为"积极努力、追求上进"（68%）、"职业道德"（66%）、"人生的乐观态度"（64%）、"健康卫生"（63%）；此外，还有3%的高职高专医学类专业毕业生认为大学对素养的提升没有任何帮助。

图2-1-19是2017届、2018届高职高专其他类专业毕业生大学期间的素养提升。可以看出，2018届高职高专其他类专业毕业生认为在校期间大学对自己素养提升较高的方面为"积极努力、追求上进"、"人生的乐观

分报告二·第一章 总体满意度

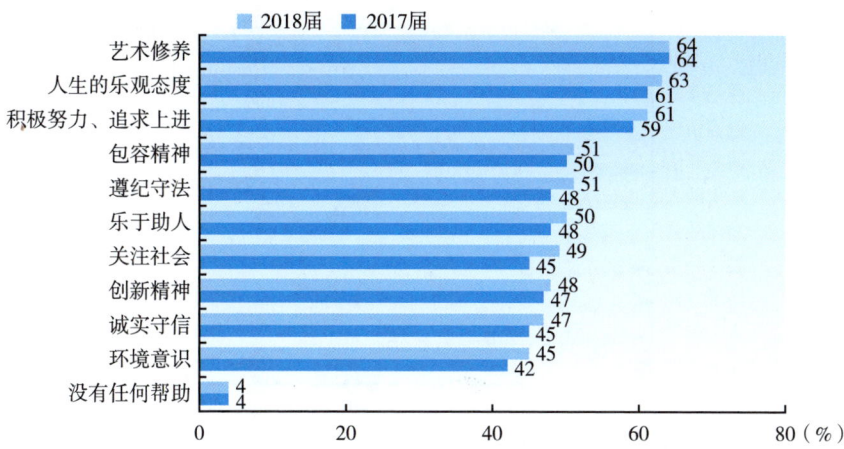

图 2-1-17 2017届、2018届高职高专艺术类专业毕业生
大学期间的素养提升（多选）

数据来源：麦可思-中国2017届、2018届大学毕业生培养质量跟踪评价。

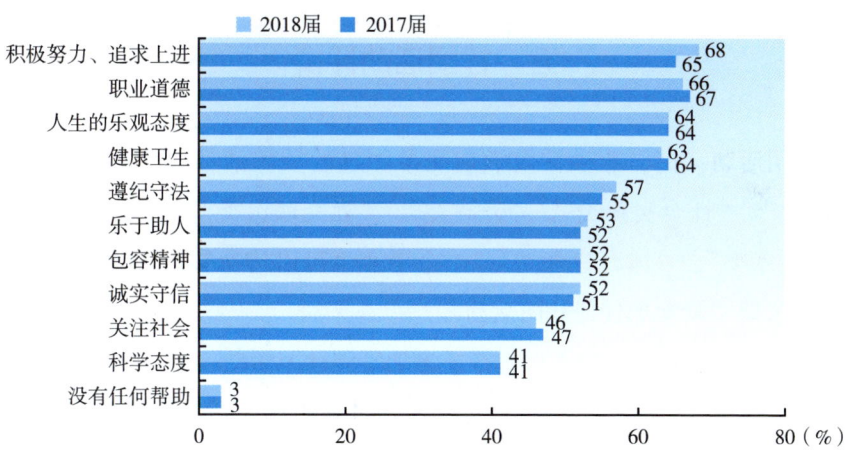

图 2-1-18 2017届、2018届高职高专医学类专业毕业生
大学期间的素养提升（多选）

数据来源：麦可思-中国2017届、2018届大学毕业生培养质量跟踪评价。

态度"（均为67%）；此外，还有3%的高职高专其他类专业毕业生认为大学对素养的提升没有任何帮助。

165

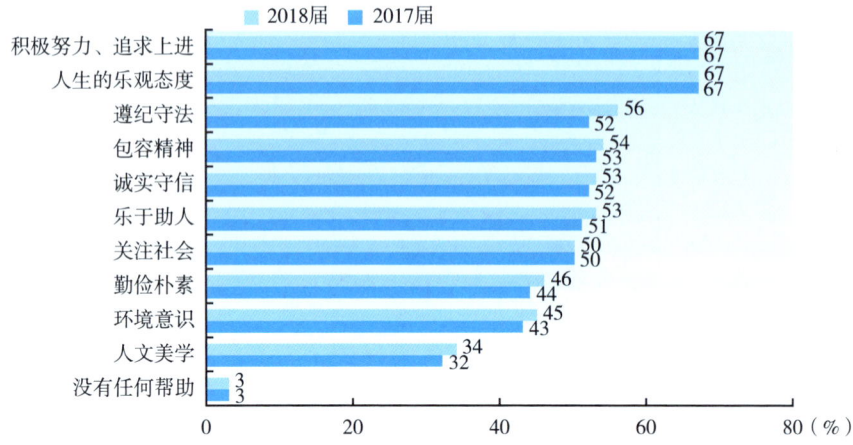

图 2–1–19　2017 届、2018 届高职高专其他类专业毕业生
大学期间的素养提升（多选）*

* 此处其他类专业是指高职高专除工程类、艺术类、医学类之外的专业。
数据来源：麦可思－中国 2017 届、2018 届大学毕业生培养质量跟踪评价。

五　社团活动评价

社团活动：指毕业生在大学期间参加过的社团活动。社团活动包括："科技类"、"社会实践类"、"公益类"、"社交联谊类"、"文化艺术类"、"表演艺术类"、"体育户外类"，一个毕业生可以选择参加多类社团活动，也可以选择"没参加任何社团活动"。

社团活动满意度：毕业生选择了参加某类社团活动后，会再评价该类社团活动是否满意。社团活动满意度＝参加过该类社团活动并表示满意的人数/参加过该类社团活动的人数。

图 2–1–20 是 2018 届高职高专毕业生参加社团活动的比例及满意度。可以看出，2018 届高职高专毕业生在校期间参与度最高的社团活动为"公益类"（26%），其次为"体育户外类"（20%）；有 26% 的高职高专毕业生没有参加任何社团活动。在对参加的各类社团活动进行评价时，2018 届高职高专毕业生满意度最高的活动为"公益类"（92%）。

分报告二·第一章 总体满意度

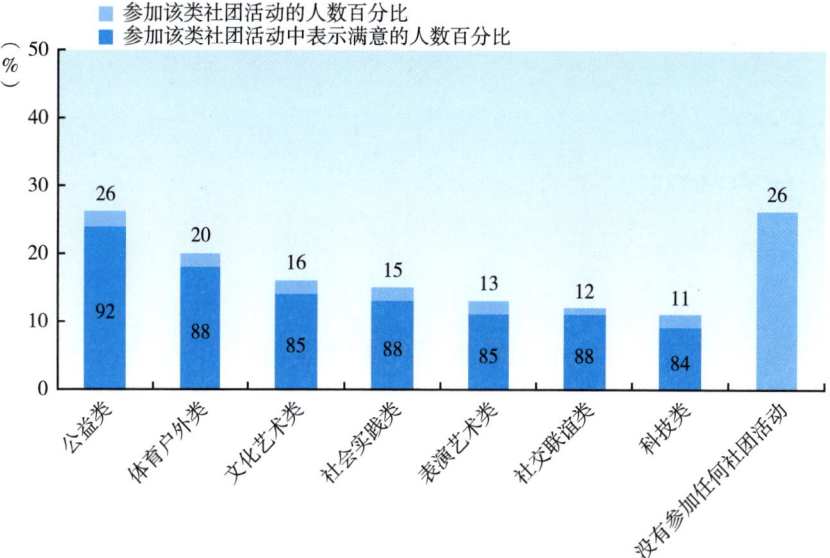

图 2-1-20　2018 届高职高专毕业生参加社团活动的比例及满意度（多选）

数据来源：麦可思-中国 2018 届大学毕业生培养质量跟踪评价。

B.12
第二章
能力和知识评价

一 基本工作能力评价

（一）背景介绍

工作能力：从事某项职业工作必须具备的能力，分为职业工作能力和基本工作能力。职业工作能力是从事某一职业特殊需要的能力，基本工作能力是所有工作都必须具备的能力，麦可思参考美国 SCANS 标准，把基本工作能力分为 35 项。根据麦可思的工作能力分类，中国大学生可以从事的职业共 695 个，对应的职业能力近万条。

五大类基本工作能力：麦可思参考美国 SCANS 标准，35 项基本工作能力可划归为五大类型，分别是理解与交流能力、科学思维能力、管理能力、应用分析能力和动手能力（见图 2-2-1）。

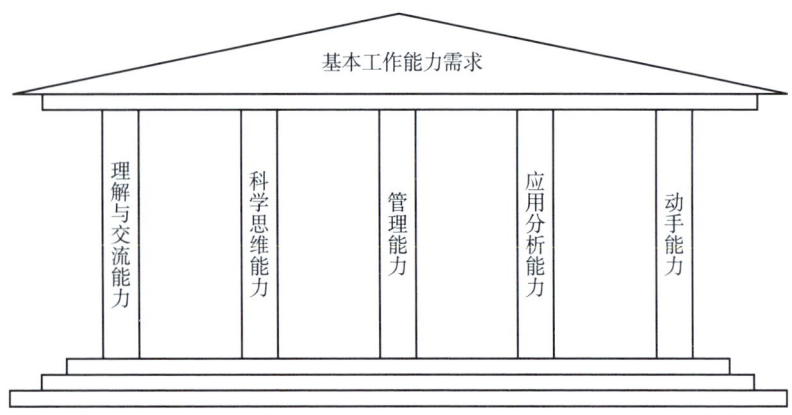

图 2-2-1 五大类基本工作能力

分报告二·第二章 能力和知识评价

表 2-2-1　基本工作能力定义及序号

序号	五大类能力	名称	描述
1	理解与交流能力	理解性阅读	理解工作文件的句子和段落
2	理解与交流能力	积极聆听	理解对方讲话的要点,适当地提出问题
3	理解与交流能力	有效的口头沟通	交谈中有效果地传递信息
4	理解与交流能力	积极学习	理解信息中的启示,用于解决问题,帮助作出决定
5	理解与交流能力	学习方法	在训练和指导工作时选择方法与程序
6	理解与交流能力	理解他人	关注并理解他人的反应
7	理解与交流能力	服务他人	积极地寻找方法来帮助他人
8	科学性思维能力	针对性写作	根据读者需求有效果地传递信息
9	科学性思维能力	数学解法	用数学方法来解决问题
10	科学性思维能力	科学分析	用科学的原理和方法来解决问题
11	科学性思维能力	逻辑思维	运用逻辑推理来判定解决问题的建议、结论和方法的优缺点
12	管理能力	绩效监督	监督和评估自己、他人或组织的绩效以采取改进行动
13	管理能力	协调安排	根据他人的需要调整工作安排
14	管理能力	说服他人	说服他人改变想法或者行为
15	管理能力	谈判技能	与他人沟通并且达成一致
16	管理能力	指导他人	指导他人怎样去做一件事
17	管理能力	解决复杂的问题	识别复杂问题并查阅信息以发现和评估解决方案
18	管理能力	判断和决策	考虑各方案的成本和收益,决定最合适的方案
19	管理能力	时间管理	管理自己和他人的时间
20	管理能力	财务管理	决定怎样花钱以完成工作,并为这些开支记账核算
21	管理能力	物资管理	如何按照工作的特定需要获得设备、厂房和材料,以及监督其合理使用
22	管理能力	人力资源管理	在工作中激发、指导人们的工作,寻找适合各项工作的人
23	应用分析能力	设计思维	分析需求和生产的可能性以开发出新产品
24	应用分析能力	技术设计	按要求设计和修改设备与技术
25	应用分析能力	设备选择	决定使用哪一种工具和设备来做一项工作
26	应用分析能力	质量控制分析	对产品、服务或工作程序进行测试和检查以评价其质量和绩效
27	应用分析能力	操作监控	监视仪表、控制器和其他指示器以保证机器正常运行
28	应用分析能力	操作和控制	控制设备和系统的运行
29	应用分析能力	设备维护	对设备进行日常维护并决定什么时候进行何种维护
30	应用分析能力	疑难排解	判断出操作错误的产生原因并决定纠错对策

续表

序号	五大类能力	名称	描述
31	应用分析能力	系统分析	判定变化对一个系统运行结果的影响
32	应用分析能力	系统评估	识别系统绩效的评估方法或指标,根据系统目标制订行动来改进系统表现
33	动手能力	安装能力	按照特定要求来安装设备、机器、管线或程序
34	动手能力	电脑编程	为各种目的编写电脑程序
35	动手能力	维修机器和系统	使用必要的工具来修理机器和系统

基本工作能力的重要度：用于定义正在工作的大学毕业生所理解的35项基本工作能力在其岗位工作中的重要程度,分为"无法评估"、"不重要"、"有些重要"、"重要"、"非常重要"和"极其重要"六个层次,数据处理时把重要性处理为百分比,0代表"不重要",25%代表"有些重要",50%代表"重要",75%代表"非常重要",100%代表"极其重要"。

工作岗位要求的工作能力水平：用于定义正在工作的大学毕业生所理解的工作对35项基本工作能力的要求级别,从低到高分为一级到七级。一级代表该能力的最低水平,取值1/7;七级代表该能力的最高水平,取值1。为了帮助答题人自评级别,问卷在一到七级中分别举了三个例子,以帮助答题人理解能力差别。

毕业时掌握的基本工作能力水平：用于定义正在工作的大学毕业生所理解的对35项基本工作能力在刚毕业时实际掌握的级别,从低到高分为一级到七级。一级代表该能力的最低水平,取值1/7;七级代表该能力的最高水平,取值1。为了帮助答题人自评级别,问卷在一级到七级中分别举了三个例子,以帮助答题人理解能力差别。

基本工作能力的满足度：毕业时掌握的基本工作能力水平满足社会初始岗位的工作要求水平的百分比,100%为完全满足。满足度计算公式的分子是毕业时掌握的基本工作能力水平,分母是工作要求的水平。

(二)基本工作能力重要度和满足度

图2-2-2、图2-2-3和图2-2-4分别是2016~2018届大学毕业生

毕业时掌握的基本工作能力水平和工作岗位要求达到的水平以及在此基础上计算出的基本工作能力满足度。可以看出，无论是本科毕业生还是高职高专毕业生，其毕业时对基本工作能力掌握的水平均低于工作岗位要求的水平。

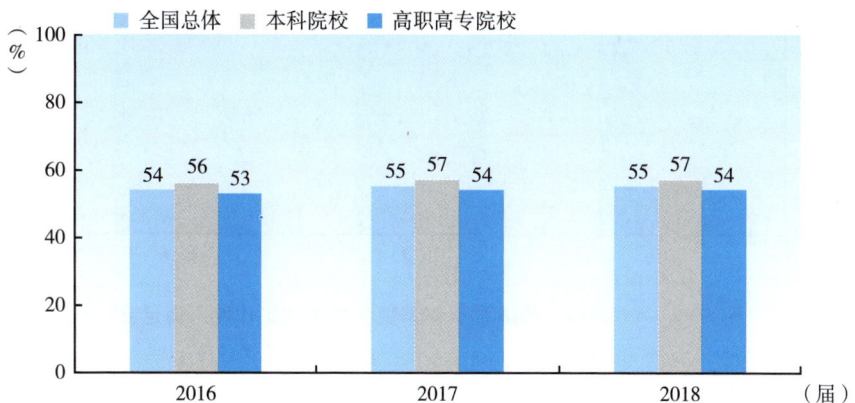

图 2－2－2　2016～2018 届大学毕业生毕业时掌握的基本工作能力水平

数据来源：麦可思－中国 2016～2018 届大学毕业生培养质量跟踪评价。

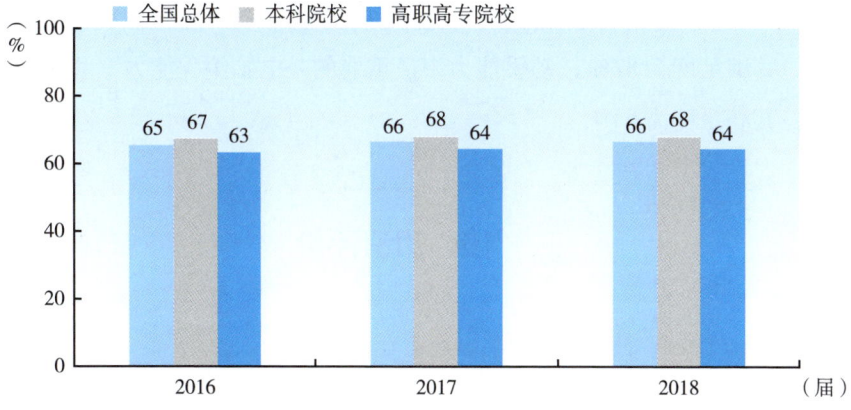

图 2－2－3　2016～2018 届大学毕业生工作岗位要求达到的基本工作能力水平

数据来源：麦可思－中国 2016～2018 届大学毕业生培养质量跟踪评价。

图 2－2－5 是 2018 届高职高专毕业生各项基本工作能力的重要度和满足度。可以看出，2018 届高职高专毕业生在理解交流能力中最重要的是有

171

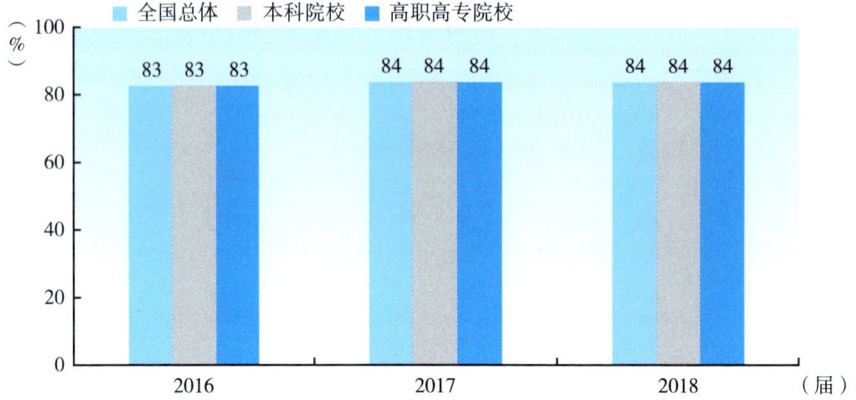

图 2-2-4 2016~2018 届大学毕业生的基本工作能力满足度

数据来源：麦可思-中国 2016~2018 届大学毕业生培养质量跟踪评价。

效的口头沟通能力（重要度为 65%），其满足度为 89%；科学思维能力中最重要的是科学分析能力（重要度为 61%），其满足度为 83%；管理能力中最重要的是谈判技能、说服他人能力（重要度均为 66%），其满足度分别为 83%、79%；应用分析能力中最重要的是疑难排解能力（重要度为 65%），其满足度为 82%；动手能力中最重要的是电脑编程能力（重要度为 73%），其满足度为 63%。

二 核心知识评价

（一）背景介绍

核心知识： 从事某项职业工作必须具备的知识。麦可思参考美国 SCANS 标准，将核心知识分为 28 项。根据麦可思的核心知识分类，中国大学生可以从事的职业共 695 个，对应的职业知识近万条。

大学毕业生在校期间所掌握的 28 项知识见表 2-2-2。

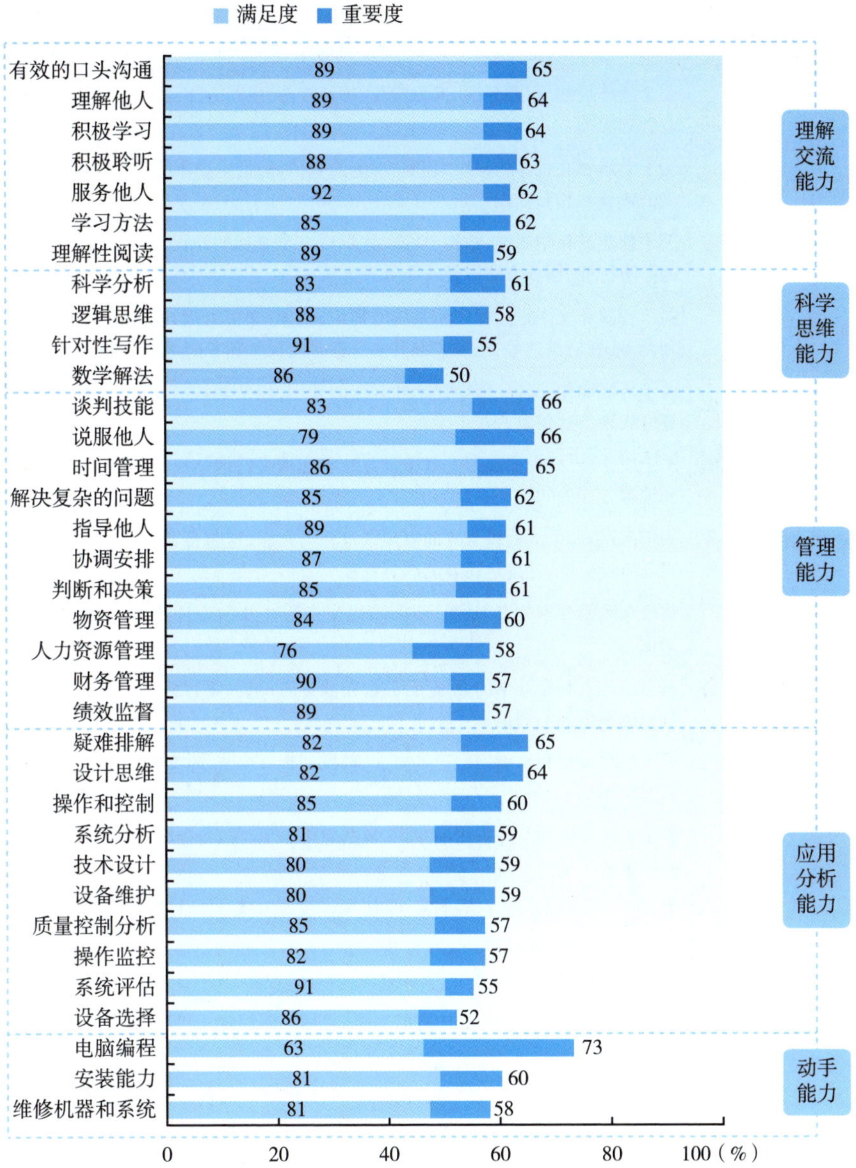

分报告二·第二章 能力和知识评价

能力	满足度	重要度	类别
有效的口头沟通	89	65	理解交流能力
理解他人	89	64	
积极学习	89	64	
积极聆听	88	63	
服务他人	92	62	
学习方法	85	62	
理解性阅读	89	59	
科学分析	83	61	科学思维能力
逻辑思维	88	58	
针对性写作	91	55	
数学解法	86	50	
谈判技能	83	66	管理能力
说服他人	79	66	
时间管理	86	65	
解决复杂的问题	85	62	
指导他人	89	61	
协调安排	87	61	
判断和决策	85	61	
物资管理	84	60	
人力资源管理	76	58	
财务管理	90	57	
绩效监督	89	57	
疑难排解	82	65	应用分析能力
设计思维	82	64	
操作和控制	85	60	
系统分析	81	59	
技术设计	80	59	
设备维护	80	59	
质量控制分析	85	57	
操作监控	82	57	
系统评估	91	55	
设备选择	86	52	
电脑编程	63	73	动手能力
安装能力	81	60	
维修机器和系统	81	58	

图 2–2–5 2018 届高职高专毕业生各项基本工作能力的重要度和满足度

数据来源：麦可思–中国 2018 届大学毕业生培养质量跟踪评价。

173

表2－2－2 核心知识定义及序号

序号	名称	描述
1	行政与管理	关于战略规划、资源分配、人力资源、领导技巧、生产方法、人员与资源协调的商业管理原理
2	生物学	关于动植物有机体的组织、细胞、功能的知识,包括生物体的相互作用及其与环境的依赖和相互作用
3	化学	关于物质的化学组成、结构、性质、化学反应及变化的知识,包括掌握化学物品的危险特征、制备方法以及安全处理方法
4	文秘	关于行政和文书记录程序和系统的知识,例如:文字处理、文件记录归档、速记和誊写、表格设计等,还要掌握其他一些办公程序和专门用语
5	传播与媒体	关于传媒制作、交流、传播技术和方法的知识,包括通过书面、口头和可视媒体等方式来传达信息或娱乐受众
6	计算机与电子学	关于线路板、处理器、芯片、电子设备和电脑软硬件的知识,包括关于应用软件和编程方面的知识
7	消费者服务与个人服务	关于向顾客、个人提供服务的原理及过程的知识,这包括评估顾客需求以达到服务质量标准,并确定顾客的满意程度
8	设计	关于在精密技术方案、蓝图、绘图和模型中所涉及的设计技术、工具和原理的知识
9	经济学与会计	关于经济学和会计学的原理与实践,涉及金融市场、银行业以及对金融数据进行分析和报告的知识
10	教育与培训	关于课程设置和培训的原理和方法,教授和指导个人及团体,以及评估培训效果的知识
11	工程与技术	关于工程科技的实际应用的知识,包括应用原理、技术、程序、设计、生产多种产品和服务所用的设备
12	中文语言	关于汉语语言结构和内容的知识,包括词的意义和书写、构成规则和语法
13	美术	关于音乐、舞蹈、视觉艺术、戏剧和雕塑等艺术作品的创作、制作和表现中所涉及的理论和技术知识
14	外国语	关于一门外语语言结构和内容的知识,包括单词的意义和拼写、构成规则、语法和发音
15	地理学	关于描述陆地、海洋、大气特征的原理和方法的知识,包括其物理特征、位置、相互关系,以及关于植物、动物和人类分布的知识
16	历史学与考古学	关于历史事件及其起因、标志,以及对文明和文化的影响的知识
17	法律与政府	关于法律、法规、法庭程序、判例、政府规定、行政指令、机构规则和民主政治进程的知识
18	数学	关于算术、代数、几何、微积分、统计及其应用的知识

续表

序号	名称	描述
19	机械	关于机械和工具的知识，包括其设计、使用、修理和保养
20	人事与人力资源	关于招聘、选拔、培训、薪酬福利、劳动关系和谈判、人事信息系统的知识
21	哲学	关于不同哲学系统和宗教流派的知识，包括基本原理、价值观、道德观、思考方式、习俗、惯例及其对人类文化的影响
22	物理学	关于物质世界的原理、定理和物质相互作用的知识和预测，以及通过实验手段去了解的关于物质、大气运动、机械、电子、原子和亚原子结构与过程的知识
23	生产与加工	关于原材料、生产过程、质量控制、成本和其他知识，并使有限物资有效和最大限度地应用到制造和分配货物中
24	心理学	关于人类行为和表现，能力、个性和兴趣的个体差异，学习与动机，心理研究方法，以及对行为和情感紊乱的评价和治疗的知识
25	销售与营销	关于展示、促销产品及服务的原则和方法的知识，包括营销策略、产品展示、销售技巧及销售控制体系
26	社会学和人类学	关于群体行为和动力学、社会趋势和影响、人类迁徙，以及种族、文化及其历史和起源的知识
27	电信学	关于电信体系中传输、播报、转换、控制和运营的知识
28	治疗与保健咨询	关于身体和精神功能紊乱的诊断、治疗、复健，以及职业咨询与指导的原则、方法和程序的知识

核心知识的重要度：用于定义正在工作的大学毕业生所理解的各项知识在其岗位工作中的重要程度，分为"无法评估"、"不重要"、"有些重要"、"重要"、"非常重要"和"极其重要"六个层次，数据处理时把重要性处理为百分比，0代表"不重要"，25%代表"有些重要"，50%代表"重要"，75%代表"非常重要"，100%代表"极其重要"。

工作要求的核心知识水平：用于定义正在工作的大学毕业生所理解的工作对各项知识的要求级别，从低到高分为一级到七级。一级代表该知识的最低水平，取值1/7；七级代表该知识的最高水平，取值1。为了帮助答题人自评级别，问卷在一到七级中分别举了三个例子，以帮助答题人理解知识水平差别。

毕业时掌握的核心知识水平：用于定义正在工作的大学毕业生所理解的

对各项知识在刚毕业时实际掌握的级别，从低到高分为一级到七级。一级代表该知识的最低水平，取值1/7；七级代表该知识的最高水平，取值1。为了帮助答题人自评级别，问卷在一级到七级中分别举了三个例子，以帮助答题人理解知识水平差别。

核心知识的满足度：毕业时掌握的核心知识水平满足社会初始岗位的工作要求水平的百分比，100%为完全满足。满足度计算公式的分子是毕业时掌握的核心知识水平，分母是工作要求的核心知识水平。

（二）核心知识重要度和满足度

图2-2-6、图2-2-7和图2-2-8分别是2016~2018届大学毕业生毕业时掌握的核心知识水平和工作岗位要求达到的水平以及在此基础上计算出的核心知识满足度。可以看出，无论是本科毕业生还是高职高专毕业生，其毕业时对核心知识掌握的水平均低于工作岗位要求的水平。

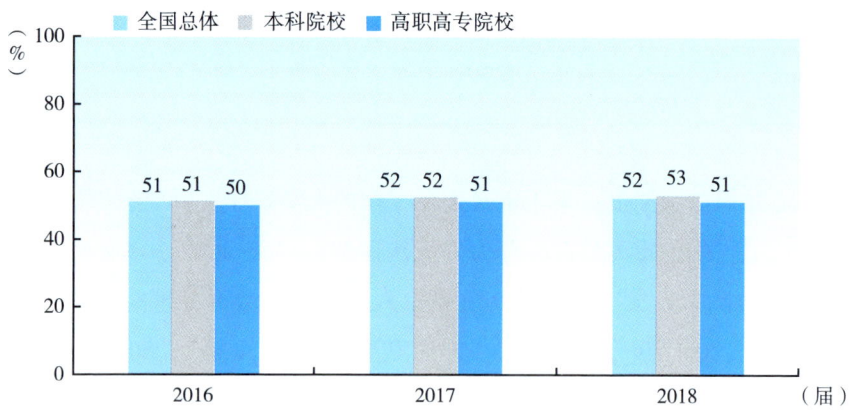

图2-2-6 2016~2018届大学毕业生毕业时掌握的核心知识水平

数据来源：麦可思-中国2016~2018届大学毕业生培养质量跟踪评价。

图2-2-9是2018届高职高专毕业生各项核心知识的重要度和满足度。可以看出，2018届高职高专毕业生最重要的核心知识是营销与沟通知识（重要度为59%），其满足度为80%。

分报告二·第二章 能力和知识评价

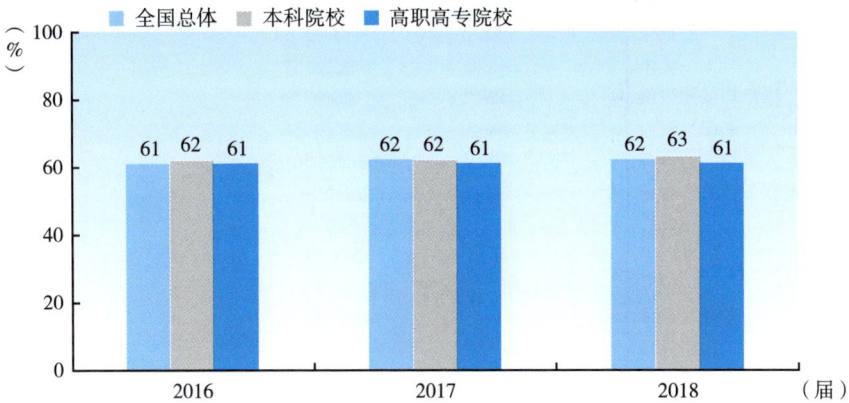

图2-2-7 2016~2018届大学毕业生工作岗位要求的核心知识水平

数据来源：麦可思-中国2016~2018届大学毕业生培养质量跟踪评价。

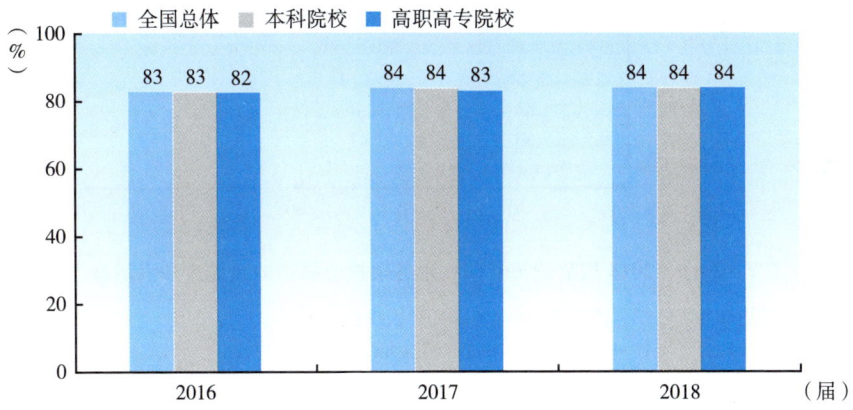

图2-2-8 2016~2018届大学毕业生的核心知识满足度

数据来源：麦可思-中国2016~2018届大学毕业生培养质量跟踪评价。

177

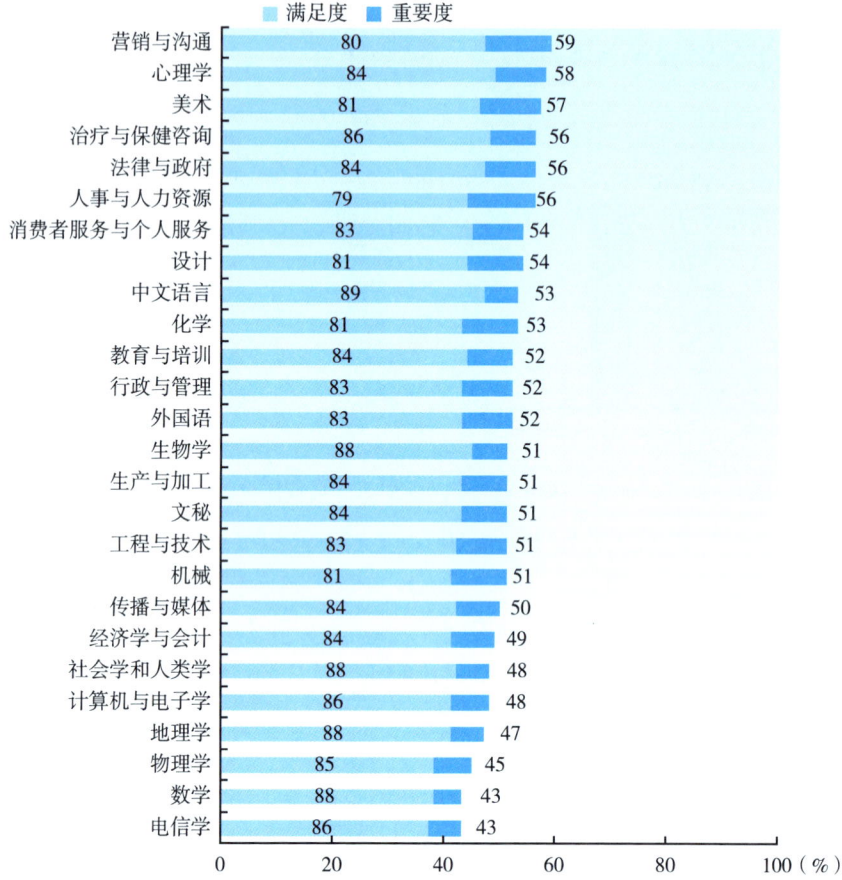

图2-2-9 2018届高职高专毕业生各项核心知识的重要度和满足度*

*历史学与考古学、哲学知识由于样本较少,没有包括在内。
数据来源:麦可思-中国2018届大学毕业生培养质量跟踪评价。

分报告三
专题分析

B.13

专题一

工程教育的成果导向分析

2019年4月,教育部、财政部发布的《关于实施中国特色高水平高职学校和专业建设计划的意见》(即"双高计划")中指出,要"校企共同研制科学规范、国际可借鉴的人才培养方案和课程标准……""开发国际通用的专业标准和课程体系,推出一批具有国际影响的高质量专业标准、课程标准、教学资源,打造中国职业教育国际品牌"。

要研制开发国际通用的人才培养方案、专业标准和课程体系,首先需理解国际通用的专业建设范式。目前,越来越多的高职高专院校的工科专业已经开始按照国际范式中的"学生中心,成果导向,持续改进"核心理念进行专业建设和人才培养。本专题将基于成果导向教育(Outcomes-based Education,OBE)的理念,参考相关国际范式中的标准项,以最新的高职高专院校在校生、应届毕业生、中期毕业生、教师数据为依据，展示高职高专院校工程教育中的一部分问题，为工科专业建设和工程人才培养改进提供参考。

一 学生

OBE 的工程教育强调以学生为中心。首先，专业应具有吸引优秀生源的制度和措施。而衡量生源质量是否优质，除了看学生是否有相对好的入学成绩外，还要看其是否对本专业具有一定的认可度和学习意愿。专业认同度[①]这一指标反映了学生对本专业的认可程度和学习意愿。专业认同度是指学生对本专业的认同程度。2017～2018 学年高职高专院校工科专业学生的专业认同度为 2.95 分（满分：4 分），其中专业认同度较高的专业类是水上运输类（3.08 分）、电力技术类（3.03 分），专业认同度较低的专业类是电子信息类（2.84 分）。专业认同度的影响因素很多：该专业的办学优势、课程内容、就业面向、就业质量，学生个人兴趣等。学生对专业的认同度高，有利于其进行本专业课程的学习，也会有较大可能选择从事专业相关工作。学生对专业的认同度低，会对本专业的教学、学生管理等工作带来较大压力，从事专业相关工作的可能性也相对较低。

专业应具有完善的学生学习指导措施并执行落实，任课教师在学习指导方面负主体责任，例如，任课教师应与学生有一定的交流指导频率。2017～2018 学年，优质高职高专院校工科专业在校生的师生高频交流比例（72%）（每周至少一次或每月至少一次）与其他高职高专院校（73%）基本持平。师生互动交流频率与生师比相关，也与教师在此方面的时间和精力投入有

---

① **专业认同度**：是指本专业各年级学生对本专业的认同程度。学生需要评价关于专业认同方面的七个陈述，它们分别为"我觉得本专业学习过程充满乐趣"、"我会积极主动地学习本专业知识"、"如果重新选择专业，我仍会选择本专业"、"我愿意选择与本专业对口的工作"、"我对本专业的未来发展有信心"、"我经常关注与本专业相关的行业热点和前沿动态"、"我的个性特征适合在本专业学习"。

分报告三·专题一　工程教育的成果导向分析

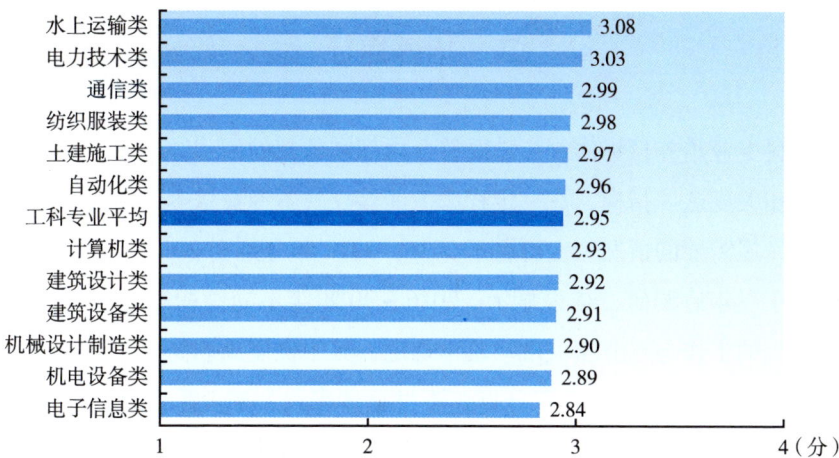

图 3-1-1　高职高专院校工科各专业类学生对专业的认同度*

*个别专业类因为样本较少，没有包括在内。
数据来源：麦可思 2017~2018 学年学生成长评价。

关。除了保证教师数量、让生师比更加合理外，学校和专业还应建立健全相关的工作机制，对教师明确相关工作要求，提升师生互动交流频率。

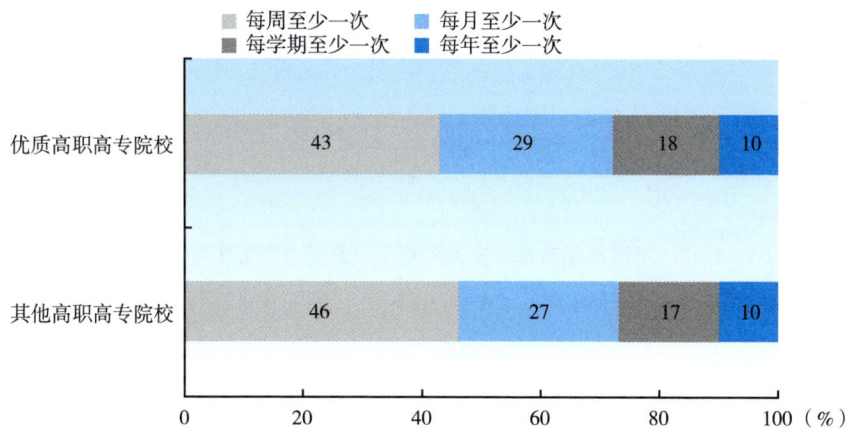

图 3-1-2　不同高职高专院校工科专业在校生师生互动交流频率

数据来源：麦可思 2017~2018 学年学生成长评价。

181

二 培养目标

工科专业培养目标的制定需要符合内部和外部的需求。毕业生中期工作与专业相关度这一指标，在一定程度上能够反映本专业培养的毕业生满足社会经济发展需要的情况。麦可思于2016~2018年分别对2013~2015届毕业生进行了三年后调研，结果显示，2016~2018年不同高职高专院校工科专业毕业生的工作与专业相关度均基本稳定，其中优质高职高专院校持续高于其他高职高专院校2~3个百分点。不过总体来说，毕业生中期在专业相关领域就业的比例不高，从全国来看，反映出工科专业人才培养与产业发展要求之间存在不够匹配的情况。

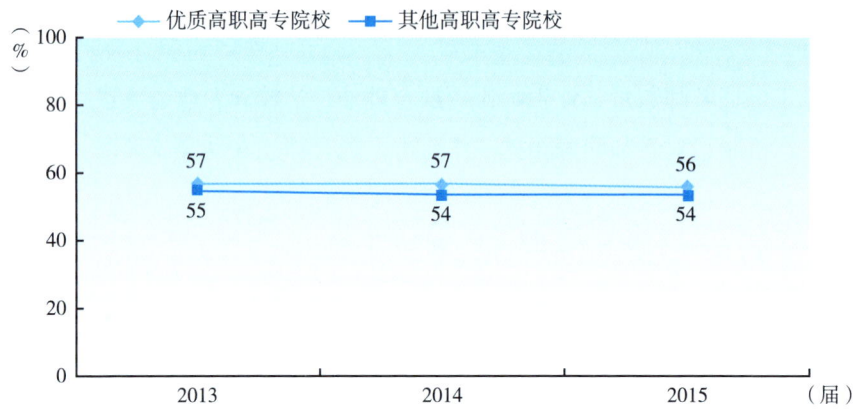

图3-1-3 不同高职高专院校工科专业毕业生中期工作与专业相关度

数据来源：麦可思-中国2013~2015届大学毕业生三年后职业发展跟踪评价。

三 毕业要求

毕业要求指的是学生通过本专业学习所掌握的知识、能力和素养。专业可以通过毕业生的知识满足度、能力满足度和素养提升比例等指标，综合来看毕业生的表现，以及专业在这些方面的培养成效。

2018届高职高专院校工科专业学生的知识满足度为83%，其中知识满足度较高的专业类是城市轨道运输类（86%），知识满足度较低的专业类是机电设备类、建筑设计类（均为81%）。这一指标反映了工科专业毕业生在毕业时掌握的核心知识水平在多大程度上可以满足初始岗位的要求。

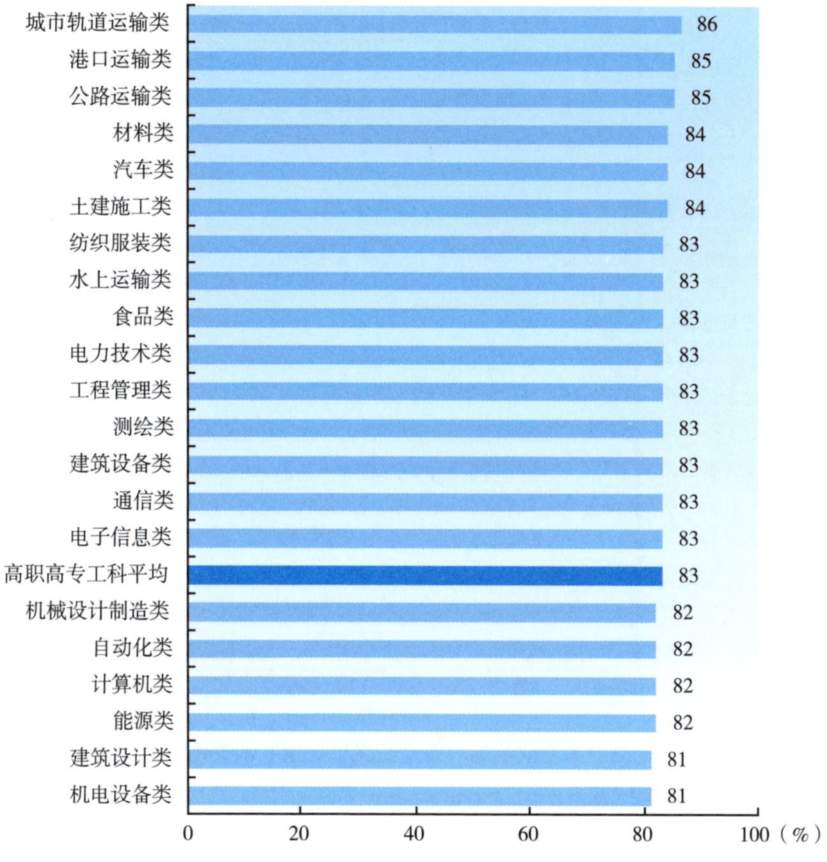

专业类	满足度（%）
城市轨道运输类	86
港口运输类	85
公路运输类	85
材料类	84
汽车类	84
土建施工类	84
纺织服装类	83
水上运输类	83
食品类	83
电力技术类	83
工程管理类	83
测绘类	83
建筑设备类	83
通信类	83
电子信息类	83
高职高专工科平均	83
机械设计制造类	82
自动化类	82
计算机类	82
能源类	82
建筑设计类	81
机电设备类	81

图3-1-4　高职高专院校工科各专业类毕业生核心知识满足度 *

*个别专业类因为样本较少，没有包括在内。
数据来源：麦可思-中国2018届大学毕业生培养质量跟踪评价。

2018届高职高专院校工科专业学生的能力满足度为83%，其中能力满足度较高的专业类是城市轨道运输类（86%），能力满足度较低的专业类是机电设备类（80%）。这一指标反映了工科专业毕业生在毕业时掌握的基本工作能力水平在多大程度上可以满足初始岗位的要求。

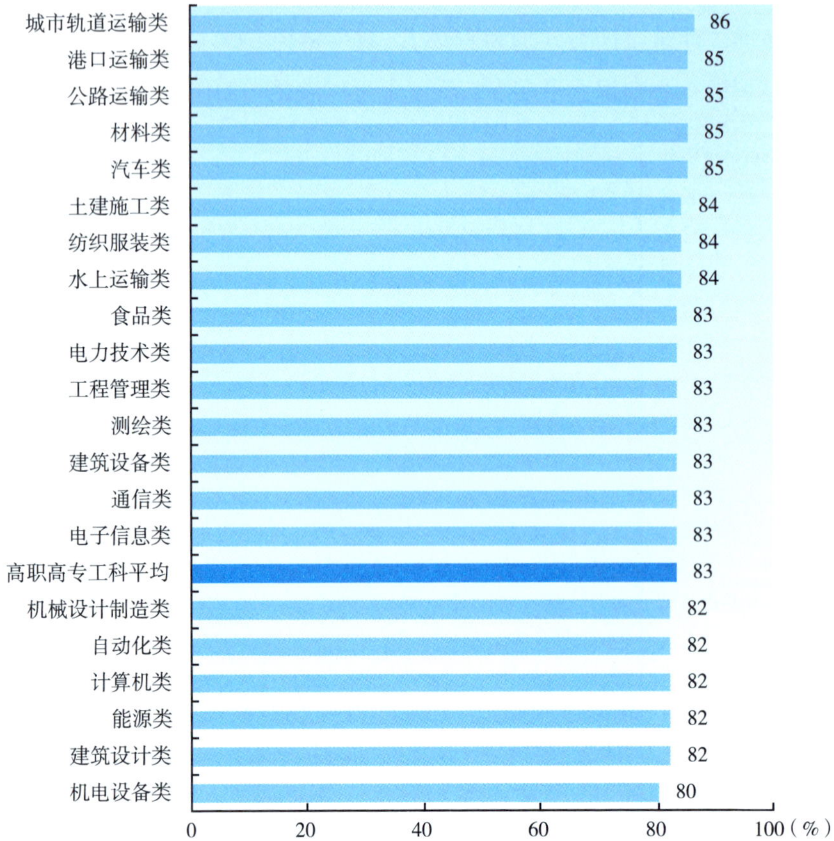

图3-1-5　高职高专院校工科各专业类毕业生基本工作能力满足度*

*个别专业类因为样本较少，没有包括在内。
数据来源：麦可思-中国2018届大学毕业生培养质量跟踪评价。

从全国范围综合来看，高职高专院校中，城市轨道运输类、港口运输类等专业类的学生知识、能力培养能够相对较好地满足需求，机电设备类、建筑设计类等专业类尚有差距。专业应持续深入了解相关行业、用人单位对毕业生知识和能力水平的期待和要求，及时改进自己的人才培养。

除了知识和能力外，OBE的工程教育对工科专业毕业生的素养培养有明确要求。工程人才不仅应懂得运用所学知识解决实际工程问题,还应具备相应的职业素养,包括团队协作、对社会和环境的责任、法律意识等。2018届优质高职高专院校工科专业毕业生各项素养提升的比例均高于或基本持平于其他高职高专院校。值得关注的是,无论是优质高职高专院校还是其他高职高专院校,目前工程安全、环境意识等方面培养成效均较弱。工科专业应检查自己的课程能否对学生相关素养的提升形成有效支撑。

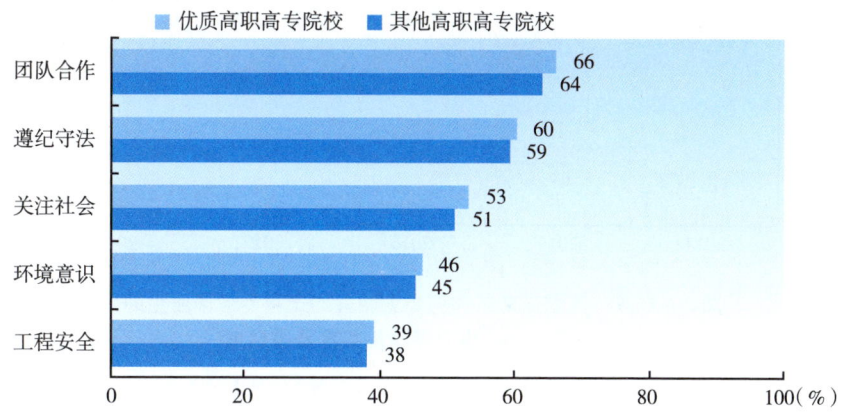

图 3-1-6　不同高职高专院校工科专业毕业生素养提升

数据来源:麦可思-中国 2018 届大学毕业生培养质量跟踪评价。

四　课程体系

课程是实现毕业要求的基本单元。工科专业需要关注课程体系能否有效支撑毕业时应具备的各项知识、能力、素养,也要关注课程的教学能否有效实现课程目标。

核心课程的有效性包括两个方面:核心课程重要度、核心课程满足度。高职高专院校工科专业工作与专业相关毕业生核心课程的重要度、满足度均呈现上升趋势,重要度从 2014 届的 85% 上升至 2018 届的 87%,满足度从 2014 届的 64% 上升至 2018 届的 75%。可见从高职高专院校工科毕业生角度来说，核心课程的设置更加趋于合理，教学质量也在持续提升。

需要注意的是，调研中的核心课程一般指的是专业核心课程。除此之外的其他类型课程（比如公共课、通识课等）也对毕业要求起到支撑作用。

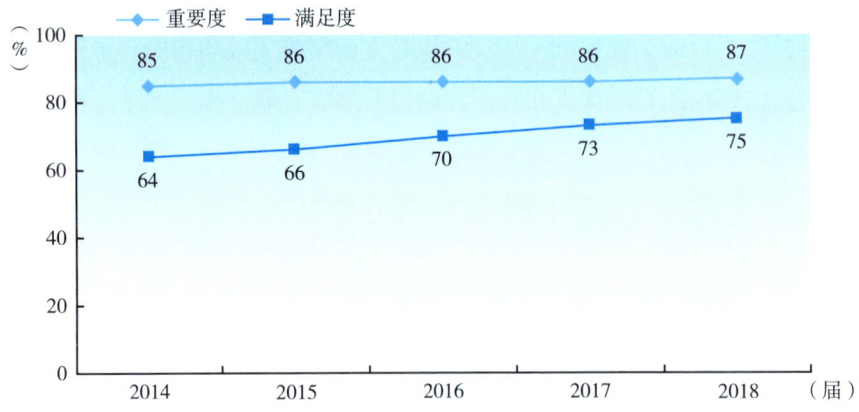

图 3-1-7　高职高专工作与专业相关的工科专业毕业生的
核心课程重要度及满足度

数据来源：麦可思－中国 2014~2018 届大学毕业生培养质量跟踪评价。

五　师资队伍

工科专业的师资队伍应能满足工程类专业教育的需要，不但教师数量、队伍结构等方面应能满足教学需要，教师还应具备足够的教学能力。2018年高职高专院校工科专业教师自评的基本教学能力胜任比例为78%，其中胜任比例较高的能力是提供解释和答疑（81%），胜任比例较低的能力是激发并维持学生的学习动机和投入（74%）。针对本校或本专业教师基本教学能力中的薄弱环节，高校和专业可以面向教师开展相应的培训。

六　支持条件

OBE 的工程教育要求学校能够提供达成毕业要求所必需的基础设施，

分报告三·专题一　工程教育的成果导向分析

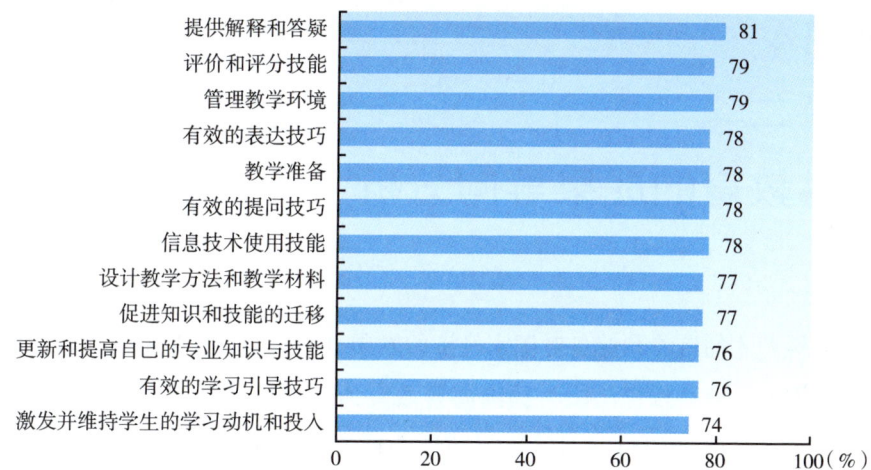

图 3-1-8　高职高专院校工科专业教师各类型基本教学能力胜任比例

数据来源：麦可思 2018 年大学师资发展与保障评价。

比如适宜的学习生活环境、完善的文体设施等。2017～2018 学年在校生数据显示，高职高专院校工科专业在校生对校园环境满意度较高的方面是校园自然环境（89%），较低的方面是文娱体育设施（79%）。

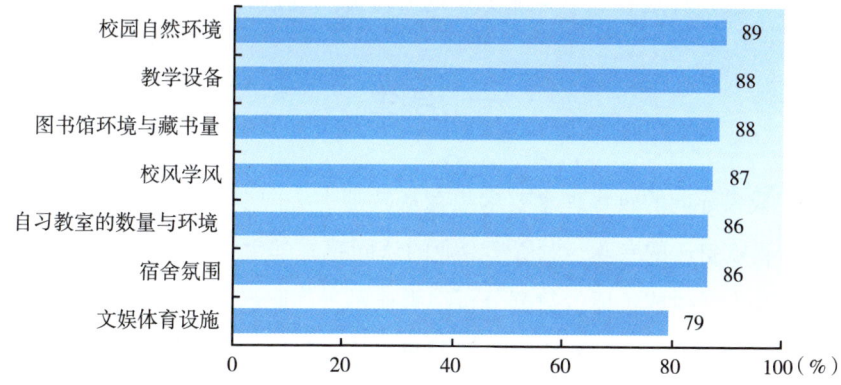

图 3-1-9　高职高专院校工科专业在校生对校园环境各方面的满意度

数据来源：麦可思 2017～2018 学年学生成长评价。

187

B.14
专题二
商科教育的成果导向分析

商科人才的培养和储备对国家经济的发展至关重要，而且随着国家经济总量的增加，商科教育已成为我国高等教育体系中最具发展潜力的领域之一。根据教育部2017年统计数据，我国普通专科中商科专业在校生数超过230万人，占我国普通专科在校生总数的20%，是1999年商科专业专科在校生数的10倍。商科教育涵盖范围广泛，且不同国家和地区在专业细分上也有差异。本专题中，商科专业指以FAME（金融Finance、会计Accounting、管理Management、经济Economic）四大专业为基础的所有财经商贸类专业。本专题基于2014~2018年的应届毕业生、中期毕业生、在校生、教师调研数据为依据，以成果导向（Outcome-Based Education，OBE）的视角，对商科专业学生的培养过程和培养质量中的一部分问题进行分析。

一 学生

基于成果导向的教育理念要求教育从教师中心向学生中心转变，了解大学生是否喜欢自己的专业、对所学专业的认同感是学生中心的具体表现之一。麦可思在校大学生成长评价数据分析结果显示，高职高专院校2017~2018学年商科各专业类中，学生的专业认同度相对较高的专业类是财政金融类（2.95分），专业认同度较低的专业类是财务会计类（2.85分）。影响专业认同的因素有多重，比如社会文化、国家政策、家庭期望等外在因素，也有个人自身的兴趣、价值观等内在因素。学生对专业的认同度会对学生的学习和择业产生影响，专业认同度低也可能会造成学生更多地选择与专业无关的工作。

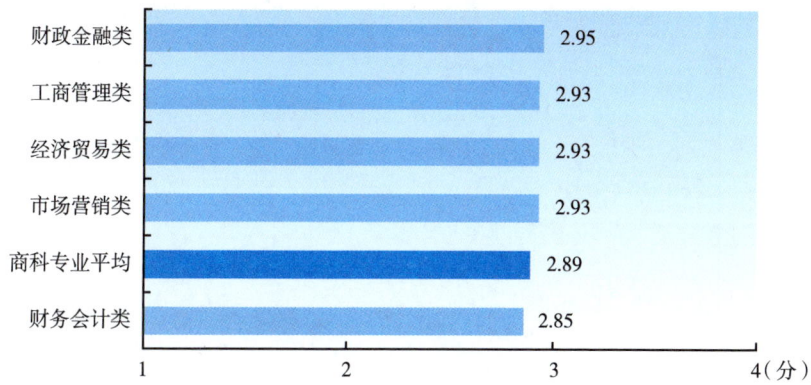

图 3-2-1　高职高专院校商科各专业类学生对专业的认同度

数据来源：麦可思 2017~2018 学年学生成长评价。

与此同时，成果导向的教育理念强调专业任课教师应在学生学习指导工作中发挥主体作用，结合课程教学开展学习指导工作，帮助学生达成培养目标和学习成果，实现学生发展。数据显示，高职高专院校 2018 届毕业生中，商科专业学生在校期间与任课教师有高频交流（"每周至少一次"或"每月至少一次"课下交流）的比例为 54%，低于非商科专业（63%）。师生之间的互动交流是激发学生学习兴趣的重要途径之一，对帮助学生达成教学目标和学习成果有着积极影响，在国际高等商学院协会（The Association to Advance Collegiate Schools of Business International，AACSB）和美国商科教育认证委员会（Accreditation Council for Business Schools and Programs，ACBSP）等商科教育认证的认证标准中，也明确提出了专业要促进学生与教师的互动，关注学生与教师的互动水平和持续质量，互动应与学位、专业类型和学习目标的达成保持一致。因此，商科专业在教学培养过程中需要给予这一方面更多关注，并不断提升师生之间交流的有效性。

二　培养目标

培养目标是以成果为导向的专业建设的核心，是专业人才培养的依据，

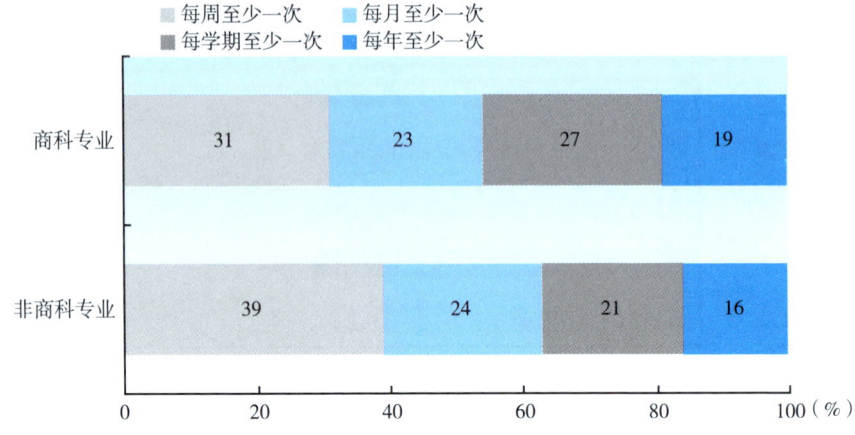

图3-2-2 高职高专院校商科专业毕业生师生互动交流频率

数据来源：麦可思-中国2018届大学毕业生培养质量跟踪评价。

成果导向的教育理念要求专业制定明确的培养目标，定义学生毕业一段时间后的专业领域、职业特征和应具备的职业能力，并定期对培养目标的达成度进行评价。因此，专业在衡量培养目标达成度的过程中，可以将学生是否在专业相关领域就业作为论证培养目标达成的指标之一。麦可思于2016~2018年分别对2013~2015届毕业生进行了三年后调研，结果显示，商科专业毕业生毕业三年后的工作与专业度始终低于非商科专业，并呈现下降趋势。具体来看，2018年商科专业毕业生毕业三年后的工作与专业相关度为51%，较2018年非商科专业低6个百分点，较2016年商科专业相关度下降了3个百分点。工作与专业相关度会受到市场环境、学科特色、学生能力、在校培养等多方因素影响，针对商科专业相关度下降的现象，院校需进一步了解在校期间各个培养环节对专业相关度的影响程度，从而为更好地达成培养目标指引改进方向。

三 学习成果

专业的培养目标要由更具体可测量的学习成果支撑，学习成果是毕业生

分报告三·专题二 商科教育的成果导向分析

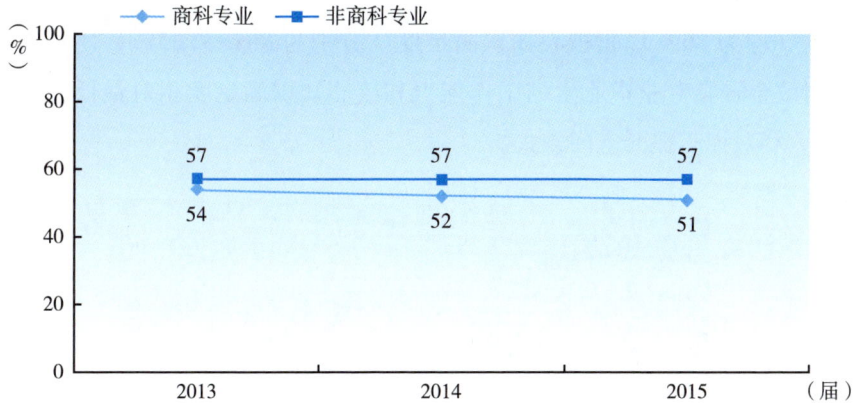

图 3-2-3 高职高专院校商科专业毕业生毕业中期工作与专业相关度变化趋势

数据来源：麦可思 – 中国 2013～2015 届大学毕业生三年后职业发展跟踪评价。

毕业时需达到的基本要求，应该是知识、能力、素质的综合体现，学习成果是否达成是衡量专业培养质量的重要依据。数据显示，高职高专院校 2018 届商科专业重要度较高的 10 项能力及满足度如下图所示。可以看出，高职高专院校商科专业毕业生对说服他人能力的重要度评价（65%）相对较高，但其满足度评价（81%）相对较低。

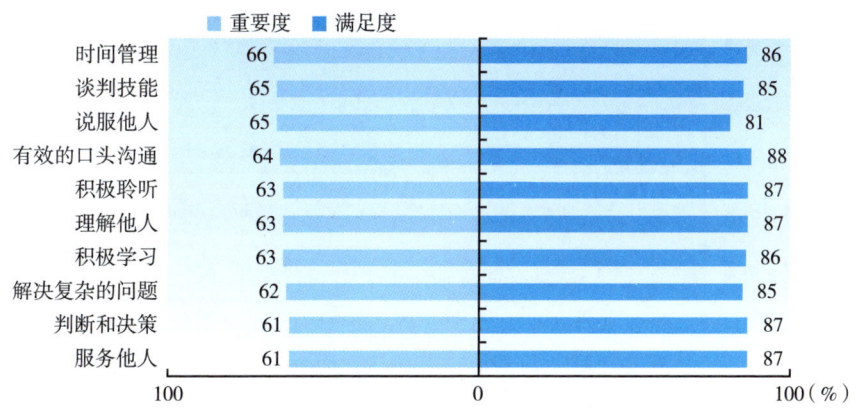

图 3-2-4 高职高专院校商科专业重要度较高的 10 项能力及满足度

数据来源：麦可思 – 中国 2018 届大学毕业生培养质量跟踪评价。

191

具体到商科各专业类，财务会计类、经济贸易类专业毕业生的工作能力满足度（均为86%）和核心知识满足度（分别为86%和85%）均相对较高，财政金融类专业毕业生的工作能力和核心知识满足度相对最低（均为83%），相对而言提升空间较大。

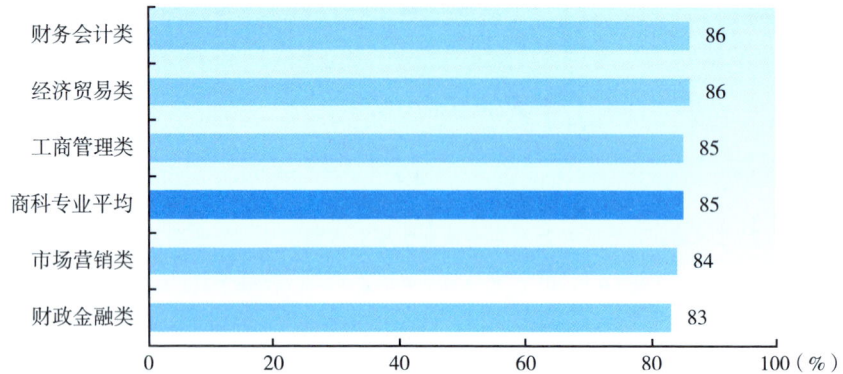

图3-2-5 高职高专院校商科各专业类毕业生的基本工作能力满足度

数据来源：麦可思-中国2018届大学毕业生培养质量跟踪评价。

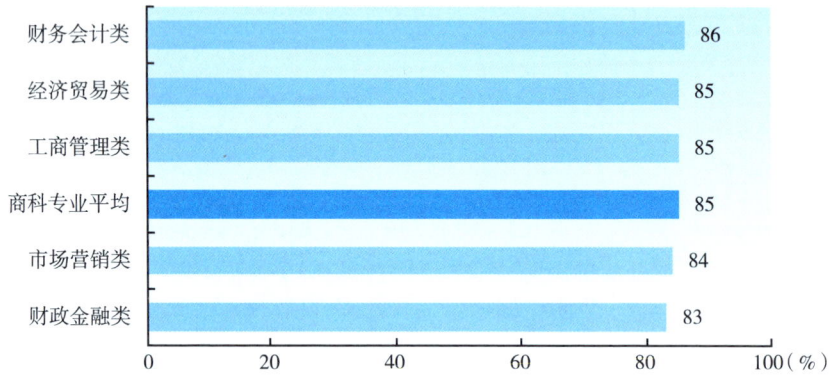

图3-2-6 高职高专院校商科各专业类毕业生的核心知识满足度

数据来源：麦可思-中国2018届大学毕业生培养质量跟踪评价。

四　课程体系

专业的学习成果要落实到具体的课程和教学中，核心课程的重要度和满足度是论证专业课程体系设置符合市场期待、教学质量满足市场需求的指标之一，也是保障学生学习成果达成的基础。数据显示，工作与专业相关的商科专业大学生核心课程的重要度及满足度评价均呈上升趋势。其中，核心课程重要度稳定在89%～91%之间，满足度由2014届的70%上升至2018届的80%。可以看出，商科专业的课程体系设置合理性和教学质量均逐年提升，一定程度说明了商科人才培养质量的进步。

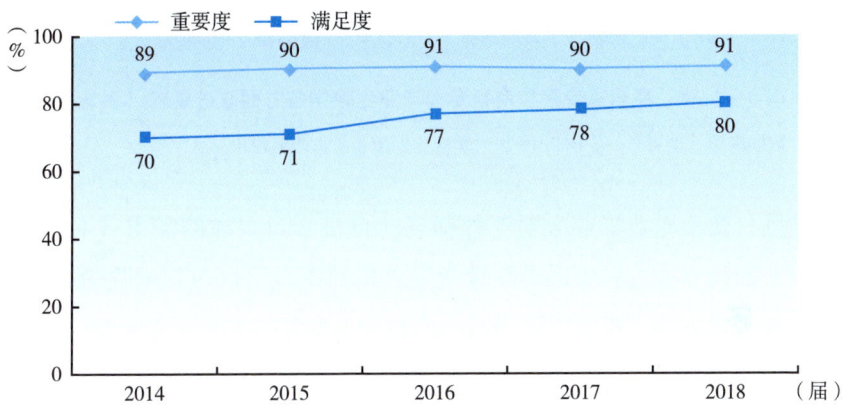

图3-2-7　高职高专院校工作与专业相关的商科专业毕业生的核心课程重要度及满足度

数据来源：麦可思-中国2014～2018届大学毕业生培养质量跟踪评价。

虽然商科专业的核心课程重要度和满足度均逐年提升，学生在教学方面仍有一些改进需求。由下图可见，高职高专院校2018届商科专业毕业生认为母校的教学最需要改进的地方是"实习和实践环节不够"（60%），相比于非商科专业，商科专业毕业生对实习实践环节的改进期待更高。对商科专业而言，实习实践是帮助学生更好地了解专业、提升能力、达成学习成果的重要途径，专业不仅要关注对学生实习实践环节的投入，也要关注学生在实习实践环节中的获得，以加强实习实践的效果。

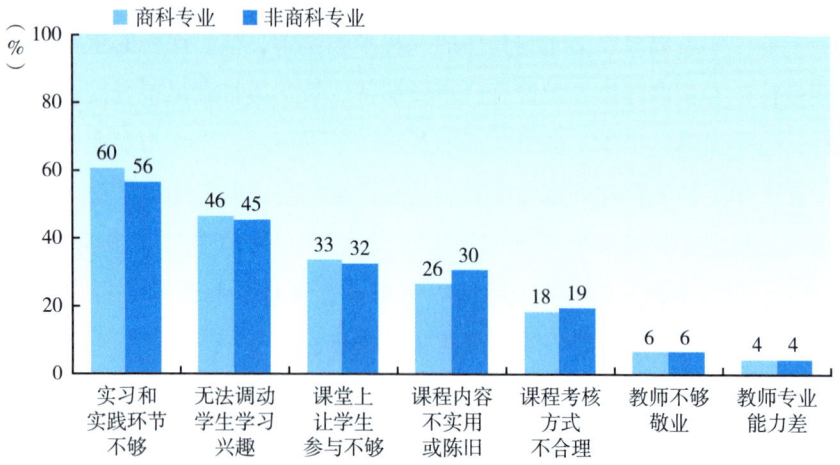

图3－2－8　高职高专院校商科专业毕业生教学各方面改进需求（多选）

数据来源：麦可思－中国2018届大学毕业生培养质量跟踪评价。

此外，商科专业毕业生对于教师调动自身学习兴趣的需求（46%）也略高于非商科专业。教师调动学生学习兴趣的手段可以包括增强学生参与、结合多种教学方法、设置更具挑战性的教学目标等，在注重学生学习体验情境和实践性的基础上激发学生的学习兴趣，这就对商科专业教师的能力提出了更高要求。

五　师资队伍

根据麦可思2018年大学师资发展与保障评价中商科专业教师的自评，高职高专院校商科专业教师胜任比例较低的能力为"激发并维持学生的学习动机和投入"（71%），说明商科专业教师在帮助和激发学生主动学习的能力方面尚有欠缺，院校在为教师提供培训的过程中需更加关注对此方面的培训，帮助教师提升自身能力，以保障专业的培养质量和学生的成果达成。

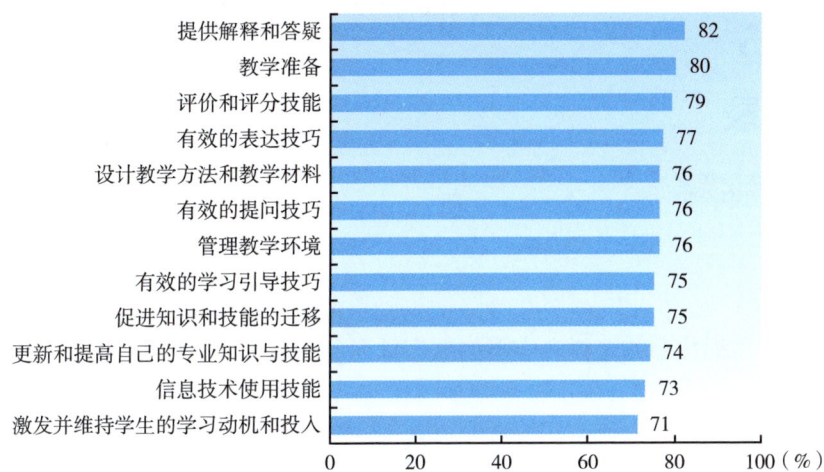

图 3-2-9　高职高专院校商科专业教师各项基本教学能力的胜任比例

数据来源：麦可思 2018 年大学师资发展与保障评价。

B.15
附　录
名词解释

以下名词按照首字拼音字母的顺序排列。

B

毕业半年后：2018届毕业生毕业第二年（即2019年）的1月左右。麦可思在此时展开跟踪评价，收集数据。此时毕业生的就业状况趋于稳定，有工作经历的毕业生也能够评估工作对自己知识、能力的要求水平。

毕业半年后的平均月收入：指毕业生毕业半年后实际每月工作收入的平均值。

毕业三年后的平均月收入：指毕业生毕业三年后实际每月工作收入的平均值。

毕业去向分布：麦可思将中国本科毕业生的毕业状况分为十类：受雇全职工作；受雇半职工作；自主创业；毕业后入伍；正在国内读研；正在港澳台地区及国外读研；无工作，准备国内读研；无工作，准备到港澳台地区及国外读研；无工作，继续寻找工作；无工作，其他。同理将中国高职高专毕业生的毕业状况分为七类：受雇全职工作；受雇半职工作；自主创业；毕业后入伍；毕业后读本科；无工作，继续寻找工作；无工作，其他。其中，受雇全职工作指平均每周工作32小时或以上。受雇半职工作指平均每周工作20小时到31小时。

毕业三年后：麦可思于2018年对2015届大学毕业生进行了三年后跟踪评价（曾于2016年初对这批大学毕业生进行过半年后跟踪评价），本报告涉及的三年内的变化分析即使用两次对同一批大学生的跟踪评价数据。

毕业十年后：麦可思于2018年底对2008届大学毕业生进行了十年后跟踪评价（曾于2009年初对这批大学毕业生进行过半年后跟踪评价，2011年底对同批大学毕业生进行过三年后再跟踪评价），本报告涉及的十年后变化分析即使用三次对同一批大学生的跟踪评价数据。

毕业时掌握的核心知识水平：用于定义正在工作的大学毕业生所理解的对各项知识在刚毕业时实际掌握的级别，从低到高分为一级到七级。一级代表该知识的最低水平，取值1/7；七级代表该知识的最高水平，取值1。为了帮助答题人自评级别，问卷在一级到七级中分别举了三个例子，以帮助答题人理解知识水平差别。

毕业时掌握的基本工作能力水平：用于定义正在工作的大学毕业生所理解的对35项基本工作能力在刚毕业时实际掌握的级别，从低到高分为一级到七级。一级代表该能力的最低水平，取值1/7；七级代表该能力的最高水平，取值1。为了帮助答题人自评级别，问卷在一级到七级中分别举了三个例子，以帮助答题人理解能力差别。

C

城市类型：本研究按行政级别把中国内地城市分为以下三种类型。

a. 直辖市：包括北京、上海、天津、重庆。

b. 副省级城市：包括哈尔滨、长春、沈阳、大连、济南、青岛、南京、杭州、宁波、厦门、广州、深圳、武汉、成都、西安15个城市。部分省会城市不属于副省级城市。

c. 地级城市及以下：如绵阳、保定、苏州等，也包括省会城市如福州、银川等以及地级市下属的县、乡等。

创新能力：35项基本工作能力中与创新能力相关的几项能力，包括科学分析、逻辑思维、积极学习、设计思维四项能力。

创新创业教育：指毕业生在大学期间参加过的创新创业教育。包括：

"创业辅导活动"、"创业教学课程"、"创业竞赛活动"、"创业实践活动"、"其他",一个毕业生可以选择参加多类教育。

创新创业教育有效性:毕业生选择了参加某类创新创业教育后,会再评价该类教育对其工作或学习是否有帮助。创新创业教育有效性=参加过该类教育并表示有帮助的人数/参加过该类教育的人数。

D

大学毕业生:本科院校、高职高专院校的毕业生。

待定族:指跟踪评价时处于失业状态且不打算求职和求学的大学毕业生。

对母校的总体满意度:由毕业生回答对母校的总体满意度,选项有"很满意"、"满意"、"不满意"、"很不满意"、"无法评估"共五项。其中,"满意"、"很满意"属于满意的范围,"不满意"、"很不满意"属于不满意的范围。对母校的总体满意度是回答满意范围的人数百分比,计算公式的分子是回答满意范围的人数,分母是回答不满意范围和满意范围的总人数。

对母校的推荐度:在同等分数、同类型学校条件下,大学毕业生是否愿意推荐母校给亲朋好友去就读的比例。推荐度计算公式的分子是回答"愿意推荐"的人数,分母是回答"愿意推荐"、"不愿意推荐"、"不确定"的总人数。

G

工作岗位要求的工作能力水平:用于定义正在工作的大学毕业生所理解的工作对35项基本工作能力的要求级别,从低到高分为一级到七级。一级代表该能力的最低水平,取值1/7;七级代表该能力的最高水平,取值1。为了帮助答题人自评级别,问卷在一到七级中分别举了三个例子,以帮助答题人理解能力差别。

工作能力：从事某项职业工作必须具备的能力，分为职业工作能力和基本工作能力。职业工作能力是从事某一职业特殊需要的能力，基本工作能力是所有工作都必须具备的能力，麦可思参考美国 SCANS 标准，把基本工作能力分为 35 项。根据麦可思的工作能力分类，中国大学生可以从事的职业共 695 个，对应的职业能力近万条。

工作要求的核心知识水平：用于定义正在工作的大学毕业生所理解的工作对各项知识的要求级别，从低到高分为一级到七级。一级代表该知识的最低水平，取值 1/7；七级代表该知识的最高水平，取值 1。为了帮助答题人自评级别，问卷在一到七级中分别举了三个例子，以帮助答题人理解知识水平差别。

工作与专业相关度 = 受雇全职工作并且与专业相关的毕业生人数/受雇全职工作的毕业生人数。

雇主数：指毕业生从第一份工作到三年后的跟踪评价时点，一共为多少个雇主工作过。雇主数越多，则工作转换得越频繁；雇主数可以代表毕业生工作稳定的程度。

H

行业：根据麦可思中国行业分类体系，本次跟踪评价覆盖了高职高专毕业生就业的 327 个行业。

行业转换率：行业转换是指毕业生在毕业半年后就业于某行业（小类），而毕业三年后进入不同的行业就业。行业转换率是指有多大比例的毕业生在毕业三年内转换了行业。其计算方法为：分母是毕业半年后有工作的毕业生数，分子是毕业三年后所在行业与半年后所在行业不同的毕业生数。

核心知识：从事某项职业工作必须具备的知识。麦可思参考美国 SCANS 标准，将核心知识分为 28 项。根据麦可思的核心知识分类，中国大学生可以从事的职业共 695 个，对应的职业知识近万条。

核心知识的重要度：用于定义正在工作的大学毕业生所理解的各项知识

在其岗位工作中的重要程度，分为"无法评估"、"不重要"、"有些重要"、"重要"、"非常重要"和"极其重要"六个层次，数据处理时把重要性处理为百分比，0代表"不重要"，25%代表"有些重要"，50%代表"重要"，75%代表"非常重要"，100%代表"极其重要"。

核心知识的满足度：毕业时掌握的核心知识水平满足社会初始岗位的工作要求水平的百分比，100%为完全满足。满足度计算公式的分子是毕业时掌握的核心知识水平，分母是工作要求的核心知识水平。

红牌专业：失业量较大，就业率、月收入和就业满意度综合较低的专业，为高失业风险型专业。

黄牌专业：除红牌专业外，失业量较大，就业率、月收入和就业满意度综合较低的专业。

J

基本工作能力的重要度：用于定义正在工作的大学毕业生所理解的35项基本工作能力在其岗位工作中的重要程度，分为"无法评估"、"不重要"、"有些重要"、"重要"、"非常重要"和"极其重要"六个层次，数据处理时把重要性处理为百分比，0代表"不重要"，25%代表"有些重要"，50%代表"重要"，75%代表"非常重要"，100%代表"极其重要"。

基本工作能力的满足度：毕业时掌握的基本工作能力水平满足社会初始岗位的工作要求水平的百分比，100%为完全满足。满足度计算公式的分子是毕业时掌握的基本工作能力水平，分母是工作要求的水平。

经济区域：本研究把中国内地31个省、自治区和直辖市分为八个经济体系区域。

a. 东北区域经济体：包括黑龙江、吉林、辽宁；

b. 泛渤海湾区域经济体：包括北京、天津、山东、河北、内蒙古、山西；

c. 陕甘宁青区域经济体：包括陕西、甘肃、宁夏、青海；

d. 中原区域经济体：包括河南、湖北、湖南；

e. 泛长江三角洲区域经济体：包括上海、江苏、浙江、江西、安徽；

f. 泛珠江三角洲区域经济体：包括广东、广西、福建、海南；

g. 西南区域经济体：包括重庆、四川、贵州、云南；

h. 西部生态经济区：包括西藏、新疆。

就业地：指大学毕业生的就业所在地区。

就业率：本科毕业生的就业率＝已就业本科毕业生数/需就业的本科毕业生总数；需要注意的是，按劳动经济学的就业率定义，已就业人数不包括国内外读研人数，需就业的总毕业生数也不包括国内外读研的人数；政府教育机构统计的就业率通常包括国内外读研人数，也就是本报告中的非失业率。

高职高专毕业生的就业率＝已就业高职高专毕业生数/需就业的高职高专毕业生总数；其中，已就业人数不包括读本科人数，需就业的总毕业生数也不包括读本科人数。

就业满意度：由就业的毕业生对自己目前的就业现状进行主观判断，选项有"很满意"、"满意"、"不满意"、"很不满意"、"无法评估"共五项。其中，选择"满意"或"很满意"的人属于对就业现状满意，选择"不满意"或"很不满意"的人属于对就业现状不满意。

就业指导服务满意度：由毕业生回答对母校就业指导服务的满意度，选项有"很满意"、"满意"、"不满意"、"很不满意"、"无法评估"共五项。其中，"满意"、"很满意"属于满意的范围，"不满意"、"很不满意"属于不满意的范围。就业指导服务满意度是回答满意范围的人数百分比，计算公式的分子是回答满意范围的人数，分母是回答不满意范围和满意范围的总人数。

教学满意度：由毕业生回答对母校的教学满意度，选项有"很满意"、"满意"、"不满意"、"很不满意"、"无法评估"共五项。其中，"满意"、"很满意"属于满意的范围，"不满意"、"很不满意"属于不满意的范围。教学满意度是回答满意范围的人数百分比，计算公式的分子是回答满意范围的人数，分母是回答不满意范围和满意范围的总人数。

K

课程的重要度：由从事专业相关工作的毕业生判定课程在自己的工作中是否重要。毕业生认为课程对工作的重要度评价分为"无法评估"、"不重要"、"有些重要"、"重要"、"非常重要"、"极其重要"，其中"有些重要"、"重要"、"非常重要"、"极其重要"属于重要的范围。

课程的满足度：回答了课程"有些重要"到"极其重要"的毕业生会被要求回答课程训练是否满足工作要求，满足度指标是回答某课程能满足工作的百分比。计算公式的分子是回答"满足"的人数，分母是回答"满足"和"不满足"的总人数。

L

离职类型：分为主动离职（辞职）、被雇主解职、两者均有（离职两次以上可能会出现）三类情形。

离职率：有过工作经历的毕业生（从毕业时到 2018 年 12 月 31 日）有多大百分比发生过离职。离职率＝曾经发生离职行为的毕业生人数/现在工作或曾经工作过的毕业生人数。

绿牌专业：失业量较小，就业率、月收入和就业满意度综合较高的专业，为需求增长型专业。

S

素养提升：由毕业生选择，大学帮助自己在哪些方面素养得到明显提升。一个毕业生可选择多项，也可选择"没有任何帮助"。工程类、艺术类、医学类专业在素养培养上有各自的特点，故这里的素养选项有所不同。

社团活动：指毕业生在大学期间参加过的社团活动。社团活动包括：

"科技类"、"社会实践类"、"公益类"、"社交联谊类"、"文化艺术类"、"表演艺术类"、"体育户外类",一个毕业生可以选择参加多类社团活动,也可以选择"没参加任何社团活动"。

社团活动满意度:毕业生选择了参加某类社团活动后,会再评价该类社团活动是否满意。社团活动满意度=参加过该类社团活动并表示满意的人数/参加过该类社团活动的人数。

生活服务满意度:由毕业生回答对母校的生活服务满意度,选项有"很满意"、"满意"、"不满意"、"很不满意"、"无法评估"共五项。其中,"满意"、"很满意"属于满意的范围,"不满意"、"很不满意"属于不满意的范围。生活服务满意度是回答满意范围的人数百分比,计算公式的分子是回答满意范围的人数,分母是回答不满意范围和满意范围的总人数。

失业率=未就业毕业生数/需就业的总毕业生数,需就业的总毕业生数不包括国内外读研(本科毕业生)、读本科(高职高专毕业生)的人数。

W

未就业:本研究将应届毕业生在毕业半年后跟踪评价时没有全职或者半职雇用工作,也没有创业、入伍或升学的状态,视为未就业。这包括准备考研、准备出国读研、还在找工作和"待定族"四种情况。

五大类基本工作能力:麦可思参考美国SCANS标准,35项基本工作能力可划归为五大类型,分别是理解与交流能力、科学思维能力、管理能力、应用分析能力和动手能力。

X

新一线城市:《第一财经周刊》于2013年首次提出"新一线城市"概念,依据商业资源集聚度、城市枢纽性、城市人活跃度、生活方式多样性和未来可塑性五大指标,每年评出15座新一线城市。2018年评出的15座新

一线城市依次是：成都、杭州、重庆、武汉、苏州、西安、天津、南京、郑州、长沙、沈阳、青岛、宁波、东莞和无锡。

学生工作满意度：由毕业生回答对母校的学生工作满意度，选项有"很满意"、"满意"、"不满意"、"很不满意"、"无法评估"共五项。其中，"满意"、"很满意"属于满意的范围，"不满意"、"很不满意"属于不满意的范围。学生工作满意度是回答满意范围的人数百分比，计算公式的分子是回答满意范围的人数，分母是回答不满意范围和满意范围的总人数。

Y

一线城市：北京、上海、广州、深圳。

已就业人群：包括"受雇全职工作"、"受雇半职工作"、"自主创业"、"毕业后入伍"四类人群。

月收入：指工资、奖金、业绩提成、现金福利补贴等所有的月度现金收入。

月收入的"增长率" =（2018届毕业生的平均月收入 – 2017届毕业生的平均月收入）/2017届毕业生的平均月收入。月收入增长的幅度可能会受到基数的影响。

月收入涨幅 =（毕业三年后的月收入 – 毕业半年后的月收入）/毕业半年后的月收入。

Z

职位晋升：由已经工作的毕业生回答是否获得职位晋升以及获得晋升的次数。职位晋升是指享有比前一个职位更多的职权并承担更多的责任，由毕业生主观判断。这既包括不换雇主的内部提升，也包括通过更换雇主实现的晋升。

职位晋升次数：由毕业生回答获得职位晋升的次数，计算公式的分子是三年内毕业生获得的职位晋升次数，没有获得职位晋升的人记为 0 次，分母是三年内就业和就业过的毕业生数。

职业：根据麦可思中国职业分类体系，本次跟踪评价覆盖了高职高专毕业生能够从事的 541 个职业。

职业期待吻合度：毕业生的工作与职业期待吻合的人数百分比。

职业转换：职业转换是指毕业生在毕业半年后从事某种职业，毕业三年后由原职业转换到不同的职业。转换职业通常在工作单位内部完成的并不代表离职；反过来讲，更换雇主可能也不代表转换职业。

职业转换率：职业转换率是指有多大比例的毕业生在毕业三年内转换了职业。其计算方法为：分母是毕业半年后有工作的毕业生数，分子是毕业三年后从事的职业与半年后从事的职业不同的毕业生数。

专升本：指高职高专毕业生毕业后继续就读本科。有专升本、专插本、专接本、专转本多种形式，本报告中统一称为"专升本"。

专业大类：按照教育部的专业目录以及学校新增的专业，本次跟踪评价覆盖了高职高专院校所开设的专业大类 18 个。

专业类：按照教育部的专业目录以及学校新增的专业，本次跟踪评价覆盖了高职高专院校所开设的专业类 76 个。

专业：按照教育部的专业目录以及学校新增的专业，本次跟踪评价覆盖了高职高专院校所开设的专业 653 个。

自主创业集中的行业类比例：自主创业人群中有多大比例毕业生在该行业类就业，分子是自主创业人群中在该行业类就业的毕业生人数，分母是毕业生自主创业的总人数。

B.16 主要参考文献

[1] E. Grady Bogue, Kimberely Bingham Hall. *Quality and Accountability in Higher Education* [M]. Greenwood Publishing Group, Inc, 2003.

[2] James D. Fearon. 2002. Selection Effects and Deterrence. International Interaction. 28: 5–29.

[3] 麦可思研究院编著《2016年中国高职高专生就业报告》，社会科学文献出版社，2016。

[4] 麦可思研究院编著《2017年中国高职高专生就业报告》，社会科学文献出版社，2017。

[5] 麦可思研究院编著《2018年中国高职高专生就业报告》，社会科学文献出版社，2018。

[6]《中华人民共和国职业分类大典》（2015年版），中国劳动社会保障出版社，2015。

社会科学文献出版社　　　　　　　　　皮书系列

❖ 皮书起源 ❖

"皮书"起源于十七、十八世纪的英国，主要指官方或社会组织正式发表的重要文件或报告，多以"白皮书"命名。在中国，"皮书"这一概念被社会广泛接受，并被成功运作、发展成为一种全新的出版形态，则源于中国社会科学院社会科学文献出版社。

❖ 皮书定义 ❖

皮书是对中国与世界发展状况和热点问题进行年度监测，以专业的角度、专家的视野和实证研究方法，针对某一领域或区域现状与发展态势展开分析和预测，具备原创性、实证性、专业性、连续性、前沿性、时效性等特点的公开出版物，由一系列权威研究报告组成。

❖ 皮书作者 ❖

皮书系列的作者以中国社会科学院、著名高校、地方社会科学院的研究人员为主，多为国内一流研究机构的权威专家学者，他们的看法和观点代表了学界对中国与世界的现实和未来最高水平的解读与分析。

❖ 皮书荣誉 ❖

皮书系列已成为社会科学文献出版社的著名图书品牌和中国社会科学院的知名学术品牌。2016年，皮书系列正式列入"十三五"国家重点出版规划项目；2013~2019年，重点皮书列入中国社会科学院承担的国家哲学社会科学创新工程项目；2019年，64种院外皮书使用"中国社会科学院创新工程学术出版项目"标识。

中国皮书网

（网址：www.pishu.cn）

发布皮书研创资讯，传播皮书精彩内容
引领皮书出版潮流，打造皮书服务平台

栏目设置

关于皮书：何谓皮书、皮书分类、皮书大事记、皮书荣誉、
皮书出版第一人、皮书编辑部

最新资讯：通知公告、新闻动态、媒体聚焦、网站专题、视频直播、下载专区

皮书研创：皮书规范、皮书选题、皮书出版、皮书研究、研创团队

皮书评奖评价：指标体系、皮书评价、皮书评奖

互动专区：皮书说、社科数托邦、皮书微博、留言板

所获荣誉

2008年、2011年，中国皮书网均在全国新闻出版业网站荣誉评选中获得"最具商业价值网站"称号；

2012年，获得"出版业网站百强"称号。

网库合一

2014年，中国皮书网与皮书数据库端口合一，实现资源共享。

权威报告·一手数据·特色资源

皮书数据库
ANNUAL REPORT(YEARBOOK) DATABASE

当代中国经济与社会发展高端智库平台

所获荣誉

- 2016年，入选"'十三五'国家重点电子出版物出版规划骨干工程"
- 2015年，荣获"搜索中国正能量 点赞2015""创新中国科技创新奖"
- 2013年，荣获"中国出版政府奖·网络出版物奖"提名奖
- 连续多年荣获中国数字出版博览会"数字出版·优秀品牌"奖

成为会员

通过网址www.pishu.com.cn访问皮书数据库网站或下载皮书数据库APP，进行手机号码验证或邮箱验证即可成为皮书数据库会员。

会员福利

- 已注册用户购书后可免费获赠100元皮书数据库充值卡。刮开充值卡涂层获取充值密码，登录并进入"会员中心"—"在线充值"—"充值卡充值"，充值成功即可购买和查看数据库内容。
- 会员福利最终解释权归社会科学文献出版社所有。

数据库服务热线：400-008-6695
数据库服务QQ：2475522410
数据库服务邮箱：database@ssap.cn
图书销售热线：010-59367070/7028
图书服务QQ：1265056568
图书服务邮箱：duzhe@ssap.cn

社会科学文献出版社 皮书系列
卡号：166978594269
密码：

基本子库
SUB DATABASE

中国社会发展数据库（下设12个子库）

全面整合国内外中国社会发展研究成果，汇聚独家统计数据、深度分析报告，涉及社会、人口、政治、教育、法律等12个领域，为了解中国社会发展动态、跟踪社会核心热点、分析社会发展趋势提供一站式资源搜索和数据分析与挖掘服务。

中国经济发展数据库（下设12个子库）

基于"皮书系列"中涉及中国经济发展的研究资料构建，内容涵盖宏观经济、农业经济、工业经济、产业经济等12个重点经济领域，为实时掌控经济运行态势、把握经济发展规律、洞察经济形势、进行经济决策提供参考和依据。

中国行业发展数据库（下设17个子库）

以中国国民经济行业分类为依据，覆盖金融业、旅游、医疗卫生、交通运输、能源矿产等100多个行业，跟踪分析国民经济相关行业市场运行状况和政策导向，汇集行业发展前沿资讯，为投资、从业及各种经济决策提供理论基础和实践指导。

中国区域发展数据库（下设6个子库）

对中国特定区域内的经济、社会、文化等领域现状与发展情况进行深度分析和预测，研究层级至县及县以下行政区，涉及地区、区域经济体、城市、农村等不同维度。为地方经济社会宏观态势研究、发展经验研究、案例分析提供数据服务。

中国文化传媒数据库（下设18个子库）

汇聚文化传媒领域专家观点、热点资讯，梳理国内外中国文化发展相关学术研究成果、一手统计数据，涵盖文化产业、新闻传播、电影娱乐、文学艺术、群众文化等18个重点研究领域。为文化传媒研究提供相关数据、研究报告和综合分析服务。

世界经济与国际关系数据库（下设6个子库）

立足"皮书系列"世界经济、国际关系相关学术资源，整合世界经济、国际政治、世界文化与科技、全球性问题、国际组织与国际法、区域研究6大领域研究成果，为世界经济与国际关系研究提供全方位数据分析，为决策和形势研判提供参考。

法律声明

"皮书系列"（含蓝皮书、绿皮书、黄皮书）之品牌由社会科学文献出版社最早使用并持续至今，现已被中国图书市场所熟知。"皮书系列"的相关商标已在中华人民共和国国家工商行政管理总局商标局注册，如LOGO（ ）、皮书、Pishu、经济蓝皮书、社会蓝皮书等。"皮书系列"图书的注册商标专用权及封面设计、版式设计的著作权均为社会科学文献出版社所有。未经社会科学文献出版社书面授权许可，任何使用与"皮书系列"图书注册商标、封面设计、版式设计相同或者近似的文字、图形或其组合的行为均系侵权行为。

经作者授权，本书的专有出版权及信息网络传播权等为社会科学文献出版社享有。未经社会科学文献出版社书面授权许可，任何就本书内容的复制、发行或以数字形式进行网络传播的行为均系侵权行为。

社会科学文献出版社将通过法律途径追究上述侵权行为的法律责任，维护自身合法权益。

欢迎社会各界人士对侵犯社会科学文献出版社上述权利的侵权行为进行举报。电话：010-59367121，电子邮箱：fawubu@ssap.cn。

社会科学文献出版社